超簡單

買低賣高

BUY

SELL

投資術

孫慶龍◎著

飆股、存股、ETF
一次學會

Contents 目錄

第3章 掌握ETF投資術

第4章 4個指標賺台股

Contents 目錄

願做你投資路上的雪巴人

這幾年因為媒體職務的關係，慶龍接觸了不少理財達人，有小資族翻身的故事，也有到了中年才開始認真學投資的榜樣。其中讓慶龍印象深刻的，是 1 位大學的教授，從 45 歲才開始學投資，並且用「存股」的方式，來累積自己的退休金。據他表示，前前後後大約投入 1,000 萬元本金，花了 19 年時間成長到 4,000 萬元資產，目前每年光是領「現金股利」的被動收入，就超過 200 萬元，平均每月可以領到 18 萬元。

慶龍之所以印象深刻，是在於這位教授，認真地把投資這件事當作「一技之長」來學習的心態；即使年紀已步入中年，並且已擁有專業的本質學能，依然願意「從零開始」學習投資，努力創造萬丈高樓平地起的成果。

從小到大，我們都被教育要好好念書，要考到好的學校，才能找到好的工作，才會有好的收入。然而，這幾年慶龍卻愈來愈有感觸，對許多人而言，即使有好的工作，依然無法樂活退休；一方面或許與台灣平均薪資真的太低有關，另

圖1 被動收入指的是理財收入
——主動收入 vs. 被動收入養成過程

一方面就在於欠缺「被動收入」。

　　而所謂被動收入，指的就是不用工作，也能夠持續領取的收入。可惜的是，這一塊創造「被動收入」所需的知識，從小到大，好像都沒有人教導我們，並告訴我們其重要性甚至不亞於「主動收入」，因為它將攸關你是否能樂活退休（詳見圖1）。

　　本書撰寫的目的，就是希望透過有系統的章節，來幫助想要把「投資」當作一技之長來學習的同學，一個更有效率的學習管道。從「理財先理心」的正確心態、ETF 投資術、高勝率的技術分析指標月 KD、可賺股利又可賺價差的存

股密技、從財報計算合理價值等面向，一步一步地建立起關於投資的基本認識。

　　長期以來，慶龍自許能夠成為投資人在邁向財富聖母峰之路上的「雪巴人」（編按：居住在喜瑪拉雅山脈兩側的民族）。雪巴人的工作，不是代你爬山，而是希望能幫助你少走一點冤枉路。畢竟，山，還是得自己爬。

　　此外，慶龍想要傳達的是「釣魚的方法」，因為「給你魚吃，不如給你釣竿」，讓大家都學會可以自己判斷「誰是好公司？」「什麼時候可以進場？」「什麼時候該出場？」不僅把股票投資的 Know-How 給學會，更可藉此創造源源不絕的被動收入。

　　很欣慰看到有愈來愈多同學，已經學成出師，其中有 1 位《投資家日報》訂戶，更分享已連續 2 年獲利都超過 8 位數。期許未來有更多的同學，都能學會用正確的心態與方法，一起加入到富貴穩中求的行列，一起邁向「財富自由」與「樂活退休」的目標。

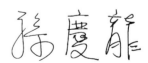

第1章

從股市洞悉人性

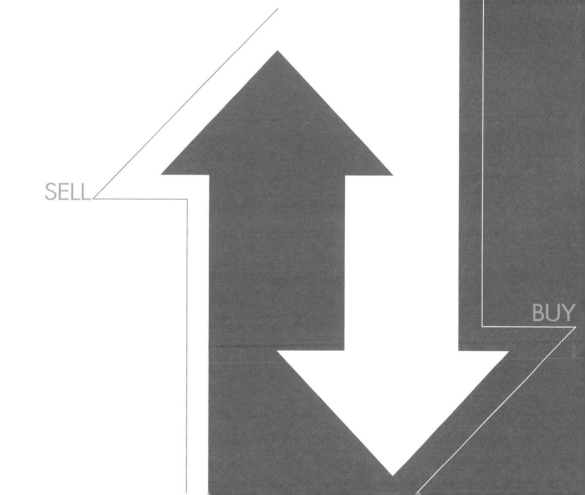

理財先理心
用平常心看待行情波動

2020 年是一個充滿「驚嚇」與「驚喜」的 1 年，上半年全球股市還籠罩在美股熔斷、熔斷、再熔斷的恐慌氣氛（註 1），下半年就沉醉在股市不斷創歷史新高的貪婪派對中。

極度恐懼與極度貪婪的市場氛圍，同時並存在 2020 年，也讓 2020 年留下了許多歷史性的紀錄。然而，看似劇烈的金融市場起伏，其實說穿了，都是反映不變的「人性」，這也讓我想起美國最傳奇的股市作手傑西・李佛摩（Jesse Livermore），他在 100 年前對股市的觀察：「華爾街從未有所改變，財富來來去去、股票此起彼落，但是華爾街永遠沒變，因為人性永遠都不會改變。」

換言之，我認為「理財，要先理心」，因為學了再多的分析技巧，在操作上若沒有辦法克服人性的弱點，績效的表現依然會大打折扣。

前一陣子我在網路上，收聽了一個關於心理學的 Podcast 節目《心理學好好

玩》，其中有 1 集探討的議題是關於「人是天生難幸福的」（註 2），主持人
蔡宇哲是心理學博士，為《哇賽心理學》節目創辦人。主持人在節目中提到，
「人類有 2 個心理特性，讓人天生很難幸福，第 1 個就是對『損失』，會比對
『獲得』更在意……；第 2 個特性，就是我們容易注意、記得壞事。」

　　關於第 1 個心理特性，他舉例，他曾在很多場合問過 2 個問題。第 1 個問
題是，假設有藥廠開發出一款致死率萬分之 1 的新藥，若請你試藥，你會要求
多少酬勞？第 2 個問題是，如果你罹患 1 種致死率萬分之 1 的疾病，你願意
花多少錢去購買能夠治療這疾病的藥物？大家通常會對前者開出很高的金額，
對於後者則開價較低，甚至不願付錢；原因就是人們更在意損失（失去健康），
更勝於獲得（獲得健康）。

　　關於該節目提到的第 2 個人類心理特性「容易記住壞事」，則是生物的天生
特性，生物會自然避開天敵，而人類演化至今雖已沒有天敵，但這個特性依然
存在，也因此導致人不容易感到幸福。

註 1：熔斷（Circuit Breaker）是指美股指數相較前一日收盤指數下跌達一定幅度則暫
　　　停交易的機制。第 1 次與第 2 次的熔斷標準分別為下跌 7% 及 13%，皆暫停交易
　　　15 分鐘，若繼續跌至 20% 則休市。
註 2：蔡宇哲（2019.01.04）「這合理嗎？人是天生難幸福的」鏡好聽 Podcast 節目《心
　　　理學好好玩》第 1 季。

「害怕虧損」心理，反映在投資行為3大特徵

股票投資何嘗不也是如此？一般人之所以很難成為股市長期贏家，往往是因為「害怕虧損」，無法戰勝對虧損的反感，是一種人性的弱點，其投資行為常出現以下 3 大特徵：

特徵1》太早賣

當一檔股票在發動上漲攻勢時，不會只漲 5%、10%，而是可能漲 30%、50%，甚至更高，而想要賺到這樣一個大波段，就必須對投資的公司有足夠的了解。一般人總愛只賺 5%、10% 就獲利了結，原因就是不夠了解自己所投資的公司，發現市場一有什麼動靜就想落荒而逃。此舉，不只會放掉未來的成長股，更放棄了讓財富得以大幅增長的機會。

特徵2》不停損

如果看走眼，買到了不好的股票，或是公司發生嚴重利空，即時停損將能控制虧損的程度。不過一般投資人總是對虧損很反感，不願意設定停損、不甘心賠錢賣掉股票，就可能面臨股價持續崩跌、資產大幅縮水的下場。

特徵3》不敢向下加碼

另一種狀況是，投資人買到了「好」股票，卻因為買在相對昂貴的價格，自

然就會面對股價的向下修正。如果確定這家公司還能持續成長、是一檔值得長期投資的股票，那麼不停損倒也無傷大雅；若下跌到一定程度，反而應該向下加碼，用更便宜的成本持有更多部位，未來也將有更豐厚的獲利。

不過一般投資人很難承受短線的波動，帳面一出現虧損就無法忍受，產生情緒低落的心理反應，因此往往也不敢向下加碼；直到終於受不了而選擇認賠賣出的那天，也通常是股價觸底反彈的時刻。

2021 年就曾有一位《投資家日報》訂戶傳來一則留言：「之前日報推薦的京元電子（2449）賠死了，想跳樓，怎麼辦？」反映了當下對於帳面虧損的極大壓力；然而，同樣面對帳面虧損，卻有另外一位訂戶寫道：「我套得心很平靜，一點都不畏懼。」

學習正確方法並反覆鍛鍊，克服人性弱點

要如何克服上述人性的弱點？我想起美國投資大師巴菲特（Warren Buffett）曾說過的名言：「風險來自於你不知道自己在做什麼。」

由於你不了解所投資的公司，由於你不遵守等到便宜好價格才入手的操作紀律，自然在面對行情的波動時，就會出現「心慌慌、意亂亂」的情緒反應。

因此，學習正確的投資方法，與重複的鍛鍊，是唯一的出路。以下是 1 位《投資家日報》訂戶的真實回饋留言：「我的股齡將近 30 年，以前仗著年輕跌得起……，每次都是當韭菜被收割畢業的命運……，訂閱日報是我今年做對的 1 件事，讓我可以學習釣魚的技巧、看懂財報、並評量企業價值，對未來股市的波動了然於胸、無所畏懼。」

總結而論，如果當行情出現劇烈波動時，你的心情是害怕的、是惶恐的，雖然這是很自然的反應，因為人性本來就對「虧損」反感，但我仍會建議可從以下方向思考：

好好地檢視你當初看好的理由是什麼？目前有沒有出現結構性的改變？如果沒有，就平常心看待股市的正常波動吧！

要努力調整投資節奏，把股市當作「投資」的市場，而不是「投機、賭博」的市場，只有當你學會用「投資」的心態，而非「投機、賭博」的心態來看待股票市場，才能真正體現巴菲特所言，「股票是全世界最安全的資產」的精神。

投資股票要看企業價值，而非股票價格

投資人在看待一檔股票時，關注的焦點應該是要放在「企業價值」，而非「股

圖1 企業價值是透過財報分析，推估出合理價
—— 企業價值vs.股票價格

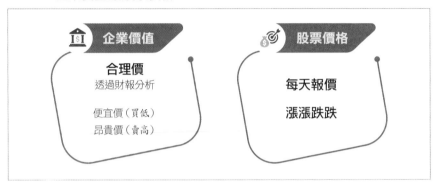

資料來源：《投資家日報》

票價格」。至於企業價值要如何評量？透過財報分析的方式，就能夠合理被推估出來，一檔股票的合理價是多少？便宜價落在哪裡？昂貴價又是多少錢？並藉此提供聰明投資人便宜價（買低）昂貴價（賣高）的賺錢契機（詳見圖1）。

再次強調，任何一檔股票都可以透過「財報分析」的方法，計算出企業合理的價值，後面將與大家繼續分享。

最後補充一點，前文提到的那檔在 2021 年一度讓訂戶賠到想跳樓的京元電子，不僅 1 個多月後就出現股價反彈解套的機會，從 2022 年 10 月到 2023

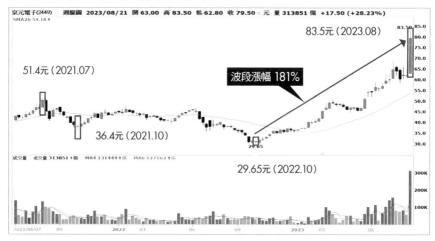

圖2 京元電子股價自2022年10月起反彈
—— 京元電子（2449）週線圖

京元電子(2449) 週線圖 2023/08/21 開 63.00 高 83.50 低 62.80 收 79.50 元 量 313851 張 +17.50 (+28.23%)
SMA26 54.18↑

83.5元（2023.08）

51.4元（2021.07）

波段漲幅 181%

36.4元（2021.10）

29.65

29.65元（2022.10）

成交量 成交量 313851↑張 MA4 131444↑張 MA6 127162↑張

2021/06/07　09　2022　03　06　09　2023　03　06

註：資料時間為 2021.06.07 ～ 2023.08.21　　資料來源：XQ 全球贏家

年 8 月，更上演了一波從低點 29.55 元走升到 83.5 元的高潮，波段漲幅高達 181% 的多頭行情（詳見圖 2）。

1-2
投資人集體信心變化
可視為台股「反指標」

回顧台股 2022 年的走勢，10 月 25 日最低跌到 1 萬 2,629 點，不僅距離年初最高點 1 萬 8,619 點，已經大跌 5,990 點，波段累積跌幅更高達 32%。

上一次台股出現 30% 的跌幅，時間可追溯到 2020 年，當時由於新冠肺炎疫情大爆發，一方面造成全球經濟活動瞬間歸零，另一方面也造成全球股市大跌。而台股也從年初時最高點 1 萬 2,186 點，急跌到 3 月時最低點 8,523 點，波段跌幅高達 30%（詳見圖 1）。

回顧 2020 年台股股災，是 3 個月內就急跌 30%，雖然來得快但去得也快，隨著同年 3 月底美國聯準會（Fed）宣布 QE 無上限（編按：指量化寬鬆貨幣政策，印鈔票無上限），台股行情不僅從絕望中誕生，更一路在半信半疑中成長。過程中，許多市場分析的論點都指出，當時的台股反彈只是「逃命波」；但最後的結果卻是跌破很多人的眼鏡，台股直接出現報復性的 V 型反彈。

圖1 台股曾在2020年、2022年波段大跌3成
——加權指數週線圖

註：資料時間為 2018.12.03 ～ 2023.08.21　　資料來源：XQ 全球贏家

　　時序進入到 2022 年跌 30% 的股災，比較像是溫水煮青蛙，過程中伴隨著很多重大利空，例如烏俄戰爭、Fed 暴力升息、經濟陷入衰退、甚至台海戰爭危機。而每一次重大利空的衝擊，都讓台股的低點「沒有最低只有更低」，更讓當時許多投資人擔憂：台股到底要跌到什麼時候？

　　就在許多投資人快要絕望之際，台股上演了報復性的反彈，一路從 2022 年最低點 1 萬 2,629 點，反彈到 2023 年 7 月 31 日的 1 萬 7,463 點，不僅

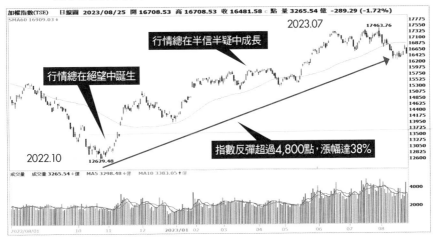

圖2 台股2022年到2023年波段上漲38%
——加權指數日線圖

註：資料時間為 2022.08.01 ～ 2023.08.25　　資料來源：XQ 全球贏家

波段上漲超過 4,800 點，波段漲幅更高達 38%（詳見圖 2）。

當信心跌落谷底時，通常是台股翻揚的契機

為何在投資人陷入絕望之際，股市卻能出現報復性的反彈？或許可以從「投資心理學」來找到上述問題的答案，畢竟在股票市場的時間愈久，就愈相信群眾心態所反映出來的市場氛圍，往往具有很高的「反指標」意義，因為行情總

圖3 群眾心態反映出的氛圍常是「反指標」
——市場行情與群眾心態4階段

階段1	階段2	階段3	階段4
希望中破滅	憧憬中成熟	半信半疑中成長	絕望中誕生

資料來源:《投資家日報》

是會在絕望中誕生、在半信半疑中成長、在憧憬中成熟、在希望中破滅(詳見圖3)。

大多數的投資人對於投資台股是處於何種心態?我會觀察國立中央大學台灣經濟發展研究中心每月公布的消費者信心指數,其中有一個調查的指標與問題是:「請問您認為未來半年是不是投資股票的好時機?」

以2022年4月份的調查數據為例(詳見表1),當時台股還在1萬7,000多點,回答「是」投資股票好時機的比重是17%、回答「不是」的比重為75.4%。隨著台股持續下跌,同年10月跌破1萬3,000點,此時回答「是」的比重腰斬,只剩8.5%,回答「不是」的比重竄升到87.2%,相較4月的調查結果增加11.8個百分點。

表1　台股空頭時期，投資人信心明顯降低
——國立中央大學消費者信心指數調查摘錄

調查時間：2022.04 大盤指數：1萬7,000點之上				調查時間：2022.10 大盤指數：跌破1萬3,000點			
請問您認為未來半年是不是「投資股票」的好時機？							
選　項	2022.03	**2022.04**	變化	選項	2022.09	**2022.10**	變化
是	18.7%	**17.0%**	-1.7%	是	9.5%	**8.5%**	-1.0%
不　是	72.8%	**75.4%**	+2.6%	不　是	85.0%	**87.2%**	+2.2%
不知道	8.6%	**7.6%**	-1.0%	不知道	5.5%	**4.3%**	-1.2%

資料來源：國立中央大學台灣經濟發展研究中心

　　從統計結果來看，一般大眾對於台股投資的看法，其實多數時間都處在沒什麼信心的狀態，但是我們仍可以觀察沒信心的比率變化。2022 年 10 月認為不是投資股票好時機的比重之高，甚至高於 2020 年全球疫情剛爆發時，當年 5 月回答「不是」的比率來到波段最高的 80.3%，而回答「是」的比率則為 17.2%。

　　此外，有一個有意思的統計，追蹤國立中央大學「未來半年投資股票時機」指標趨勢圖（詳見圖 4），從 2001 年以來，可以觀察到一個明顯的轉折變化，當大家信心掉入到谷底時（圖 4 黑圈），通常都是台股落底翻揚的契機，舉例來說：

2001 年 9 月：雖然信心指數掉到谷底，但也醞釀了台股從 3,636 點上漲到隔年 6,484 點的大漲行情。

2004 年 11 月：雖然信心指數掉到谷底，但也醞釀了台股從 5,977 點上漲到 2007 年最高點 9,859 點的大漲行情。

2008 年 11 月：雖然信心指數掉到谷底，但也醞釀了台股從 2009 年年初 4,247 點上漲到 2011 年 2 月 9,220 點的大漲行情。

2012 年 7 月：雖然信心指數掉到谷底，但也醞釀了台股從 7,270 點上漲到 2015 年 4 月 1 萬 14 點的大漲行情。

2016 年 5 月：雖然信心指數掉到谷底，但也醞釀了台股從 8,535 點上漲到 1 萬 1,270 點的大漲行情。

2020 年 5 月：當年 5 月份信心指數掉到低點，但台股不僅一路從 3 月時最低點 8,523 點，上漲到 5 月底時 1 萬 942 點，更持續展開了上漲到 2022 年 1 月最高點 1 萬 8,619 點的大多頭行情。

2022 年 10 月：當年 10 月份雖然信心指數掉到最低點，但台股一路從 10

圖4 投資股票信心跌落低點時，股市通常已接近谷底
──「未來半年投資股票時機」指標趨勢圖及對應大盤指數

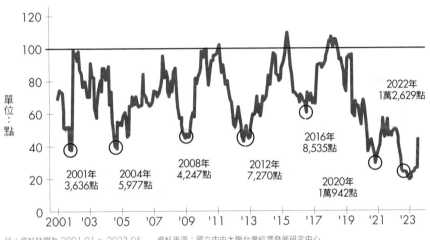

註：資料時間為 2001.01 ～ 2023.05　　資料來源：國立中央大學台灣經濟發展研究中心

月時最低點 1 萬 2,629 點，上漲到 2023 年 6 月時最高點 1 萬 7,346 點。

　　平心而論，全球經濟陷入衰退會持續多久？Fed 是否會改變升息的政策？台灣是否會爆發戰爭？我雖然沒有答案，但知道「世事永遠難料」，知道「行情總是在絕望中誕生」；當有 87% 的國人都認為現在「不是」股票投資的好時機時，從歷史經驗顯示，站在「民意」的對立方，通常到最後都能成為「股市贏家」的這一方。

克服心理障礙與關卡
避免做出非理性決策

從心理學的角度，似乎也可以解釋：一般投資人對股市行情的預期，為何往往具有反指標的意義？

曾經讀過這樣一個故事。在一個房間裡，有 5 隻猴子與 1 根香蕉，當有猴子想要去吃香蕉時，房間裡就會噴出強力水柱來淋濕所有猴子，久而久之，猴子們就不敢接近香蕉。

有一天，實驗人員將其中 1 隻猴子換成外來的猴子，而當這隻新猴子想要去吃香蕉時，就會被其他猴子阻止，因為另外 4 隻猴子不想被淋濕。之後，又再換掉 1 隻舊猴子，新來的猴子想要去吃香蕉時，仍然被另外 4 隻猴子阻止，其中，包括前 1 隻新來的猴子。

上述的循環做了幾輪之後，房間裡全是新來的猴子，但最後卻沒有 1 隻新猴子敢去吃香蕉，即使吃香蕉會被水柱淋濕的機關，早已經被實驗人員取消了。

「從眾效應」容易影響個人決定

人類的群體社會也是如此，會有所謂的從眾效應或從眾行為。人們會因為別人的行為，而影響自己的決定，即使這個行為「不正確」或「不合理」，最後仍然有可能發展成為根深蒂固的群體作為。

上述 5 隻猴子與 1 根香蕉的故事，雖然是心理學家所編撰出來的，但國外有媒體曾做過 1 個真實的實驗：在 1 間等候室中，安置了一批演員，並在等候室響起嗶嗶聲響時，演員就會集體從座位上起立。一開始，不是演員的旁人會有疑問，不了解為什麼要這麼做？但由於大家都這麼做了，所以也就跟著從座位上站起來。

之後的過程，實驗人員一步步換掉演員，到最後雖然等候室裡的全不是演員，但聽到嗶嗶聲響要從座位上站起來，竟然也成為集體行為。

之所以會分享上述關於心理學的實驗與故事，目的是為了想要更深入探討一個課題——為什麼許多經驗都顯示，一般投資人對股市行情的預期，往往具有反指標的意義？

舉例來說，國泰金控 2019 年 1 月曾公布國民經濟信心的調查報告，當時影

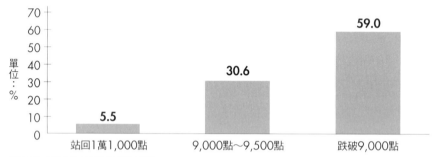

圖1 2019年1月9成受訪者預測台股過不了9500點
——台灣民眾對加權股價指數的預測

單位：%

站回1萬1,000點	9,000點～9,500點	跌破9,000點
5.5	30.6	59.0

資料來源：2019 年 1 月國民經濟信心調查

響全球經濟的「黑天鵝」愈來愈多，台灣民眾對 2019 年景氣的看法持續走弱。其中，對於具有景氣領先指標意義的台灣加權指數，再度展現悲觀的氛圍，並且有高達 59% 的受訪者，認為 2019 年的台股將跌破 9,000 點；此外，僅有 5.5% 的民眾，樂觀看待台股將有機會重回 1 萬 1,000 點之上；另外 30.6% 的民眾預測，台股將落在 9,000 點到 9,500 點之間。

　　換言之，當時竟然有高達 9 成的投資人認為台股過不了 9,500 點（詳見圖 1）。然而台股實際的發展，卻是展開一波 2,000 點以上的萬點行情，2019 年收盤指數 1 萬 1,997 點，過了 2 個交易日再攻上波段最高的 1 萬 2,197 點（詳見圖 2）。

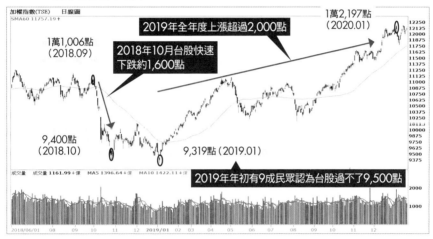

圖2 台股2019年全年上漲逾2000點
——加權指數日線圖

2019年全年度上漲超過2,000點

2018年10月台股快速
下跌約1,600點

1萬1,006點
（2018.09）

1萬2,197點
（2020.01）

9,400點
（2018.10）

9,319點（2019.01）

2019年年初有9成民眾認為台股過不了9,500點

註：資料時間為 2018.06.01 ～ 2020.01.20　　資料來源：XQ 全球贏家

　　為什麼會有如此高比率的投資人認為，台股 2019 年過不了 9,500 點？我認為唯一可以合理解釋的，就是心理學的「從眾行為」，因為大家都說不好，所以大多數散戶最後就接受了會不好的看法。

　　進一步探討，為什麼民眾普遍對股市悲觀？或許與 2018 年 10 月曾歷經過股市賠錢的經驗有關。當時台股 1 個月內從 1 萬 1,000 點左右，快速崩跌約 1,600 點，跌到了 9,400 點，不僅讓許多投資人措手不及，更好比 5 隻猴子

與 1 根香蕉的故事，想要吃香蕉卻被強力水柱淋濕的慘痛經歷，讓所有猴子最後都放棄了吃香蕉的念頭。

在這裡，我想分享《不當行為》所提到的概念，作者是 2017 年諾貝爾經濟獎得主理查·賽勒（Richard H. Thaler）。這是一本討論行為經濟學的書，有別於傳統經濟學的理論都是假設「人」是理性的，理查賽勒卻主張，現實的生活，人會有很多「非理性」的不當行為。

書中有一段有意思的例子，有一個大學經濟系的教授，同時也是紅酒收藏家，曾在多年以前，收藏了一批以每瓶 10 美元購入的紅酒，而這批紅酒已增值到每瓶 100 美元。而這位教授曾表示自己偶爾會在特殊場合，從這批酒中開一瓶來喝，但他絕對不會花 100 美元買酒，也不會將其中一瓶用市價賣給其他有意收藏的人。

上述的心理現象，是行為經濟學中的一個理論——「稟賦效應」（Endowment effect），主要是形容人會更看重自己所擁有物品價值，並且產生偏見。一方面導致對規避風險的考慮，大於對追逐利益的考慮，例如曾經在 10 美元買過紅酒的人，就不會願意用 100 美元買同樣的紅酒了。另一方面，在出賣物品或資產時，往往會索價比產品本身更高的價值，例如紅酒市價雖值 100 美元，但擁有者會希望賣出更高的價格，才能彌補被剝奪的厭惡感。

圖3 股票以10元買進後獲利，便很難以50元再買回
——股票投資的非理性行為

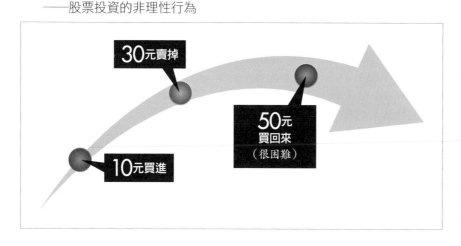

平心而論，「稟賦效應」回答了我這幾年在投資上的一些領悟。例如很多好股票，若曾經在便宜的價格，例如 10 元時買進過；之後股價漲上去了，一般投資人就很難再用更高的價格，去買進同樣一檔股票。

或是當股票從 10 元漲到 30 元時，已經獲利了結了，當它繼續上漲，例如漲到 50 元時，即使再怎麼看好它的成長前景，投資人再買進的難度就會非常高，因為要克服非常大的心理障礙與關卡（詳見圖 3）。畢竟此時的心境，規避風險的考量，將會遠遠大於追逐利益的考量。

另一種狀況是，當一檔股票已經上漲到合理的目標價，必須要適時獲利了結了，但許多投資人內心卻還是會渴望能夠用更高的價格賣出，形成不理性的決策過程。而最後的結果，常常是原本賺錢的股票，淪為「紙上富貴」，甚至「空歡喜一場」的南柯一夢。

就我的觀察，股票市場中非理性的不當行為更常出現，畢竟投資人都是真槍實彈地拿自己辛苦賺來的錢在市場上拼搏，因此更難去克服許多心理情緒的干擾，導致容易做出不理性的決策。

我很喜歡《聖經》裡的其中一段經文：「你要保守你心，勝過保守一切，因為一生的果效是由心發出（箴言 4:23）。」

心，是一切的源頭，決定了所有事情發展的方向。人生，是如此；投資，何嘗不也是呢？

1-4

遠離2種困境
安然度過市場震盪期

　　自從 2023 年邊境解封以來，身邊陸續都有朋友出國旅行，尤其是 7 月、8 月的暑假期間，更是帶著家人到外地旅遊度假的旺季，而國人特別喜愛的日本，更是解封之後最多人期待旅遊的首選國家。有一位朋友興奮地對我說：「最近日圓一直貶，愈買愈開心，因為可以買到愈來愈便宜的日圓。」

　　追蹤日圓過去 5 年以來的走勢，2019 年曾來到新台幣 0.3 元兌換 1 日圓的高峰；自此之後，日圓就開始一路貶值，2022 年日圓加快貶值的速度，到了 2023 年 5 月～ 7 月甚至出現新台幣 0.22 元兌換 1 日圓的低點，貶值約 26%（詳見圖 1）。換言之，若以 1 碗售價 980 日圓的人氣拉麵為例，2019 年時國人要用新台幣 294 元（＝ 980×0.3）才吃得到，到 2023 年時國人只要用新台幣 216 元（＝ 980×0.22）就能吃得到。

　　日圓跌跌不休的走勢，朋友非但不會害怕，反而是愈買愈開心，其背後的原因與道理，相信大家都能明白，因為日圓愈跌，新台幣的購買力就愈上升，相

同的新台幣可以換到更多日圓，可以吃更多日本美食、買更多日本商品。甚至我們會這麼想：如果現在不趕緊換多一點日圓，等未來匯率上漲，去日本旅遊的成本就會變貴了。

然而，同樣的場景換到股票市場就不一樣了。投資人看到一檔正在下跌的股票，不僅會心生恐懼，甚至覺得很危險，空手的人不敢買進，想要長期持有的人不敢向下加碼……，我認為原因有以下 3 點：

1.你根本不了解你所投資的公司

面對一直在跌的日圓，國人會愈買愈開心，是因為明白日圓背後所代表的購買力價值。但面對一直在跌的股票卻感到害怕，最大的原因就是不了解所投資的公司、不知道它的投資價值。這種股票通常只是「聽明牌」來的，因此投資過程就像是蒙著眼睛在走路，當然會愈走愈害怕。

2.投資股市的錢不是閒錢，甚至超過心理可負擔的金額

「閒錢投資」一直是許多投資大師認為可以成為股市長期贏家的重要條件。「閒錢」一般是指「沒有要用於生活支出」的錢，而我自己的定義是，「這筆錢 1 年內都沒有指定的用途」。

如果投資用的不是閒錢，就會擔心股票跌價衝擊到日常生活、影響到可能的

圖1 **近年來，日圓走勢跌跌不休**
——日圓兌新台幣現鈔匯率

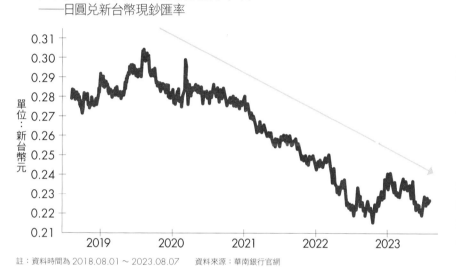

單位：新台幣元

0.31
0.30
0.29
0.28
0.27
0.26
0.25
0.24
0.23
0.22
0.21

2019　2020　2021　2022　2023

註：資料時間為 2018.08.01 ～ 2023.08.07　　資料來源：華南銀行官網

重要開銷。而即使是閒錢，每個人可以接受的資金曝險金額也有很大的不同，例如同樣都有 300 萬元閒錢，有人可以接受全部投入股市，有些人只敢拿出其中 100 萬、150 萬元來投資。因此投資時使用資金，也必須是「心理可負擔的金額」。

世事永遠難料，沒有人知道金融市場未來會發生什麼引發股災？所以除非「心理素質」非常強大，否則「閒錢投資」是能夠幫助投資人度過每一次股市

崩盤，而不至於亂了方寸的重要原則。

3. 你不是在投資，而是單純只想做買空賣空的價差交易

如果朋友買日圓的背後動機，只是為了做「買空」、「賣空」的價差交易，面對日圓的跌跌不休，自然會引發虧錢所導致的「阿雜」（編按：台語，煩躁之意）情緒；但若動機是為了到日本時的購買力價值，看到日圓愈來愈便宜時，自然就會呈現愈買愈開心的心態。

股票投資也是如此，如果投資動機只是單純想做「買空」、「賣空」的價差交易，當股市跌跌不休，當然會恐懼與害怕；倘若動機是想用便宜的好價格，買進未來具有成長性的好公司，那麼面對股價的下跌，相信心態也會完全不一樣，因為可以用更便宜的價錢買到好公司，何樂不為？

了解了上述道理之後，要能夠進入到「愈跌愈買，愈買愈開心」的境界，投資人還有一個重要原則得遵守，就是做好「資金配置」，才不會掉入到當許多好股票跌到特價時，但「子彈」早已用光的困境。

聰明的投資人只要能夠堅守「用便宜的好價格」買進「基本面佳的好公司」，並且將自己的投資節奏調整為「買低賣高」，而非「追高殺低」，相信在面對未來行情的劇烈波動時，自然都能做出正確的決定，並且享受股市波動所帶來

圖2 贏家3策略為好公司、好價格、買低賣高
—— 孫慶龍的贏家策略

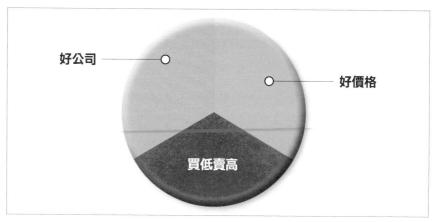

的財富增長效果（詳見圖２）。

那麼有什麼方法，能夠讓我們在股市的劇烈波動中從容以對？我認為，關鍵是避免讓自己陷入到「比悲傷還要悲傷」的２種困境中（詳見圖３）：

困境１》被迫砍在阿呆谷

當市場突如其來出現恐慌性賣壓，往往會將好股票殺到便宜的價格，本應是

向下加碼的好時機；但如果先前投資人是借錢買股票，或是擴大財務槓桿（例如用融資、權證或期貨等衍生性金融商品），往往會因為恐懼，承受不住短線的帳面虧損而賣出股票；甚至是因為信用維持率不足，被迫砍在「阿呆谷」。

另一種「被迫」賣股票的形式，常常發生在前文所提到「不是用閒錢投資」的狀況。例如原本下個月要幫小孩子繳的補習班費，或是孩子明年要出國念書的費用，被暫時挪用去買股票。雖然當行情好時，暫時還沒要用的錢有機會靠投資創造更好的收益；但如果運氣不好，要繳學費時剛好碰上股票大跌的修正期間，投資人同樣還是得面對「被迫賣股票」、「砍在阿呆谷」的困境。

困境2》沒現金撿便宜

在正常的情況下，當股市出現恐慌性賣壓時，通常許多基本面展望佳的好股票，不僅同樣也會出現大跌走勢，更往往會出現跌到「跳樓大拍賣」的好價格。此時，身為聰明的投資人，如果手中已經沒有現金可以運用，不僅將失去「逢低買進好公司」的契機，更會喪失日後出現報復性反彈時，股價快速回升、財富快速累積的賺錢機會。

2關鍵避免陷入「沒現金撿便宜」困境

至於要如何避免陷入上述第 2 種「沒現金撿便宜」的困境？有 2 個關鍵：

圖3 使用閒錢投資，可避免被迫砍在阿呆谷
——股票市場中2種困境

困境1	困境2
被迫砍在阿呆谷	**沒現金撿便宜**
情境： 借錢買股票或擴大財務槓桿，或不是用閒錢投資	**情境：** 市場恐慌性賣壓，好公司股價大跌
解決方式 ▼	**解決方式** ▼
☑ 避免使用財務槓桿 ☑ 務必用閒錢投資	☑ 做好資產配置，保留2～3成現金 ☑ 見好就收，漲到目標價要賣

關鍵①：資產配置

以我的習慣為例，雖然我大多數的「流動資產」（編按：指可以快速變現的資產）會放在股市，但仍會常態性地保留 2 成～ 3 成左右的現金，以備不時之需。所謂不時之需，指的就是當台股出現非理性的恐慌性殺盤時，可以提供進場撿便宜的籌碼。

關鍵②：見好就收

當 1 檔持股的股價，已漲到財報分析所計算的「昂貴價」，或是當初所設定

的法人「目標價」時，合理的做法當然就是見好就收，賣掉股票回收現金，以符合「買低賣高」的操作原則。

此外，如果是 1 檔長線仍看好的標的，我會持續保留一定的股票部位在手上，但也一定會適度的獲利了結「部分持股」，透過將現金回收的機制，以備未來的不時之需。

1-5
堅持留在市場
才不會錯過暴賺機會

雖然行情的劇烈波動，時常讓台股的投資人信心潰散，但是研究股市多年，我有 2 個贏家思維，可以提供給讀者參考：

1. 不要害怕大波動

股票市場有一句名言：「不怕牛、不怕熊、就怕遇到豬。」白話來說，就是：「不怕股市大漲，也不怕股市大跌，就怕股市不漲不跌。」

換言之，台股的劇烈波動，對聰明的投資人來說，非但不會感到畏懼，甚至還會視為這是可以創造「超額利潤」的美好時機。

2. 帶著鋼盔，也要留在市場，繼續投資

這是一個有意思的統計結果，根據許多外資的研究顯示，面對行情的劇烈波動，選擇留在市場繼續投資的績效，往往會勝過「先觀望幾天」的操作策略 10 倍甚至百倍之多。

根據富達投信的資料顯示，以美股 S&P 500 指數為例，1993 年到 2017 年期間，投資人若不管行情好壞，持續留在市場繼續投資，可創造 910% 的報酬率。然而，若投資人因為擔心崩盤的氛圍，而錯過恐慌性賣壓來時的最好時機，只要錯過的時間達 30 天，整體的報酬率則會從 910% 衰退到 1.07%，差距高達 850 倍。

　此外，若將時間往前推溯到 1988 年到 2014 年期間，同樣以 S&P 500 指數作為投資標的，不管行情好壞，堅持留在市場繼續投資的投資人，可創造 733% 的報酬率。然而，若選擇出場觀望，錯過了市場表現最好的天數達 5 天，報酬率會下降到 452%。錯過了市場表現最好的天數達 30 天，沒有參與到崩盤後的報復性反彈行情，報酬率則會再進一步下降到 71%（詳見圖 1），這樣的成績還不到留在市場繼續投資報酬率的 1/10。

創造高報酬的2個關鍵原因

　面對行情的劇烈波動，比起「先觀望幾天」，選擇留在市場繼續投資可創造出更高報酬的關鍵原因有 2 個：

原因1》避免因恐慌而誤判情勢
　一般投資人常會迷失在市場當下的恐慌氛圍中，而將最容易創造「超額利潤」

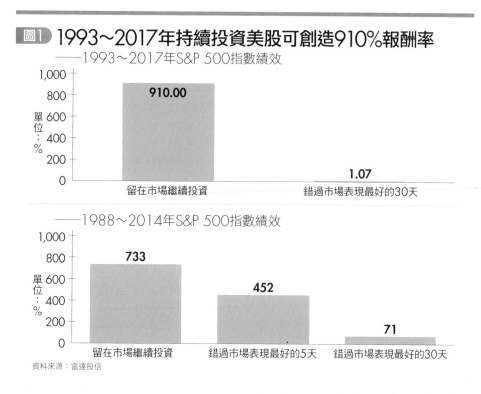

圖1 1993～2017年持續投資美股可創造910%報酬率

——1993～2017年S&P 500指數績效

——1988～2014年S&P 500指數績效

資料來源：富達投信

的黃金時機，誤認為是要「戒慎恐懼」的黑暗年代。

原因2》抓住稍縱即逝的獲利機會

回顧 2015 年那一段從 4 月底最高點 1 萬 14 點，下跌到 8 月 24 日最低點 7,203 點的過程，當年 8 月進入到最恐慌的氛圍，但台股的觸底反彈，也來得

圖2 台股2015年8月大跌，觸底後強彈971點
——加權指數日線圖

> 2015.08.24盤中大跌583點，跌幅高達7.48%

> 7,203點（2015.08.24）

> 8,174點（2015.08.31）

> 6天彈升971點，大漲13.48%

註：資料時間為 2015.08.03～2015.09.11　　資料來源：XQ 全球贏家

又快又急。2015年8月24日當天，台股盤中重挫583點，跌幅高達7.48%；不過沒隔多久，便出現報復性反彈，僅6個交易日，指數就一路拉高到8月31日最高時的8,174點（詳見圖2），強彈971點，暴漲13.48%，並開啟後來台股「攻萬點」的序曲。

相同的狀況，2020年3月又再複製一次（詳見圖3），當時台股從3月5日1萬1,525點，快速崩落到最低點8,523點，3月19日當天台股盤中甚

圖3 台股2020年3月因疫情暴跌，7天彈升逾千點
—加權指數日線圖

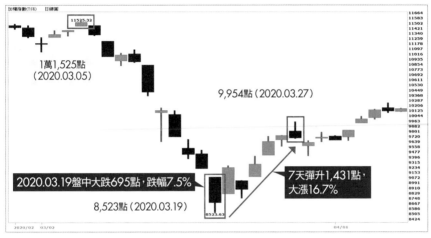

1萬1,525點（2020.03.05）

11525.32

9,954點（2020.03.27）

2020.03.19盤中大跌695點，跌幅7.5%

7天彈升1,431點，大漲16.7%

8,523點（2020.03.19）

8523.63

註：資料時間為 2020.02.26 ～ 2020.04.10　　資料來源：XQ 全球贏家

至重挫 695 點，跌幅高達 7.5%。不過，台股很快就出現報復性反彈，僅 7 個交易日，指數就一路拉高到 3 月 27 日最高時的 9,954 點，強彈 1,431 點，暴漲 16.7%，並成功開啟一波突破台股 30 年歷史天花板的大多頭行情（編按：2020 年 7 月 27 日台股收盤指數 1 萬 2,686 點，正式突破 1990 年 2 月創下的歷史最高價 1 萬 2,682 點）。

這兩段經驗，都讓我深刻見識到「行情總是在絕望中誕生」的道理，以及「美

好的暴賺機會，總是稍縱即逝」的市場變化，一旦選擇觀望以對，將可能完全錯失最好的投資時機。

這兩次深刻的市場體驗，都是投資人鍛鍊「冷靜看待台股崩盤」的好機會。面對這種驚心動魄的時刻，我會以英國文豪狄更斯（Charles Dickens）在《雙城記》（A Tale of Two Cities）開頭的一段經典語錄，時常勉勵自己：

「這是最好的時代，也是最壞的時代；
這是智慧的時代，也是愚蠢的時代；
這是信仰的時代，也是懷疑的時代；
這是光明的季節，也是黑暗的季節；
這是充滿希望的春天，也是令人絕望的冬天；
我們的前途擁有一切，我們的前途一無所有；
我們正走向天堂，我們也走向地獄，
總之，那個時代和現在是如此的相像，
以至於它最喧鬧的一些專家，不論說好說壞，
都堅持只能用最高級的形容詞來描述它。」

我主筆《投資家日報》已邁入第 15 個年頭，與訂戶一同經歷了許多大大小小的風暴──2010 年歐豬 5 國的歐債危機；2011 年日本 311 大地震的

斷鏈危機，以及同年 8 月歷經美國被調降債券評等的信用危機；2015 年中國人民銀行啟動貨幣戰爭，使台股直接從 1 萬 14 點下殺到 7,203 點；2016 年英國脫歐、狂人川普（Donald Trump）當選美國總統的政治大海嘯；2018 年川普啟動中美貿易戰，同年年底美股歷經史上最驚魂的平安夜，台股也從 2018 年最高點的 1 萬 1,186 點，崩跌至隔年 1 月的最低點 9,319 點。

這幾年最震撼的莫過於 2020 年，新冠肺炎疫情大爆發，全球有超過 40 億人口被禁足在家。到了 2022 年，又面臨美國聯準會（Fed）展開史無前例的暴力升息，都讓當時的全球資本市場、包括台股，紛紛飽受摧殘。

投資人在歷經上述這些過程時，雖然很艱辛，很難熬，但每次風暴過後，其實都可以發現，金融市場不僅都有自我恢復的能力，也開啟了許多「跌破專家眼鏡」的新局面。畢竟當歷經最黑暗的時代之後，最好的時代也將隨之來臨，在令人絕望的冬天過後，下一個季節永遠都是充滿希望的春天。

第2章

看對趨勢搶先機

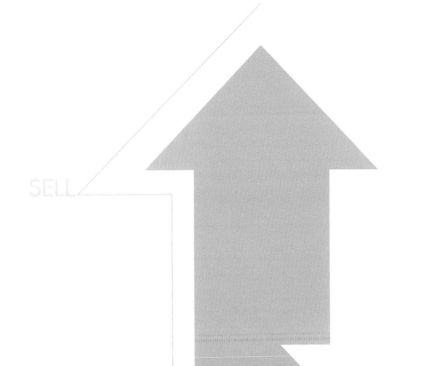

恐懼與貪婪指數》
極度恐慌時宜危機入市

　　「恐懼與貪婪指數」（Fear and Greed Index），是美國《CNN》旗下財經部門所設立與管理的評量市場投資氛圍的指標，其計算的方式主要有 7 大項目，包括股票價格動能、股票價格強度、股票價格寬度、看跌看漲期權、市場波動、避風港需求、垃圾債需求（詳見表 1）。由於考量的面向相當完整，因此不失為聰明投資人可用來觀察當前金融市場心理狀況的衡量指標。

　　有了恐懼與貪婪指數作為評量市場投資氛圍的客觀指標之後，接下來就可以順著美國投資大師巴菲特（Warren Buffett）長期以來所倡導的思維，**「當人們恐懼的時候，我選擇貪婪；當人們貪婪的時候，我選擇恐懼。」**來作為聰明投資人在思考整體股市進場與出場的依據。

依恐懼與貪婪指數5階段，採取對應策略

　　根據恐懼與貪婪指數的不同階段，都有相對應的投資策略（詳見圖 1）：

表1 恐懼與貪婪指數計算包含7大項目

——恐懼與貪婪指數計算方式

項次	項目	說明	貪婪時	恐懼時
1	股票價格動能	S&P 500指數與125MA（125日移動平均線）的差距	指數高於均線愈多	指數低於均線愈多
2	股票價格強度	紐約證券交易所處於52週高點和低點的股票數量比較	高點股票數量較多	低點股票數量較多
3	股票價格寬度	近1個月上漲股票的交易量高於下跌股票交易量的差距	上漲股票交易量較大	下跌股票交易量較大
4	看跌看漲期權	Put（看跌的賣權）與Call（看漲的買權）交易量差別	看漲交易量較大	看跌交易量較大
5	市場波動	VIX指數（恐慌指數）的高低	指數下降	指數上升
6	避風港需求	過去20日股票和公債的報酬比較	股票較佳	公債較佳
7	垃圾債需求	垃圾債（非投資等級債）和投等資級債券之間的利差	利差較小	利差較大

資料來源：CNN

階段1》0～25分：極度恐懼

投資人不要害怕股市的持續下跌，因為行情總是在絕望中誕生，此時有基本面展望的好股票，若股價持續跌到財報分析所計算的「特價」時，可繼續勇敢危機入市。

階段2》26～44分：恐懼

通常這個階段的行情總是在半信半疑中成長，此時有基本面展望的好股票，

若股價跌到財報分析的「便宜價」，投資人要積極以對。

階段3》45～55分：中立

西線無戰事，投資開綠燈。

階段4》56～74分：貪婪

通常這個階段的行情總是在憧憬中成熟，此時即使是有基本面展望的好股票，若股價漲到「昂貴價」時，投資人可開始逐步獲利了結。

階段5》75～100分：極度貪婪

投資人對於股市的持續上漲要戒慎恐懼，因為行情總是在希望中破滅，此時即使是有基本面展望的好股票，若股價持續上漲到瘋狂價時，投資人要記得見好就收，盡可能回收現金以備未來的不時之需。

台股與美股長期呈現高度正相關

由於恐懼與貪婪指數是取自美國股市的數據，且台股與美股長期維持高度正相關（詳見股市小百科），是我經常用來評量台股市場投資氛圍的客觀指標，但有時候也有不連動的狀況發生。例如在 2022 年，經歷了好幾個月的下跌後，恐懼與貪婪指數在 10 月 25 日這天上升到 53 分，早已脫離「恐懼」的

圖1 市場「貪婪」時，投資人應「持盈保泰」
—— 恐懼與貪婪指數5階段

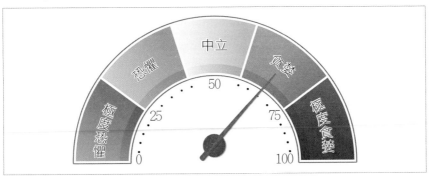

—— 對應投資策略

階段	極度恐懼	恐懼	中立	貪婪	極度貪婪
分數	0～25分	26～44分	45～55分	56～74分	75～100分
態度	危機入市	積極以對	投資開綠燈	持盈保泰	步步為營
策略	財報分析 特價時買進	財報分析 便宜價時買進	持股續抱	財報分析 昂貴價時賣出	財報分析 瘋狂價時賣出

註：資料日期 2023.08.09　資料來源：CNN、《投資家日報》

階段，呈現「中性」的局勢，更似乎有往「貪婪」階段邁進的跡象，這樣的正向氣氛也具體反映在美股當時大漲的走勢上，費城半導體指數 5 個交易日飆漲 8.83%，標普 500 指數 5 個交易日則上漲 4.21%。

⬛ 股市小百科　美股4大指數與台股相關係數

談到台股與美股高度的正相關走勢，是有客觀的統計數據佐證，若統計2010年1月1日到2023年5月11日期間，美股4大指數──道瓊工業平均指數（Dow Jones Industrial Average Index）、標普500指數（S&P 500 Index）、那斯達克指數（Nasdaq Index）與費城半導體指數（Philadelphia Semiconductor Index），與加權指數的相關係數，由高至低依序如下：

1. **費城半導體指數**：台股中的半導體產業雖然只占總市值約37%，但費城半導體指數與台股的相關係數卻高達0.9844，更勝於那斯達克指數的關聯性。

2. **那斯達克指數**：雖然台股中電子產業合計占總市值約60%，但美股中科技類股的代表指數──那斯達克指數與台股的相關係數，還是略小於費城半導體指數，落在0.9677。

3. **標普500指數**：標普500指數是最能代表美國股市整體表現的股市指數，與台股相關係數為0.9584。

4. **道瓊工業平均指數**：道瓊工業平均指數的成分股是30檔權值股，與台股相關係數為0.9342。

2010年到2023年，美股4大指數與台灣加權指數相關性如右圖：

　　然而，回顧同期間（2022年10月）的台股，不僅完全感受不到有即將邁入「貪婪」的階段，甚至會覺得台股完全籠罩在「極度恐懼」的氛圍中。同樣在2022年10月25日這天，加權股價指數最低跌到1萬2,629點，距離年初的最高點1萬8,619點，已經累積大跌5,990點，波段累積跌幅達32%，甚至超越2020年新冠肺炎疫情剛爆發時的股災，當時台股從2020年農曆年前的高點1萬2,186點，急跌到3月時的最低點8,523點，波段跌

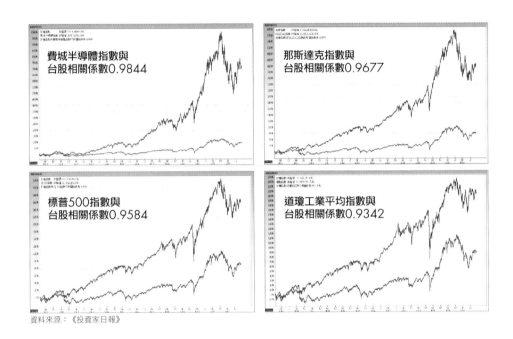

費城半導體指數與
台股相關係數0.9844

那斯達克指數與
台股相關係數0.9677

標普500指數與
台股相關係數0.9584

道瓊工業平均指數與
台股相關係數0.9342

資料來源：《投資家日報》

幅達 30%（詳見圖 2）。

　　此外，台股最大的權值股台積電（2330），股價走勢也很反常，在費城半
導體指數在 5 個交易日飆漲 8.83% 的條件下，台積電竟然出現持續破底的走
勢，2022 年 10 月 26 日甚至跌到波段最低的 370 元，完全與費城半導體指
數背道而馳（詳見圖 3）。

圖2 台股2022年1～10月波段暴跌32%
——加權指數週線圖

註：資料時間為2019.05.06～2023.01.30　　資料來源：XQ全球贏家、《投資家日報》

　　台積電之所以與費城半導體指數出現背道而馳的走勢，關鍵就在當時的台灣，似乎深陷戰爭的風險中；而外資為了降低風險，持續賣超台積電，便成了合理的決定。

　　整體而言，雖然可以理解外資瘋狂賣超台積電的原因，但當外資開始恐懼「台灣會發生戰爭」之際，或許也是提供聰明的台股投資人「危機入市」的契機。畢竟身為台灣人，在同島一命的信念下，其實我們哪裡也去不了！

圖3 台積電股價於2022年10月26日跌至370元
—— 台積電（2330）日線圖

527元（2022.08.17）　　　546元（2023.02.10）

2022.09.30季線位置489元

2022.12.30
季線位置442元

巴菲特2022年Q3砸新台幣
1,280億元大買台積電ADR

巴菲特2022年Q4～2023年Q1
出清台積電持股

370元（2022.10.26）

註：資料時間為 2022.06.29 ～ 2023.03.29　　資料來源：XQ 全球贏家、《投資家日報》

倘若兩岸真的發生戰爭，手中有沒有持有股票，似乎也不是那麼重要了；不過，兩岸若能持續和平共處，聰明人的台股投資人反而可以利用這次外資的恐懼來「危機入市」。欣慰的是，隨著 2023 年 5 月台積電股價重新站穩 500 元之上，在 2022 年 10 月懂得危機入市的投資人，不僅可享受到超過 35% 的甜美果實，更再一次印證「當別人恐懼，我貪婪」的投資名言。

2022 年第 4 季台海的戰爭危機，也讓巴菲特執掌的波克夏公司（Berkshire

Hathaway）在 2022 年第 4 季不惜大砍 86% 台積電 ADR 的持股，2023 年第 1 季更是全數出清，同年 5 月巴菲特親自在波克夏的股東會中解釋：「至少在我來看，晶片業沒有任何公司能和台積電匹敵，但是『我不喜歡它的位置』。」似乎説明了儘管美股已經在 2022 年 10 月底脱離恐懼，恐懼與貪婪指數回升到「中立」，但是同期間的台股投資人卻經歷「獵殺紅色 10 月」衝擊的主因。

　　總結而論，從過去經驗來看，由於台股與美股長期維持高度正相關，恐懼與貪婪指數在大部分的時間裡，都還是能夠用來觀察台股的氛圍；不過若當台股又陷入類似「台海危機」等地緣關係導致的特殊情境時，恐怕還是會出現脱鉤的發展。

2-2

外銷訂單年增率》
與台股走勢呈正相關

　　國家發展委員會（簡稱國發會）每月都會發布景氣指標，其中的「領先指標」通常被用來預判台灣的景氣走向。領先指標共有 7 大項目，分別為股價指數、外銷訂單動向指數、貨幣總計數 M1B、工業及服務業受僱員工淨進入率、建築物開工樓地板面積、實質半導體設備進口值，以及製造業營業氣候測驗點。

外銷訂單反映未來3～6個月企業獲利

　　其中，「外銷訂單動向指數」是受訪廠商對於下個月接單的預期，可領先看出外銷訂單的變化，而外銷訂單則能合理反映未來 3 個月到 6 個月的廠商獲利，因此我偏好用「外銷訂單美元金額的訂單年增率」（以下簡稱外銷訂單年增率）表現來評估台股趨勢。

　　外銷訂單年增率維持正成長，有利台股的多頭走勢；年增率若掉到負成長，台股的空方勢力就會抬頭。根據統計資料顯示，當台灣的外銷訂單年增率出現

負成長時，確實有非常高的機率，會反映台股進入空頭格局的變化。自 1993 年以來到 2022 年的近 30 年來，外銷訂單年增率共有 7 次負成長（詳見表 1）：

1998 年：受到前 1 年亞洲金融風暴的影響，台灣當年度的外銷訂單年減 4.01%，而台股的相對應跌幅為負 21.6%。

2001 年：2000 年發生美國網路泡沫危機，台股全年跌幅為負 43.9%。台灣從 2001 年 3 月開始，每月外銷訂單年增率都出現衰退，9 月甚至惡化到負 26.8%，當時台股也跌到了自 2000 年崩跌以來的最低點 3,411 點。2001 年 10 月起，外銷訂單衰退幅度逐漸減緩，總計全年的年增率為負 11.6%，台股則觸底反彈，全年漲幅達 17.1%。

2009 年：2008 年下半年金融海嘯席捲全球，台股當年大跌 46%。2009 年 1 月的外銷訂單年增率較上一年衰退 41.68%，是史上最大的衰退紀錄，且 1 到 6 月都呈現 2 位數的衰退；不過因為 2009 年第 4 季明顯好轉，因此全年度外銷訂單年增率僅有負 8.3%。2009 年的台股也從谷底回升，全年度大漲 78.3%。

2015 年：2015 年台灣面臨「紅色供應鏈」崛起的威脅，以及終端市場疲軟的影響，外銷訂單年增率為負 4.4%，當年台股從萬點出頭跌至 8 月最低點

表1 2022年外銷訂單年減1.1%，台股跌22.4%
——外銷訂單7次負成長與台股相對應漲跌幅

年度	全年外銷訂單金額之美元年增率（%）	台股相對應漲跌幅（%）
1998	-4.0	當年下跌21.6
2001	-11.6	2000年先跌43.9
2009	-8.3	2008年先跌46.0
2015	-4.4	當年下跌10.4
2016	-1.6	當年上漲11.0
2019	-5.3	當年上漲23.3
2022	-1.1	當年下跌22.4

資料來源：經濟部統計處、XQ 全球贏家

7,203 點，全年共下跌 10.4%。

2016 年：延續 2015 年外銷訂單欠佳的狀況，2016 年從 1 月到 7 月的年增率也連續呈現衰退，8 月起才開始回升，全年的外銷訂單年增率為負 1.6%。台股表現也在 2016 年逐漸回溫，全年上漲 11%。

2019 年：2018 年開打的中美貿易戰，讓台灣外銷產業也受到衝擊。2018 年 11 月和 12 月，台灣單月外銷訂單都呈現負成長，全年外銷訂單年增率僅剩 3.9%，台股則下跌 8.6%。進入 2019 年，外銷訂單繼續衰退，全年年增率為負 5.3%，台股卻在這年逆勢上漲 23.3%，是歷年來較特別的狀況。

回顧當時的景氣氛圍，許多上市櫃公司的 CEO 都發表了對景氣悲觀的言論，其中最具代表性的，就是當時還擔任鴻海（2317）董事長的郭台銘先生，在 2019 年 6 月 2 日接受媒體採訪時，語出驚人表示，中美貿易戰和科技戰，恐怕會影響世界經濟將在數月、甚至數週內產生急遽變化，比金融海嘯更大的海嘯有可能會在短時間內出現。他進一步說明，很多中小企業都反映拿不到訂單，受影響的不僅是工業，也會影響到股價、匯率，以及將來的消費經濟。

不僅如此，產業界有多位重要人士不約而同發表悲觀的看法。當時台灣機械工業公會理事長柯拔希也說，2019 年前 5 月機械出口衰退 6.2%，工具機出口衰退 9.7%，第 3 季恐不樂觀；和大（1536）董事長沈國榮則表示，工具機廠是接單與稼動率（編按：產能利用率）雙降的局面；程泰（1583）董事長楊德華指出，2019 年 4 月、5 月新接訂單，與 3 月相較，幾乎縮水一半。

然而，2019 年 6 月如此悲觀的景氣氛圍，雖然讓台股一度從 6 月 14 日 1 萬 524 點，回跌約 344 點到 8 月 6 日的 1 萬 180 點，但隨後台股就展開了高達 2,000 點的上漲行情，一路走升到 1 萬 2,197 點（詳見圖 1）。

2019 年到底發生了什麼事，讓當時極為悲觀的氣氛，最後成為虛驚一場？關鍵就在於美國前總統川普（Donald Trump），在 2018 年發動中美貿易戰之後，由於「美國去中化，中國去美化」，導致兩邊都強化了對台灣的需要，而

圖1 台股在2019年6月短暫下跌後上漲2000點
——加權指數日線圖

註：資料時間為 2018.08.27 ～ 2020.02.26　　資料來源：XQ 全球贏家

這樣的結局，真的只能說是：天佑台灣！天助自助者！

2022 年：主要是反映通膨嚴重、美國聯準會（Fed）暴力升息、經濟開始衰退與電子業高庫存等風險，全年外銷訂單年增率為負 1.1%，而台股的相對應漲跌幅為負 22.4%。

《天下雜誌》曾在 2022 年 12 月 13 日公布「2000 大 CEO 調查」報告，

圖2 2022年87% CEO對未來1年全球景氣不樂觀
——《天下雜誌》「2000大CEO調查」

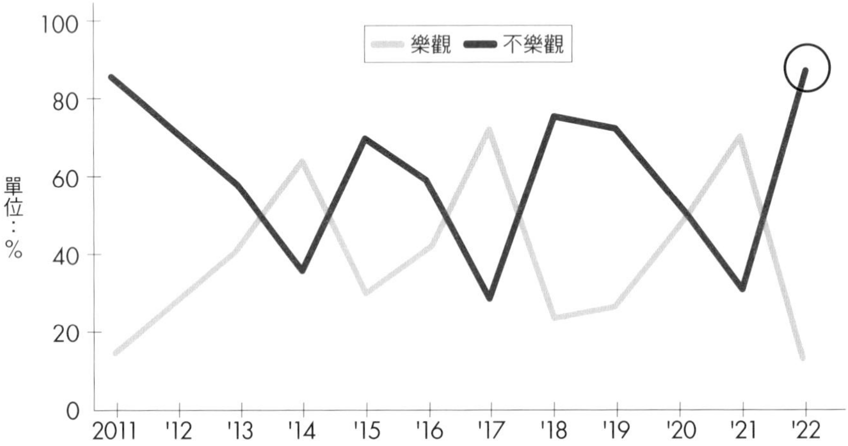

（資料來源：《天下雜誌》）

結果有高達 87% 的 CEO，對未來 1 年的景氣表示不樂觀，創下自 2009 年開始有這份調查報告以來的最悲觀紀錄（詳見圖 2）。

值得一提的是，有了 2019 年產業界大老看壞經濟，但台股卻大漲的歷史經驗之後，相信讀者在看待上述這份報告結果時，就會有不一樣的想法；當然，也就不會太意外台股會在後續一路大漲到 2023 年 7 月的 1 萬 7,463 點。這次經驗，再次驗證了行情總是在絕望中誕生、在半信半疑中成長。

　　總結而論，從歷史資料顯示，雖然台股有時會走在前面先跌，有時是外銷訂單先預先反映，但整體來説，外銷訂單的年增率變化與台股之間，確實有高度正相關，畢竟台股的主要企業，都是以出口為導向的廠商。

貨幣總計數指標》
從M1B、M2看多空轉折

台灣貨幣總計數指標共有 3 種，依照涵蓋的範圍，由少至多分別為 M1A、M1B 與 M2（詳見圖 1）。而三者之間的關係，就好比同心圓的概念，M1A 範圍最小，M1B 則包含了 M1A，而 M2 又包含了 M1B 與 M1A，定義如下：

M1A：主要包含現金、企業及個人的支票存款與活期存款等短期流動資金。

M1B：除了 M1A 內容，還多了代表「國人投資意向」的個人活期儲蓄存款。

M2：在 M1A 與 M1B 的基礎上，多加了流動性較低的企業及個人定存與外幣存款等。

學會觀察貨幣的變化，可以輔助我們判斷股市的資金動能，觀察指標為「M1B 年增率是否大於 M2 年增率」。

1.當M1B年增率大於M2年增率

圖1 M1B包含M1A及個人活期儲蓄存款
——台灣3種貨幣總計數指標

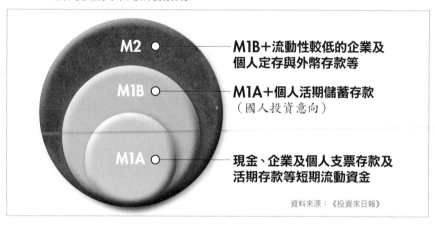

M2 ● —— **M1B＋流動性較低的企業及個人定存與外幣存款等**

M1B ● —— **M1A＋個人活期儲蓄存款**（國人投資意向）

M1A ● —— **現金、企業及個人支票存款及活期存款等短期流動資金**

資料來源：《投資家日報》

可合理解釋投資人出現了「解定存，轉往活期儲蓄存款」的資金移動；而活期儲蓄存款的增加，也將提供台股未來股價上漲時的資金動能。

2.當M1B年增率小於M2年增率

代表投資人將活期儲蓄存款轉為定存，進而會影響到台股的資金動能。

再者，當 M1B 年增率從原本小於 M2 年增率，變成人於 M2 年增率，其轉折點稱之為「黃金交叉」，一般而言，可視為台股的落底訊號；反之，當

圖2 **M1B年增率向上穿越M2年增率，為黃金交叉**
──M1B與M2年增率黃金交叉vs.死亡交叉

資料來源：《投資家日報》

M1B 年增率從原本大於 M2 年增率，變成小於 M2 年增率，其轉折點稱之為
「死亡交叉」，一般而言，可視為台股多頭的警訊（詳見圖 2）。

M1B與M2黃金交叉》對台股有正面意義

　　追蹤 2007 年以來，M1B 與 M2 年增率出現過 5 次黃金交叉（詳見圖 3），
追蹤後續台股的表現如下。此外補充說明，由於央行公布 M1B 與 M2 的時間
點，都是在隔月月底，因此計算台股的基準點，同樣也是用隔月的月底收盤價：

　　① 2007 年 2 月：M1B 與 M2 年增率出現黃金交叉之後，成功帶動台股從

圖3 **2007年以來，M1B與M2年增率出現5次黃金交叉**
──M1B與M2年增率走勢

註：資料時間為 2007.01 ～ 2023.07　　資料來源：財經 M 平方、《投資家日報》

7,884 點上漲到 9,859 點，波段上漲 1,975 點，漲幅約 25%。

　②**2009 年 4 月**：M1B 與 M2 年增率出現黃金交叉之後，成功激勵台股從 6,890 點大漲到 9,220 點，波段上漲 2,330 點，漲幅約 33%。

　③**2012 年 10 月**：M1B 與 M2 年增率出現黃金交叉之後，成功挹注台股從 7,580 點走揚到 1 萬 14 點，波段上漲 2,434 點，漲幅約 32%。

④ **2015 年 9 月**：M1B 與 M2 年增率出現黃金交叉之後，成功帶動台股從 8,554 點走揚到 1 萬 1,270 點，波段上漲 2,716 點，漲幅約 31%。

⑤ **2018 年 2 月**：M1B 與 M2 年增率出現黃金交叉之後，成功挹注台股從 1 萬 919 點走揚到 1 萬 8,619 點，波段上漲 7,700 點，漲幅約 70%。

此外，在 2022 年 8 月時，M1B 與 M2 年增率曾出現短暫的黃金交叉，不過僅 1 個月後，9 月又再呈現死亡交叉，由於時間過短，因此只能將它視為一場「美麗的意外」。

M1B與M2死亡交叉》可視為台股轉空警訊

2007 年以來到 2023 年 7 月，M1B 與 M2 年增率出現過 6 次死亡交叉（詳見圖 4），追蹤後續台股的表現如下：

① **2007 年 12 月**：M1B 與 M2 年增率出現死亡交叉，台股則是從 2008 年 1 月底的 7,521 點，同年 5 月先漲至最高點 9,309 點之後，才出現崩跌至 3,955 點的空頭走勢。

② **2011 年 10 月**：M1B 與 M2 年增率出現死亡交叉，但台股卻從 2011

圖4 **2007年以來，M1B與M2年增率出現6次死亡交叉**
——M1B與M2年增率走勢

註：資料時間為 2007.01 ~ 2023.07　　資料來源：財經 M 平方、《投資家日報》

年 11 月底 6,904 點，隔月先小跌至 6,609 點後，隔年 3 月又漲到 8,170 點。

③ 2015 年 1 月：M1B 與 M2 年增率出現死亡交叉，台股則是從 2015 年 2 月底的 9,622 點，先漲至同年 4 月最高點 1 萬 14 點之後，才出現崩跌至 8 月最低點 7,203 點的空頭走勢。

④ 2017 年 5 月：M1B 與 M2 年增率雖出現死亡交叉，但台股還是從

2017 年 6 月底的 1 萬 395 點，持續上漲至隔年 1 月最高點 1 萬 1,270 點。

⑤ **2018 年 1 月**：M1B 與 M2 年增率出現死亡交叉，台股從 2018 年 2 月底的 1 萬 815 點，跌至 9,319 點。不過在出現短暫的修正之後，M1B 與 M2 年增率很快又在下個月出現黃金交叉，開啟台股大漲至 1 萬 8,619 點的序曲。

⑥ **2022 年 7 月**：M1B 與 M2 年增率出現死亡交叉，台股從 2022 年 8 月底的 1 萬 5,095 點，最低跌至同年 10 月的 1 萬 2,629 點，波段跌點 2,466 點，跌幅約 16%。

前文有提到，2022 年 8 月 M1B 與 M2 年增率曾出現短暫的黃金交叉，隔月就呈現死亡交叉，由於黃金交叉的時間過短，僅能視為一段「插曲」，此處的死亡交叉時間仍以 7 月為基準。

總結上述的內容，回溯 2007 年以來 M1B 年增率與 M2 年增率的關係，當出現黃金交叉，可視為台股的落底訊號；反之，當出現死亡交叉，則可視為台股多頭的警訊。

2-4

月KD黃金交叉》
有望開啟大多頭行情

2022 年的台股，經歷過一次大空頭洗禮，加權指數全年下跌幅度高達 22%。就在許多投資人對未來行情不抱希望之際，加權指數的月 KD 卻在 2022 年 12 月底出現在 25 附近黃金交叉的轉折，不僅預告了從 2022 年 1 月底月 KD 在 81 附近死亡交叉後的空頭走勢已經結束，更暗示中長期趨勢「由空翻多」的轉折（詳見圖 1）。

趨勢不容易形成，一旦形成就不容易改變

技術分析中的 KD，是由 K 值與 D 值構成，數值介於 0 ～ 100 之間，反映目前股價與近期最高價及最低價的相對位置及強弱。例如 KD 值位於 50 以上代表股價偏強，50 以下則是偏弱。

因為 KD 指標計算的參數非常少，常常出現漲到高點或跌到低點後「鈍化」的現象（換言之，就是不準）；但由於 KD 指標計算的過程，是考量到一段期

間內的「最高價」與「最低價」，因此仍然可以敏感地反映出價格的波動，並作為判斷股價上漲或下跌動能的參考依據。

一般而言，KD 依照時間的長短，可區分為日 KD、週 KD 與月 KD 3 種（註1），其中，「月 KD」不僅適用於個股的長線趨勢判斷，套用在台股多空轉變的判斷上，通常也具備很高的參考價值。

由於 KD 中的 K 值比 D 值更靈敏，當 K 值由下而上穿越 D 值稱為「黃金交叉」；反之，為「死亡交叉」。

要如何判斷台股長線是否「由空翻多」？「月 KD 在 50 以下黃金交叉」往往是相當準確的判斷依據，也就是原本「月 K」小於「月 D」，在轉變為「月 K」大於「月 D」時，並同時符合月 D 值在 50 以下的條件。

金融市場有一句話：「趨勢不容易形成，一旦形成就不容易改變。」那麼，當台股「由空翻多」的中長期趨勢已經形成，短時間內就不太容易看到多頭趨

註 1：將技術分析圖的觀察週期切換為「月線圖」，其圖上的 KD 指標即為「月 KD」；若觀察週期為「週線圖」，其圖上的 KD 指標即為「週 KD」；若觀察週期為「日線圖」，其圖上的 KD 指標即為「日 KD」。

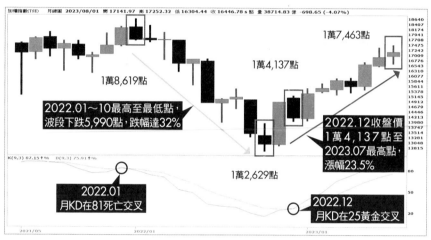

圖1 台股2022年年底月KD黃金交叉，2023年起漲
——加權股價指數月線圖

1萬8,619點

2022.01～10最高至最低點，
波段下跌5,990點，跌幅達32%

1萬4,137點

1萬7,463點

2022.12收盤價
1萬4,137點至
2023.07最高點，
漲幅23.5%

1萬2,629點

2022.01
月KD在81死亡交叉

2022.12
月KD在25黃金交叉

註：資料時間為 2021.05 ～ 2023.08　　資料來源：XQ 全球贏家、《投資家日報》

勢被翻轉的可能，因為這是有歷史的統計數據來佐證。

以下是 2000 年以後，大盤出現月 KD 黃金交叉後續的表現統計（詳見圖 2），
整體而言，確實都具備了開啟大多頭行情的意義，依序如下：

① 2001 年 11 月：月 KD 在 19.95 黃金交叉（詳見圖 2-❶），不僅開啟
6 個月的多頭行情，指數更一路從 4,441 點，驚驚漲到 6,484 點，最高上漲

2,043 點，漲幅 46%。

②2003 年 5 月：月 KD 在 34.62 完成黃金交叉之後（詳見圖 2-❷），帶動後續長達 11 個月的多頭行情，指數從 4,555 點，起漲到 7,135 點後才止步，最高上漲 2,580 點，漲幅 56.64%。

③2004 年 12 月：月 KD 在 35.9 黃金交叉之後（詳見圖 2-❸），不僅激勵台股的多頭行情延續 35 個月，更拉升指數一路從 6,139 點上漲到 9,859 點，最高上漲 3,720 點，波段漲幅 60.6%。

④2009 年 3 月：月 KD 在 15.76 附近黃金交叉的結果（詳見圖 2-❹），則送給投資人一段長達 24 個月的多頭行情，最高上漲 4,010 點，漲幅高達 76.97%，台股從 5,210 點大漲到 9,220 點。

⑤2012 年 2 月：月 KD 在 35.7 黃金交叉之後（詳見圖 2-❺），開啟長達 39 個月的多頭行情，指數也一路從 8,121 點，走揚到最高點的 1 萬 14 點，最高上漲 1,893 點，波段漲幅同樣也高達 23.31%。

⑥2016 年 3 月：月 KD 在 46.36 黃金交叉之後（詳見圖 2-❻），開啟長達 23 個月的多頭行情，指數也一路從 8,744 點，走揚到最高點的 1 萬 1,270

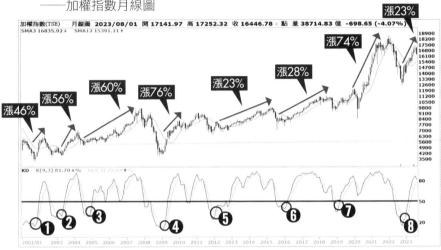

圖2 2000年以來，台股出現8次月KD黃金交叉
——加權指數月線圖

註：資料時間為 2001.01.02 ～ 2023.08.01　　資料來源：XQ 全球贏家、《投資家日報》

點，最高上漲 2,526 點，波段漲幅為 28.89%。

⑦ **2019 年 3 月：**月 KD 在 46.95 黃金交叉之後（詳見圖 2-❼），開啟長達 22 個月的多頭行情，指數也一路從 1 萬 641 點，走揚到最高點的 1 萬 8,619 點，最高上漲 7,978 點，波段漲幅為 74.97%。

⑧ **2022 年 12 月：**月 KD 在 25.6 黃金交叉之後（詳見圖 2-❽），截至

圖3 台股月KD黃金交叉後平均上漲22.85個月
——台股月KD黃金交叉統計

指標	月KD在50以下**黃金交叉**
意義	平均上漲**22.85個月**
數據	平均漲幅**52.48%**,漲**3,536點**

資料來源:《投資家日報》

2023年7月31日,指數一路從1萬4,137點,走揚到最高點的1萬7,463點,最高已上漲3,326點,波段漲幅已達23%。

　　從上述的統計數據來看,即使排除2022年12月底的這一次「現在進行式」,單純統計過去7次,當台股出現月KD在50以下黃金交叉之後,平均出現長達22.85個月的多頭行情(詳見圖3),平均上漲3,536點,平均的漲幅高達52.48%。換言之,聰明的投資人觀察到台股月KD出現在50以下黃金交叉時,對後市行情的看法,不僅應該要開始偏向樂觀,操作上也應該要更為積極與大膽,如此才能順利搭上多頭行情的財富列車。

2-5

月KD死亡交叉》
走勢「由多翻空」機率高

2021 年 7 月 31 日與 8 月 1 日，相信所有國人的心情，有如洗三溫暖，東京奧運羽球場上的「麟洋配」（編按：台灣羽球國手王齊麟、李洋組成的男子雙打組合），上演「一球不棄，奇蹟自來」的戲碼，不僅倒吃甘蔗，更勇奪奧運金牌；而球后戴資穎拼戰到最一刻的精神，也同樣撼動國人的情緒。

股市如球場，沒有永遠的輸家，也沒有一定的贏家，端看臨場的變化，以及幸運之神是否眷顧？

2020 年到 2021 年這 2 年期間，幸運之神確實不斷眷顧台股，先是因為 2018 年開始的中美貿易戰，受惠中國去美化、美國去中化的轉單效應；後來雖然曾一度掉入到新冠肺炎疫情的系統性風險中，股市最低跌到 8,523 點，但台灣防疫的成功，搭配全球宅經濟大爆發的商機，不僅帶動整體上市櫃公司的外銷訂單節節高升，更激勵台股一路從「輕舟已過萬重三」、漲到「萬四如意」、漲到「萬五（無）一失」、漲到「萬六大順」、漲到甚至許多股市老手

都覺點有點「萬（亂）七八糟」的投機氛圍中（詳見圖 1）。台股 2020 年到 2021 年這一路過關斬將的多頭格局，也讓許多投資人居高思危，關注是否出現敗象。而在股市漲到高檔時，我的習慣是用「月 KD 是否在 50 以上死亡交叉」，作為提醒自己是否要留意台股短線修正風險的訊號。

漲勢慢郎中，跌勢急驚風

以下是 2000 年以後，加權指數出現月 KD 在 50 以上死亡交叉後續的表現統計（詳見圖 2），依序如下：

① 2000 年 4 月：月 KD 在 76.01 死亡交叉（詳見圖 2-❶），不僅開啟 18 個月的空頭行情，指數更一路從 8,777 點，最低下跌到 2001 年 10 月的 3,436 點，下跌 5,341 點，波段跌幅更高達 60.85%。

② 2002 年 7 月：指數已先從當年 4 月高點下跌 26%；7 月時月 KD 在 67.4 死亡交叉後（詳見圖 2-❷），指數繼續從 4,940 點跌到 10 月最低點 3,845 點，下跌 1,095 點，跌幅達 22%。

③ 2004 年 4 月：月 KD 在 81.4 死亡交叉（詳見圖 2-❸），開啟 4 個月的修正走勢，指數一路從 6,117 點，下跌到 5,255 點，下跌 862 點，波段

圖1 台股2020年到2021年以來呈現大多頭格局
——台股2020年到2021年的指數寫照

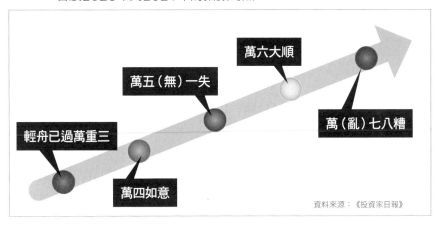

資料來源：《投資家日報》

跌幅 14.09%。

④ 2005 年 8 月：月 KD 在 66.79 死亡交叉（詳見圖 2-❹），指數從 2005 年 8 月底 6,033 點跌到 10 月最低點 5,618 點，下跌 415 點，波段跌幅 6.88%。

⑤ 2006 年 6 月：月 KD 在 74.96 死亡交叉（詳見圖 2-❺），開啟了 1 個月左右的修正走勢，指數從 6,704 點下跌到 6,232 點，整體下跌 472 點，

波段跌幅 7.04%。

⑥ 2007 年 8 月：月 KD 雖然在 85.4 死亡交叉（詳見圖 2- ❻），但又在 1 個月後出現黃金交叉；期間指數非但沒有下跌，還從 8 月底的 8,982 點，上漲到 9 月最高點 9,482 點，最高上漲 500 點，波段漲幅 5.57%。

⑦ 2007 年 11 月：經歷 2007 年 8 月、9 月前後發生月 KD 死亡交叉再黃金交叉後（詳見圖 2- ❼），11 月時出現月 KD 在 81.7 死亡交叉，這次終於開啟為期 12 個月的空頭行情；指數一路從 11 月底的 8,586 點，崩跌到 2008 年最低點 3,955 點，下跌 4,631 點，波段跌幅更高達 53.94%。

⑧ 2010 年 2 月：月 KD 在 80.67 死亡交叉（詳見圖 2- ❽），開啟 3 個月的修正走勢，指數從 7,436 點，最低下跌到 5 月的 7,032 點，下跌 404 點，波段跌幅 5.43%。

⑨ 2011 年 3 月：月 KD 雖然在 80.66 死亡交叉（詳見圖 2- ❾），但隔月又出現黃金交叉，指數不跌反漲。

⑩ 2011 年 6 月：月 KD 在 79.19 死亡交叉（詳見圖 2- ❿），不僅開啟 6 個月的空頭行情，指數更一路從 8,652 點，最低下跌到同年 12 月的 6,609 點，

圖2 台股2000～2022年出現19次月KD死亡交叉
—— 加權指數月線圖（2000年～2011年）

—— 加權指數月線圖（2013年～2022年）

註：資料時間為 2000.01 ～ 2023.08   資料來源：XQ 全球贏家、《投資家日報》

下跌 2,043 點，波段跌幅更高達 23.61%。

⑪ **2013 年 8 月**：月 KD 雖然在 77.12 死亡交叉（詳見圖 2- ⑪），但 1 個月後，又出現黃金交叉，期間指數非但沒有下跌，還從 8,021 點，隔月最高漲到 8,310 點，最高上漲 289 點，波段漲幅 3.6%。

⑫ **2014 年 7 月**：月 KD 在 90.37 死亡交叉（詳見圖 2- ⑫），開啟 3 個月的修正走勢，指數從 9,315 點，下跌到 8,501 點，最高下跌 814 點，波段跌幅 8.74%。

⑬ **2015 年 6 月**：月 KD 在 77.81 死亡交叉（詳見圖 2- ⑬），不僅開啟 2 個月的急跌行情，指數一路從 9,323 點，下跌到 7,203 點，最高下跌 2,120 點，波段跌幅更高達 22.74%。

⑭ **2017 年 9 月**：月 KD 雖然在 91.08 死亡交叉（詳見圖 2- ⑭），但隔月又出現黃金交叉，指數最高漲了 459 點。

⑮ **2017 年 11 月**：月 KD 在 89.66 死亡交叉（詳見圖 2- ⑮），指數從 1 萬 560 點僅跌到隔月最低點 1 萬 355 點，整體小跌 205 點，指數隨後就開始上漲。

⑯ **2018 年 10 月**：月 KD 在 66.21 死亡交叉（詳見圖 2-⑯），指數從 9,802 點跌到隔年 1 月最低點 9,319 點，下跌 483 點，跌幅 4.93%。

⑰ **2020 年 1 月**：月 KD 在 81.21 死亡交叉（詳見圖 2-⑰），開啟 2 個月的急跌行情，指數一路從 1 萬 1,495 點，下跌到 3 月最低點 8,523 點，最多下跌 2,972 點，波段跌幅更高達 25.85%。

⑱ **2021 年 7 月**：月 KD 在 91.77 死亡交叉（詳見圖 2-⑱），指數一度從 1 萬 7,247 點，跌到 10 月波段低點 1 萬 6,162 點；不過月 KD 很快又在 12 月出現短暫黃金交叉，當月指數最高漲到 1 萬 8,291 點，因此這次的月 KD 死亡交叉還不能算是中長期趨勢翻空的訊號。

⑲ **2022 年 1 月**：經歷 2021 年 12 月漲到波段高點後，月 KD 在 2022 年 1 月在 81.83 死亡交叉（詳見圖 2-⑲），不僅開啟 9 個月的空頭行情，指數更一路從 1 萬 7,674 點，下跌到 1 萬 2,629 點，最多下跌 5,045 點，波段跌幅更高達 28.54%。

總結 2000 年以來，台股出現月 KD 在 50 以上死亡交叉後的股價走勢，有高達 68.4% 的機率台股會開始走跌，平均經歷 5.2 個月，平均跌點 2,054 點，平均跌幅 21.9%。

圖3 月KD死亡交叉多半預告後市下跌
——月KD黃金交叉vs.死亡交叉

資料來源：《投資家日報》

此外，從 2-4 與此篇月 KD 運用在加權指數的多空判斷上，可得出 2 個結論：

1. 月 KD 出現 50 以下黃金交叉，代表台股中長期趨勢「由空翻多」的歷史機率，高達 100%。

2. 月 KD 出現 50 以上死亡交叉，代表台股中長期趨勢「由多翻空」的歷史機率，僅有 68.4%。

台股趨勢轉多後的持續時間平均達 22.85 個月，趨勢轉空後的持續期間平均為 5.2 個月，再度印證金融市場的一句順口溜：「漲勢慢郎中，跌勢急驚風（詳見圖 3）。」

2-6

VIX指數升至40點以上》
市場落底契機浮現

　　恐慌指數全名為「芝加哥選擇權交易所波動率指數」，英文為「Chicago Board Options Exchange Volatility Index」，簡稱 VIX。指數編撰的目的，是為了反映美國 S&P 500 指數期貨，未來 30 天「市場預期」的波動程度（詳見圖 1）。

　　一般而言，市場預期波動的程度愈大，投資人要承受的風險也就會愈高。此外，根據過往經驗，VIX 指數還具備了衡量「市場氛圍」的應用，尤其當指數攀升到 40 點以上時，一方面代表當下的市場氛圍過度恐慌（因此 VIX 指數也被稱為恐慌指數），另一方面則預告了股市短線上，似乎醞釀了「跌深反彈」的契機。

　　反之，當 VIX 指數掉到 15 點以下時，往往反映當下的市場氛圍過度樂觀，在一般投資人都沒有風險意識，勇於進場追價的氛圍下，未來行情容易出現「多殺多」的修正走勢。

VIX指數急升時，台股常出現跌深反彈

　　了解 VIX 指數的編製目的與應用之後，再來進一步檢視近年的台股。回顧 1997 年到 2023 年這段長達 26 年的期間，有大約 10 次 VIX 指數飆升的狀況，當 VIX 指數飆升到 40 點以上時，台股是否真的就具備「跌深反彈」的契機（詳見圖 2）？

①1997年10月28日：VIX攀升至48點
背景：亞洲金融風暴初期
台股：崩跌後1週快速反彈

　　1997 年 7 月，從泰國起頭的亞洲金融風暴（註 1），讓全球市場陷入恐慌的氛圍中。一方面推升 VIX 指數在當天盤中最高來到 48 點，另一方面也讓台股從 8 月 27 日最高點 1 萬 256 點，崩跌到 10 月 30 日最低點 7,040 點。

　　然而，就在指數急殺 3,217 點之後，VIX 指數也出現了即將「跌深反彈」的

註 1：1990 年代，以出口為導向的泰國倚賴外資投資推升股市、房市，當時泰國採取與美元連動的固定匯率制，然而泰銖隨著美元升值，導致出口疲弱，也使泰銖成為國際避險基金狙擊目標。1997 年 7 月，泰國改採浮動匯率制，泰銖兌美元暴跌，揭開亞洲金融風暴的序幕。其他類似處境的東南亞國家如印尼、馬來西亞、菲律賓、韓國等也接連受波及，貨幣重貶、資產暴跌，國際資金大舉撤出，經濟陷入蕭條，而後甚至延燒至俄羅斯及香港。

圖1 VIX指數40點以上代表市場氛圍悲觀
——VIX指數基本資料

名稱	芝加哥選擇權交易所波動率指數 Chicago Board Options Exchange Volatility Index
目的	為了反映美國S&P 500指數期貨，未來30天「市場預期」的波動程度
應用	**40點以上**：代表市場氛圍過度悲觀、恐慌 **15點以下**：代表市場氛圍過度樂觀

資料來源：《投資家日報》

訊號，不僅激勵台股在 11 月 7 日快速反彈到最高點 8,137 點，並成功開啟延續到隔年 2 月 27 日，指數驚驚漲到 9,378 點的反彈行情（詳見圖 2-❶）。

②1998年9月11日：VIX攀升至48點
背景：亞洲金融風暴後期
台股：3個月後起跌，隔年2月初落底反彈

延續將近 1 年的亞洲金融風暴，烽火延燒到香港與俄羅斯，推升 VIX 指數在 1998 年 9 月 11 日攀升至 48 點，但台股在當天及下一交易日這 2 日指數似

乎沒有受到太大的影響，都能以上漲作收，並收在 6,860 點。真正的衝擊是落在 3 個月之後，跌勢延續到隔年 2 月 5 日，台股最低跌到 5,422 點，才終於出現止跌的回升變化（詳見圖 2-❷）。

③2001年9月21日：VIX攀升至49點
背景：美國911恐怖攻擊
台股：1週內暴跌落底，6個月後飆升1倍

2001 年 9 月 11 日美國本土遭受恐怖攻擊，這起事件震撼全球，推升 VIX 指數在 10 天後的 9 月 21 日攀升到最高點 49 點，台股則在 9 月 26 日跌至谷底 3,411 點；極度恐慌的氛圍，也點燃了台股報復性反彈的火苗，6 個月後台股飆升將近 1 倍，2002 年 4 月 22 日最高漲至 6,484 點（詳見圖 2-❸）。

④2002年7月24日：VIX攀升至48點
背景：美國網路泡沫尾聲
台股：約3個月後落底反彈

從 2000 年開始引爆的美國網路泡沫危機，雖在 2002 年時已進入到尾聲，但在 VIX 指數於 2002 年 7 月 24 日盤中攀升至 48 點之際，也完全反映當下市場脆弱的持股信心；一方面拖累台股從 4 月 22 日最高點 6,484 點走跌至 4,998 點，另一方面縱使已修正 1,486 點，仍止不住持續下墜的壓力，直到同年 10 月 11 日來到 3,845 點，才終於見到落底反彈的轉變（詳見圖 2-❹）。

圖2 近26年來，VIX指數共有10次達40點以上

——VIX指數走勢圖

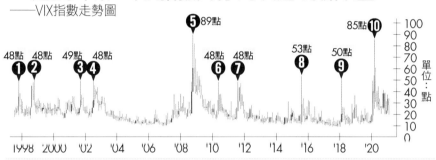

——加權指數月線圖

❶亞洲金融風暴初期：1997.10.28 VIX升至48點，台股1週內跌至7,040點落底
❷亞洲金融風暴後期：1998.09.11 VIX升至48點，台股隔年2月跌至5,422點落底
❸美國911恐怖攻擊：2001.09.21 VIX升至49點，台股1週內跌至3,411點落底
❹美國網路泡沫尾聲：2002.07.24 VIX升至48點，台股約3個月後跌至3,845點落底
❺金融海嘯：2008.10.24 VIX升至89點，台股約1個月後跌至3,955點落底
❻歐債危機：2010.05.21 VIX升至48點，台股2個交易日後跌至7,032點落底
❼美債被調降評等：2011.08.08 VIX升至48點，台股隔天落底後短暫反彈，而後繼續破底
❽人民幣匯改大貶：2015.08.24 VIX升至53點，台股同一日跌至7,203點落底
❾美股2天各跌逾1,100點：2018.02.06 VIX升至50點，台股3天後跌至1萬189點落底
❿新冠肺炎疫情：2020.03.18 VIX升至85點，台股隔日跌至8,523點觸底

註：VIX指數走勢圖資料時間為1997.07～2023.05；加權指數月線圖資料時間為1997.01～2021.02
資料來源：Yahoo Finance、XQ全球贏家、《投資家日報》

從結果論來看，這次 VIX 指數攀升到 40 點以上的變化，對台股而言，並未產生即將「跌深反彈」的預告作用。

⑤2008年10月24日：VIX暴衝至歷史新高89點

背景：金融海嘯
台股：約1個月後落底反彈

美國著名投資銀行雷曼兄弟（Lehman Brothers Holdings）倒閉所點燃的全球金融海嘯，進入到最嚴峻的考驗，不僅 VIX 指數在 2008 年 10 月 24 日暴衝到史無前例的 89 點，更讓台股在大約 1 個月後的 11 月 21 日崩跌到 3,955 點。然而，就當市場害怕台股還會持續探底，行情也在絕望中誕生，搭配改寫新高的 VIX 指數反轉滑落，台股也終於看到了撥雲見日的反彈行情（詳見圖 2-❺）。

⑥2010年5月21日：VIX攀升至48點

背景：歐債危機
台股：2個交易日後落底反彈

2010 年起，歐豬 5 國（葡萄牙、義大利、愛爾蘭、希臘、西班牙）的歐債危機，讓全球金融市場陷入恐慌氛圍，一方面推升 VIX 指數在 2010 年 5 月 21 日盤中最高來到 48 點，另一方面也讓台股最低崩跌到 5 月 25 日 7,032 點，若從 4 月 27 日最高點 8,174 點計算，短線已急殺千點。此時搭配 VIX 指數衝

高，台股也跌深反彈，同年 6 月 21 日快速反彈到最高點 7,645 點，更開啟台股一路上攻到 2011 年 2 月 8 日最高來到 9,220 點的序曲（詳見圖 2-❻）。

⑦2011年8月8日：VIX攀升至48點
背景：美債被調降評等
台股：隔天跌至谷底後反彈

受到 2011 年 8 月 5 日美國政府公債史上第 1 次被標準普爾調降評等的衝擊，全球市場陷入極度恐慌的氛圍中，VIX 指數在下一個交易日的 8 月 8 日，盤中最高上升到 48 點。隔天台股則崩跌到 8 月 9 日最低點 7,148 點，若從 7 月 27 日最高點 8,819 點計算，僅 8 個交易日就短線急殺了 1,671 點。不過，台股落底後也快速反彈到 7,896 點。

雖然沒隔多久，台股又持續破底到同年 12 月 19 日最低點 6,609 點，但 VIX 指數所預告的短線「跌深反彈」的契機，確實也再一次有效應用在台股的短線轉折變化上（詳見圖 2-❼）。

⑧2015年8月24日：VIX攀升至53點
背景：人民幣匯改大貶
台股：同一天跌至谷底後開始反彈

2015 年 8 月 11 日中國人民銀行實施匯率改革（簡稱匯改），放任人民幣

快速貶值，使全球股市都陷入崩盤危機。VIX 指數在同年 8 月 24 日盤中最高升高到 53 點，台股也在同一天跌至波段最低點 7,203 點，從 1 個月前的 6 月 25 日最高點 9,500 點以來，一路急殺近 2,300 點。而後台股開始快速回升，1 個多月後，於同年 11 月 5 日漲至波段最高點 8,857 點，強彈 1,654 點，解除當時恐慌性賣壓下的破底危機（詳見圖 2-❽）。

⑨2018年2月6日：VIX攀升至50點
背景：美股2天各跌逾1,100點
台股：3天重挫落底後強彈

美股道瓊工業平均指數在 2018 年 2 月 5 日及 2 月 6 日連續 2 天，單日都大跌超過 1,100 點，VIX 指數也在 2 月 6 日這天盤中最高升至 50 點。台股則在 3 天後的 2 月 9 日跌至 1 萬 189 點落底，從同年 1 月 3 日最高點的 1 萬 1,270 點計算，短線急殺了 1,081 點。不過台股落底後很快反彈，1 個月後就在 2018 年 3 月 13 日回升到當日最高點 1 萬 1,095 點，強彈 906 點，解除當時恐慌性賣壓下的破底危機（詳見圖 2-❾）。

⑩2020年3月18日：VIX飆至85點
背景：新冠肺炎疫情
台股：隔日觸底後展開V型反轉

2020 年疫情出現失控的發展，時任美國總統川普（Donald Trump）先是在

2020 年 3 月 12 日宣布限制歐洲人入境美國，NBA（美國職業籃球聯賽）緊接著宣布無限期停賽，國際知名人士如好萊塢影星湯姆漢克，也都在 FB 上宣布自己確診。

當時這項傳染力強、尚無疫苗、容易惡化為重症甚至死亡的傳染疾病，讓全球資本市場陷入極度恐慌氛圍，VIX 指數更在同年 3 月 18 日飆升到歷史次高點 85 點；而台股受到此一重大系統性風險的衝擊，隔日 3 月 19 日崩跌到波段最低點 8,523 點，當天盤中甚至還重挫 695 點，跌幅高達 7.5%。若從 2020 年 1 月高點 1 萬 2,197 點開始計算，已累積下跌達 3,674 點，累積跌幅 29.7%。

不過，台股很快又出現報復性反彈，僅 7 個交易日，指數就一路拉高到 9,954 點（2020 年 3 月 27 日最高價），強彈 1,431 點，暴漲 16.7%，並成功開啟一波突破台股歷史天花板 1 萬 2,682 點的大多頭行情（詳見圖 2-❿）。

從上述 VIX 指數與台股的歷史可以發現，當 VIX 指數急升到 40 點以上時，經常也預告台股即將落底反彈，可以趁機把握進場時機。

第3章

掌握ETF投資術

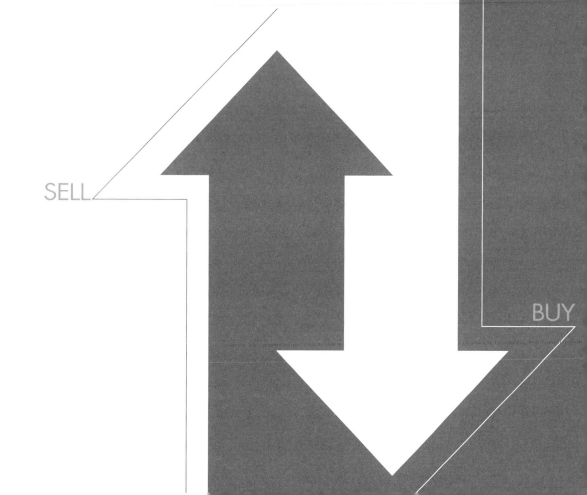

布局ETF
輕鬆投資整體市場

想要輕鬆投資，買哪種股票才不容易出錯？對於比較沒有選股經驗的投資人來說，或是根本懶得選股的人，我認為「ETF」（Exchange Traded Fund，指數股票型基金）會是很理想的商品。

台灣已經有超過 200 檔各種類型的 ETF 可以交易，所投資的市場五花八門。不過，ETF 最原始的概念其實來自於「指數型基金」，這種基金的特色是採取被動式管理，沒有經理人幫你選股，績效緊貼著整體市場表現。

全球投資市場第 1 檔指數型基金，是在 1975 年問世；投資界巨人約翰・柏格（John Bogle）在 1974 年創辦先鋒集團（The Vanguard Group），隔年底推出了複製「美國 S&P 500 指數」為架構的指數型基金，也就是如今的 Vanguard 500 Index Fund，不僅累積績效報酬驚人，目前更成為金融投資界的一大主流。有接觸投資的人應該都知道，美國有一位身價超過新台幣 3 兆元（根據《富比世》（Forbes）2023 年度富豪榜）的投資大師巴菲特（Warren

Buffett），他甚至在遺囑裡交代，要將 90% 的遺產都投資在柏格的指數型基金。

　　這檔指數型基金的績效有多驚人？試想一位沒什麼錢的投資人，如果只投資約新台幣 2 萬元，買進這檔 ETF，以後每個月定時定額買進約 5,000 元，截至 2019 年（編按：柏格逝世年份），個人資產已超過 4,200 萬元，以投入成本只有 266 萬元計算，報酬率超過 14 倍。

被動式投資已成為主流趨勢之一

　　也難怪美國投資大師巴菲特稱柏格為「英雄」，巴菲特在 2016 年寫給股東的信上說：「柏格早年在投資理財產業經常被嘲笑，時至今日，無論如何，他可以很滿足地意識到，如果沒有他的幫助，數百萬投資者不會享有現在這樣優越的報酬率。他是投資人的英雄，也是我的英雄。」

　　其實柏格在創造第 1 檔指數型基金時，被當時的投資界譏笑為「柏格的愚行」與「注定失敗的玩意」。這檔基金在募集時，也成為華爾街史上最慘的 IPO 事件。基金原先預計募集 1 億 5,000 萬美元，最後僅募到 1,130 萬美元，僅達預估值的 7%。

　　先知總是孤獨的，截至 2023 年 7 月 31 日，這檔基金的規模是 9,214 億

美元（約合新台幣 29 兆元），是全世界規模排名第 2 大的基金（第 1 大為先鋒旗下 1 檔投資於全球股市的指數型基金），如今被動式投資儼然已經成為主流趨勢之一。

要特別一提的是，指數型基金一般只能向基金公司或透過銀行申購，而在 1993 年時，開始有基金公司將這種指數型基金證券化，讓這些基金也能夠在證券市場上買賣，這就是我們如今所熟知的「ETF」，意思是可以在證券市場交易的基金。

此後，開始有愈來愈多種 ETF 問世，所追蹤的市場指數除了美股 S&P 500 指數，也有道瓊工業平均指數、那斯達克指數、美國公債指數……等，便利的交易方式使 ETF 愈來愈普及。

值得留意的是，2002 年美國被動型基金占總體基金規模的比重不到 20%，投資市場還是以主動型基金為主；到了 2012 年，比重上升到 30%，2018 年再進一步達到 45%，2019 年 8 月甚至突破 50%，也就是美國被動型基金的規模，超越了需要基金經理人操盤的主動型基金（詳見圖 1）。而之所以會有這樣的趨勢，主要是來自於主動型績效表現不如被動型基金所致。

這應該很難想像吧？經理人操盤的主動型基金，竟然會長期輸給傻瓜就能管

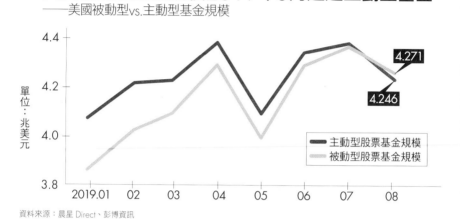

圖1 美國被動型基金規模2019年8月超越主動型基金
——美國被動型vs.主動型基金規模

單位：兆美元

4.4
4.2
4.0
3.8

2019.01　02　03　04　05　06　07　08

4.271
4.246

主動型股票基金規模
被動型股票基金規模

資料來源：晨星 Direct、彭博資訊

理資金配置的 ETF。根據統計，2002 年美國主動型基金績效勝出被動型基金的比重大約只有近 50%，2008 年下降至 40%，2016 年更誇張，竟然不到 30%（詳見圖 2）！這也難怪這幾年，有愈來愈多的投資人，捨棄主動型基金，而開始擁抱被動型基金。

　　台灣這幾年的股票市場，也出現了明顯的「擁抱 ETF」熱潮。根據台灣證券交易所的新聞稿，在台灣上市櫃的 ETF，2019 年總受益人數僅約 100 萬人，到了 2023 年 5 月已經高達 650 萬人，短短 4 年就成長 5.5 倍，相當於每 4 名台灣人就有 1 人投資 ETF；且 ETF 的規模占整體基金規模的比重也已經超過

50%，氣勢銳不可擋。回顧台灣 ETF 的發展史，台股 2003 年到 2005 年時只有 1 檔 ETF 可以買，就是元大台灣 50（0050），2006 年加入元大中型 100（0051，大家有聽過嗎？）。

簡單來說，0050 的成分股是台股市值前 50 大的公司；而 0051 的成分股則是台股市值 51 到 150 的 100 家公司；另外，還有富邦科技（0052），這檔 ETF 歷年的績效表現也很厲害，截至 2023 年 5 月的近 10 年報酬率是 326%，遠勝過 0050 的 188%。

時序進入到 2007 年，ETF 檔數成長到 7 檔，包含台灣人很愛的高息型 ETF──元大高股息（0056），也是在這一年成立。之後經歷 10 年的市場教育（因為投資人對於新商品的接受度還不高，所以需要不斷宣傳），2017 年 ETF 才進入到百花齊放的階段，有 108 檔 ETF 在台股交易；到了 2018 年成長到 160 檔，2019 年突破 200 檔，2023 年 5 月超過 230 檔，總規模超越 2 兆 9,000 億元，均創下歷史新高。

原型ETF相對單純，最適合長抱

這麼多的 ETF，有沒有看得很眼花撩亂？如果你也陷入選擇障礙，我來幫大家做個簡單的整理，其實 ETF 只有 3 種：原型、槓桿型、反向型（詳見圖 3）。

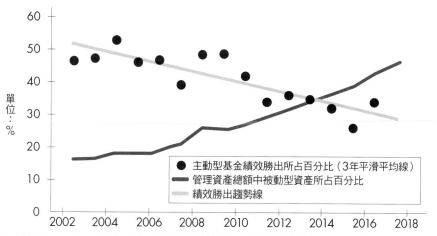

圖2 績效贏過被動型基金的主動型基金愈來愈少
——美國主動型基金與ETF績效表現與占比規模

● 主動型基金績效勝出所占百分比（3年平滑平均線）
━━ 管理資產總額中被動型資產所占百分比
▒▒▒ 績效勝出趨勢線

資料來源：Strategic Insight Simfund、2018.03 標準普爾公司指數型與主動型評比報告（SPIVA Report）

　　原型的 ETF，撇開商品型的 ETF 如黃金、原油，一般都是用「股票」來組成投資組合，差別只是在買哪個國家，哪種類型的股票？可以是買台灣的、買中國的、買美國的、買日本的、買印度的、買越南的，也可以是買 5G、買 AI、買電動車、買半導體等這類型的產業題材，只要趨勢對了，通常可以用長抱，來創造驚人的報酬率。

　　投資人在選擇這類型 ETF 時，除了需要觀察這個國家未來的發展性，或是這

圖3 **槓桿型與反向型ETF持有成本較高**
——原型vs.槓桿型vs.反向型ETF

資料來源：《投資家日報》

個產業的成長趨勢外，買進的方式也可以善用「定時定額」來創造微笑曲線，這也是許多專家會強烈建議的「傻瓜投資術」。

畢竟大多數的原型 ETF，踩到地雷的非系統性風險相對不高，因此，採取定時定額的投資方式，即使面對股價下跌的空頭來襲，在平均成本不斷下降下，只要耐心等候，待股價回升之後，便能更快速進入到市價大於平均成本的獲利階段。

表1 元大台灣50總費用率相對低廉
——0050 vs.00631L vs.00632R

ETF（代號）	元大台灣50（0050）	元大台灣50正2（00631L）	元大台灣50反1（00632R）
成立時間（年）	2003（原型）	2014（槓桿型）	2014（反向型）
總費用率（%）	0.43	1.15	1.15
成本增幅（%）	–	167	167

註：1. 資料時間為 2023.05；2. 成本增幅是指相較於 0050 而言，增加的成本幅度　　資料來源：元大投信

此外，槓桿型與反向型的 ETF（以下簡稱槓反型 ETF），通常都是用「期貨」商品來組成 ETF。相較於原型 ETF，槓反型 ETF 會有較高的成本與費用，通常比較適合短線操作，不適合長抱。

以同樣是追蹤台灣前 50 大市值公司的 ETF 為例，原型的 0050 1 年的總費用率僅為 0.43%，而 2 倍槓桿的元大台灣 50 正 2（00631L），總費用率則會上升到 1.15%，較原型的 ETF 貴上 167%；至於反向的元大台灣 50 反 1（00632R），費用率也高達 1.15%，同樣也高於原型 ETF 有 167% 之多（詳見表 1）。

如果真的不知道怎麼挑選，單純投資於整體市場的原型 ETF 是最佳選擇，例

如投資 0050，就等於投資台灣前 50 大公司，績效也會非常貼近台股走勢，只要台灣整體市場持續的成長，長期定時定額的績效也會跟著向上。如果想要做海外資產配置，想要投資美國股市，那麼也有投資於美股 S&P 500 指數、那斯達克指數等 ETF 可以選擇。

3–2

ETF買法1》
「定時定額」買出微笑曲線

選好了要投資的 ETF 之後，緊接著遇到的難題就是，「該在什麼時候進場？」就以台灣股市來說，經歷了 2020 年大跌後暴漲、2022 年年初漲到歷史高點 1 萬 8,619 點後突然向下修正，到了 2023 年又進入高檔震盪……，低檔買進擔心繼續跌，高檔買進又怕被套在高點。

如果你也有這種煩惱，那麼「定時定額」投資對你來說，會是最輕鬆的選擇。定時定額投資有 2 大好處：1. 不怕現金一次用完、2. 分散成本。

定時定額優點1》不怕現金一次用完

在投資的過程中，一定會遇到股市的上下波動；當市場恐慌時，如果能夠有資金向下加碼，未來市場回升時可以明顯放大報酬，因此我一向很強調「閒錢投資」及資金控管的重要性，才不會在市場低點時被迫出場或沒錢加碼。我對「閒錢投資」的定義，指的是這筆錢 1 年內都沒有指定的用途，而且必須另外

保留一筆足以支付 6 個月生活開銷的準備金。

　　舉例來說，若你目前擁有現金 200 萬元，其中 30 萬元在 1 年內有指定用途，而家庭每月基本開銷是 10 萬元，因此要保留 6 個月的生活開銷 60 萬元，這 30 萬元＋ 60 萬元共 90 萬元就是不可以動用的錢；其餘 110 萬元現金才能視為可以用來投資的「閒錢」（詳見圖 1）。

　　然而，從實務的經驗顯示，即使投資人真的都是用閒錢來投資，但是對於現金比率的配置，常常會亂了分寸。最常發生的狀況，就是手上一有閒錢，就急著想要全部投入買股票；另外，遇到好股票可以逢低加碼的時機點，也太過急躁，沒有耐性，導致太早把子彈用光的狀況。現金的配置是一個投資人必須認真學習的課題，需要一點時間與經驗的累積。我只能盡力分享自己的做法，但關鍵還是投資人自己的決定，盡量不要因為行情的劇烈震盪，而失去了分寸。

　　當投資人還沒有辦法有效率地控制資金的配置時，最好的方式當然就是定時定額，第一大優點就是不必費心擇時進場，能夠避免陷入太早用光現金的困境。

定時定額優點2》分散成本

　　定時定額的另一大優點，就是能透過分散買進來平均成本。其實這就是一種

圖1 扣除6個月準備金與1年內有指定用途部分才是閒錢
——閒錢的定義

閒錢 = 現金 - 6個月生活準備金 - 1年內有指定用途

資料來源：《投資家日報》

持續向下攤平（買進）的操作策略，當 1 檔商品的價格持續走跌，透過定時定額的方式持續買進，即使每次投入金額都一樣，但由於每次買到的單位數更多，讓持有成本不斷下降，當商品價格開始出現止跌回穩甚至上揚的趨勢後，投資人的獲利自然就會展現出來。而追蹤這段投資過程，其平均成本與獲利的關係，就像是一個微笑曲線，此投資策略，也是許多基金公司不斷倡導投資人要遵守的投資紀律。比起只用一筆單筆買在高點的人，定時定額投資人可以透過攤低成本的方式，在股市回升時提前看到獲利。

舉例來說，假設每個月固定投入 6,000 元，當股價在 60 元可以買進 100 股、股價 50 元時可以買到 120 股、40 元時可買到 150 股……，假設一共投入 1 萬 8,000 元，累積買到 370 股，每股平均成本攤低到 48.65 元（1 萬 8,000 元／ 370 股），那麼當股價漲回 50 元時就可以看到正報酬，漲回

60 元時獲利將能達 23%（詳見圖 2）。

定時定額投資歷經多空循環皆能勝過大盤

此外，定時定額的投資策略，更通過歷史上各種大大小小行情劇烈波動的考驗。回顧台股從 1991 年（民國 80 年）以來 8 次多空大循環，透過定時定額投資的方式，不僅可創造優於大盤同期的績效表現，即使面臨到股市崩盤的大空頭時，依然都能夠創造最後逆轉勝的結果（詳見表 1）：

① 1991 年～ 1994 年：當時台股從 5,610 點漲到 7,091 點，上漲 26%，同一時期定時定額的投資，報酬率為 54.66%，是大盤的 2 倍績效以上。

② 1994 年～ 1997 年：當時台股從 6,562 點漲到 1 萬 66 點，上漲 54%，同一時期定時定額的投資，報酬率為 63.45%，小勝大盤約 9 個百分點。

③ 1997 年～ 2000 年：當時台股從 9,756 點漲到 9,854 點，上漲 1%，同一時期定時定額的投資，報酬率為 29.04%，是大盤績效的 29 倍。

④ 2000 年～ 2002 年：當時台股從 8,777 點跌到 6,167 點，下跌 30%，同一時期定時定額投資，報酬率卻是 12.01%，贏過大盤 42 個百分點。

圖2 定時定額投資，股價漲回平均成本就能獲利
—— 微笑曲線示意圖（以每次買進6000元為例）

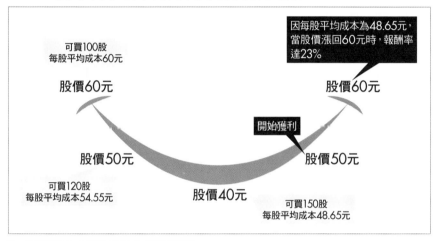

可買100股
每股平均成本60元

因每股平均成本為48.65元，當股價漲回60元時，報酬率達23%

股價60元　　　　　　　　　　　　　　股價60元

開始獲利

股價50元　　　　　　　　　　　　　　股價50元

可買120股
每股平均成本54.55元　　　　股價40元

可買150股
每股平均成本48.65元

註：每股平均成本：為總投入成本金額／累積買進股數

⑤ 2002 年～ 2004 年：當時台股從 6,065 點漲到 6,751 點，上漲 11%，同一時期定時定額的投資，報酬率為 34.24%，是大盤績效的 3 倍以上。

⑥ 2004 年～ 2007 年：當時台股從 6,522 點漲到 9,711 點，上漲 49%，同一時期定時定額的投資，報酬率為 46.37%，小輸大盤約 3 個百分點。

⑦ 2007 年～ 2011 年：當時台股從 9,598 點跌到 8,989 點，下跌 6%，

表1 定時定額投資台股，績效大多贏過大盤

微笑曲線	第1次	第2次	第3次	第4次
起訖年月	1991.05～1994.09	1994.10～1997.07	1997.08～2000.03	2000.04～2002.0
加權指數（點）	5,610～7,091	6,562～10,066	9,756～9,854	8,777～6,167
漲跌幅（%）	26	54	1	-30
投資期間	41個月	34個月	32個月	24個月
定時定額投資報酬（%）	54.66	63.45	29.04	12.01

註：資料時間為 1991.05.31 ～ 2019.12.31　　資料來源：晨星

同一時期定時定額的投資，報酬率為 25.4%，勝過大盤約 31 個百分點。

⑧ 2011 年～ 2019 年：當時台股從 9,062 點漲到 1 萬 1,997 點，上漲 32%，同一時期定時定額的投資，報酬率為 33%，小勝大盤約 1 個百分點。

―台股8次微笑曲線定時定額投資績效表

第5次	第6次	第7次	第8次
2002.04~2004.02	2004.03~2007.10	2007.11~2011.05	2011.06~2019.12
6,065~6,751	6,522~9,711	9,598~8,989	9,062~11,997
11	49	-6	32
23個月	44個月	43個月	103個月
34.24	46.37	25.40	33.16

ETF買法2》
看月KD「買低賣高」

投資追蹤市場的 ETF，除了定時定額，當然也可以波段操作，也就是在市場低檔時進場、高檔時出場，透過「買低賣高」賺取價差獲利。要怎麼成功買低賣高？長期以來，我都主張技術分析中的月 KD 是一種很有效率的操作指標，運用原則就是觀察 ETF 的月 KD，若在 50 以下出現黃金交叉，可視為下跌行情的結束；反之，當在 50 以上出現死亡交叉時，可視為波段上漲行情的結束（詳見圖 1）。

要特別注意，只有原型的「股票型 ETF」適用這個策略，千萬不要用在槓桿型 ETF、反向型 ETF 及商品型 ETF。至於月 KD 在 50 以上或以下的交叉標準，有時也會調整到 25 以下，或是 75 以上。

用月KD操作10檔台股ETF，回測勝率達84%

要怎麼知道月 KD 的投資策略是否真的有效？我們就來分別做 2 種不同標的

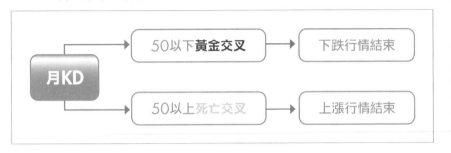

圖1 月KD黃金交叉即下跌行情結束
——月KD適用於股票型ETF基本原則

月KD
50以下**黃金交叉** → 下跌行情結束
50以上死亡交叉 → 上漲行情結束

註：不適用於槓桿型 ETF、反向型 ETF、商品型 ETF　　　資料來源：《投資家日報》

範疇的回測。

回測1》受益人數最多的前30檔台股ETF

採用的標的是受益人數最多的前 30 檔 ETF（詳見表 1），歷史回測期間是 2007 年 1 月 1 日到 2023 年 5 月 10 日，結果如下：

① 總進場次數：58 次。

② 平均賺錢勝率：61.56%。

③ 平均報酬率：0.99%。

④ 投資組合累積報酬率：26.28%（大盤同期 97.42%）。

表1 國泰永續高股息受益人數超過百萬人

排名	名稱	代碼	受益人數	成立年月
1	國泰永續高股息	00878	1,031,196	2020.07
2	元大高股息	0056	907,471	2007.12
3	元大台灣50	0050	662,350	2003.06
4	國泰台灣5G+	00881	353,353	2020.12
5	富邦台50	006208	266,986	2012.06
6	富邦特選高股息30	00900	226,626	2021.12
7	國泰智能電動車	00893	172,753	2021.06
8	中信關鍵半導體	00891	146,040	2021.05
9	中信中國高股息	00882	141,088	2021.07
10	富邦越南	00885	139,432	2021.03
11	元大台灣高息低波	00713	136,188	2017.09
12	元大美債20年	00679B	121,630	2017.01
13	永豐台灣ESG	00888	100,657	2021.03
14	富邦公司治理	00692	100,287	2017.05
15	復華富時不動產	00712	88,325	2017.08

註：1. 資料日期為2023.05.19；2. 紅字為台股市值型、高息型ETF　　資料來源：台灣集中保管結算所、各投信公司

⑤ 投資組合年化報酬率：1.44%（大盤同期4.24%）。

⑥ 投資組合年化報酬率標準差：13.82%（大盤同期18.3%）。

⑦ Beta值：0.3722。

⑧ 夏普指標（Sharp Ratio）：0.045。

⑨ 最佳報酬率：74.26%（為復華富時不動產（00712）所創下）。

——受益人數最多的30檔ETF

排名	名稱	代碼	受益人數	成立年月
16	富邦台灣半導體	00892	72,919	2021.06
17	元大臺灣ESG永續	00850	66,397	2019.08
18	國泰股利精選30	00701	63,773	2017.08
19	元大台灣50反1	00632R	62,821	2014.10
20	中信高評級公司債	00772B	60,690	2019.01
21	富邦未來車	00895	59,803	2021.08
22	元大投資級公司債	00720B	57,592	2018.01
23	中信綠能及電動車	00896	56,168	2021.09
24	中信電池及儲能	00902	52,203	2022.01
25	國泰費城半導體	00830	49,296	2019.04
26	元大AAA至A公司債	00751B	37,573	2018.09
27	富邦元宇宙	00903	34,570	2022.01
28	中信小資高價30	00894	28,528	2021.08
29	元大滬深300正2	00637L	27,211	2015.05
30	中信中國50	00752	26,470	2018.10

⑩ 最差報酬率：負 69.63%（為元大台灣 50 反 1（00632R）所創下）。

⑪ 平均持有天數：369.65 天。

　　上述的大數據結果，平均勝率雖然超過 60%，符合統計學上的「醉漢回家理論」（詳見股市小百科），但是平均報酬率僅 0.99%，實在無法讓人滿意。

回測2》聚焦10檔台股市值型、高息型ETF

排除「期貨」、「海外」、「產業」型 ETF，只聚焦在這 30 檔中的「台股市值型」、「台股高息型」的 ETF（詳見表 1 紅字），包括國泰永續高股息（00878）、元大高股息（0056）、元大台灣 50（0050）、富邦台 50（006208）、富邦特選高股息 30（00900）、元大台灣高息低波（00713）、永豐台灣 ESG（00888）、富邦公司治理（00692）、元大臺灣 ESG 永續（00850）、國泰股利精選 30（00701）。

接著將這 10 檔 ETF 以大數據歷史回測的結果，與先前的數據比較如下（詳見圖 2）：

① 總進場次數：從 58 次下降至 24 次。

② 平均賺錢勝率：從 61.56% 上升到 84.67%。

③ 平均報酬率：從 0.99% 上升到 8.09%。

④ 投資組合累積報酬率：從 26.28% 上升到 77.32%。

⑤ 投資組合年化報酬率：從 1.44% 上升到 3.56%。

⑥ 投資組合年化報酬率標準差：從 13.82% 下降到 13.26%。

⑦ Beta 值：從 0.3722 上升到 0.4826。

⑧ 夏普指標：從 0.045 上升到 0.2072。

⑨ 最佳報酬率：從 74.26% 下降到 27.23%。

📟 股市小百科　**醉漢回家理論**

統計學中的「醉漢回家理論」，提供了一個參考電腦大數據回測結果的依據。

有一位喝酒喝到不知方向的醉漢，往前走7步，可安全回到家，往後走7步，就會掉入懸崖，假設往前走與往後走的機率各為50%，醉漢最後安全回到家的機率為50%。然而，如果往前走的機率為40%，往後走的機率為60%，最後醉漢能夠安全回到家的機率，就只剩下5.53%。

第1次看到上述這種從50%掉到5.53%的統計結果時，確實大感意外，因為若以這樣的機率運用在股票投資上，不管是採用何種分析內容，如果平均賺錢的機率只有40%，那最後成為贏家的機率，也將掉到只剩下5.53%。

會讓我感到意外的原因，是因為綜觀目前市場中，許多分析師，甚至媒體所推廣的各項投資策略，賺錢機率鮮少能超過60%，例如利用「K線的變化」、「均線的概念」或「成交量放大」等判斷多空的分析策略，有些勝率更只有40%、30%、甚至20%。

這也解釋了，一般投資人為何很難在股市中長期獲利的原因，畢竟如果無法進一步搭配「大賺小賠」的投資紀律，運用這些方法的投資人，最後能夠晉升股市長期贏家的機率，其實只有5.53%。

反之，如果投資人採用的是賺錢勝率超過60%的策略，長久下來，在機率高達94.47%（100-5.53=94.47）的情況下，自然就能夠成為市場中的長勝軍。

換言之，醉漢回家的理論所呈現的統計結果，能讓我們更加確認1件事──任何一筆的投資分析，只有在平均勝率可超過60%的情況下，才有進場布局的理由。

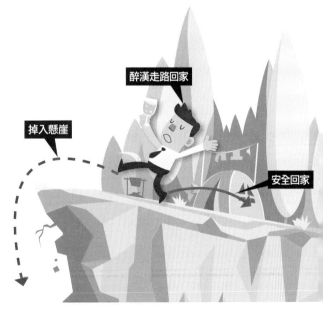

⑩ 最差報酬率：從負 69.63% 到負 5.22%。

⑪ 平均持有天數：從 369.65 天下降到 294.08 天。

從上述 2 個電腦大數據的回測結果來看，可得出 1 個結論：月 KD 運用在 ETF「買低賣高」的策略上，主要是適用在連結台股股票、且是市值型或高息型 ETF 會比較有效。

月KD 50以下黃金交叉，可判斷股價位於低檔

利用月 KD 出現在 50 以下黃金交叉，來判斷這檔 ETF 是否具備股價在「相對低檔」？整體來說還是有很高的參考價值。

範例1》元大台灣50：成立20年出現6次月KD買點

舉例來說，若以元大台灣 50 為範本，從 2003 年 6 月下旬成立以來至 2023 年 8 月，合計出現過 6 次月 KD 在 50 以下黃金交叉的轉折（詳見圖 3）：

① 2004 年 12 月：月 KD 在 39 附近黃金交叉，對照當時收盤價在 48.5 元，以及後續最高漲至 72.3 元，波段漲幅高達 49%。

② 2009 年 3 月：月 KD 在 16 附近黃金交叉，對照當時收盤價在 36.64 元，

▎圖2 月KD策略較適用於市值型及高息型ETF
——受益人數最多的30檔台股ETF報酬變化

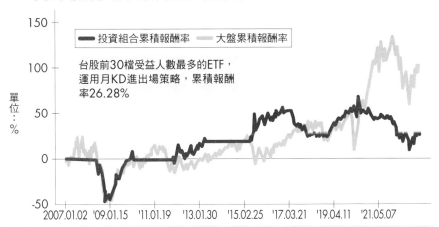

——10檔台股市值型及高息型ETF報酬變化

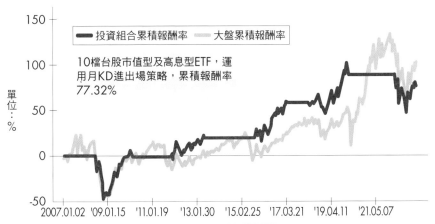

註：資料時間為 2007.01.01 ~ 2023.05.10　　資料來源：《投資家日報》

以及後續最高漲至 63.2 元，波段漲幅高達 72%。

③ 2012 年 2 月：月 KD 在 35 附近黃金交叉，對照當時收盤價在 56 元，以及後續最高漲至 73.3 元，波段漲幅高達 30%。

④ 2016 年 3 月：月 KD 在 41 附近黃金交叉，對照當時收盤價在 64.65 元，以及後續最高漲至 88.4 元，波段漲幅高達 36%。

⑤ 2019 年 4 月：月 KD 在 38 附近黃金交叉，對照當時收盤價在 82.8 元，以及後續最高漲至 152.4 元，波段漲幅高達 84%。

⑥ 2022 年 11 月：月 KD 在 21 附近黃金交叉，收盤價在 116.35 元，截至 2023 年 7 月 31 日，股價最高漲至 132.5 元，波段漲幅達 13.8%。

範例2》元大高股息：成立以來出現4次月KD買點

再以元大高股息作為範本。從 2007 年 12 月成立以來至 2023 年 8 月，合計出現過 4 次月 KD 在 50 以下黃金交叉的轉折（詳見圖 4）：

① 2009 年 3 月：月 KD 在 20 附近黃金交叉，對照當時收盤價在 16.01 元，以及後續最高漲至 29.96 元，不考慮現金股利的波段漲幅高達 149%。

圖3 0050成立以來出現6次月KD黃金交叉
——元大台灣50（0050）月線圖

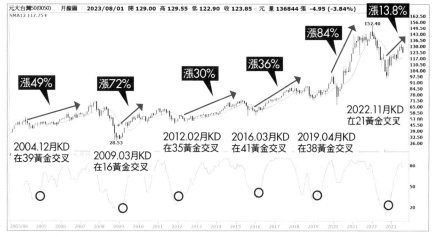

註：資料時間為 2003.06 ～ 2023.08　　資料來源：XQ 全球贏家、《投資家日報》

②2012年2月：月KD在31附近黃金交叉，對照當時收盤價在25.59元，以及後續最高漲至26.67元，不含現金股利的波段漲幅約4%。

③2015年12月：月KD在39附近黃金交叉，對照當時收盤價在21.85元，以及後續最高漲至36.17元，不含現金股利的波段漲幅在65%。

④2023年1月：月KD在21附近黃金交叉，收盤價在26.54元，截至

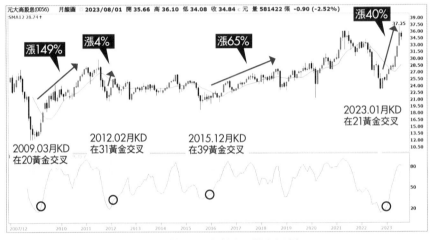

圖4 0056成立以來出現4次月KD黃金交叉
——元大高股息（0056）月線圖

註：資料時間為 2007.12 ～ 2023.08　　資料來源：XQ 全球贏家、《投資家日報》

2023 年 7 月 31 日，股價最高已漲至 37.25 元，漲幅已達 40%。

若前景不確定，待月KD 20以下黃金交叉再買進

　　基本上，包括市值型或高息型的台股 ETF，都是屬於「前景較佳」的標的，當月 KD 在 50 以下黃金交叉，就可納入觀察名單，也是長線投資人伺機布局的良機。然而，若是「前景不確定」的 ETF，投資人可耐心等待到月 KD 出現

圖5 若前景較佳，月KD 50以下黃金交叉可買進
──月KD進場策略

註：不適用於槓桿型 ETF、反向型 ETF、商品型 ETF　　資料來源：《投資家日報》

20 以下黃金交叉時再布局，將可大幅提升投資獲利的機會（詳見圖 5）。

畢竟月 KD 掉到 20 以下，股價波段的跌幅一定比只掉到 50 以下還大，而在「跌深就是最大利多」的原則下，將提供聰明的投資人逆市場操作、人棄我取的機會。

談到前景不確定的 ETF，近幾年最具代表性的範例就是連結中國股市的 ETF。檢視 2022 年 3 月底出現月 KD 在 25 以下黃金交叉的標的，引起我研究興趣的共有 3 檔，分別是中信中國 50（00752）、台新 MSCI 中國（00703）與富邦恒生國企（00700），它們都在 2022 年 3 月出現月 KD 於 20 以下

圖6 中信中國50於2022年3月出現月KD買點
——中信中國50（00752）月線圖

註：資料時間為 2018.10 ～ 2023.08　　資料來源：XQ 全球贏家、《投資家日報》

黃金交叉，一起看看後續的股價走勢。

範例1》中信中國50

受到中國政府刻意打壓線上經濟的政策影響，讓持股騰訊及阿里巴巴合計達30%的中信中國50，自2021年以來的股價走勢一落千丈，一路從2021年2月最高點的36.42元，掉到2022年3月最低點15.02元，波段跌幅高達58%（詳見圖6）。

圖7 台新MSCI中國於2022年3月出現月KD買點
—— 台新MSCI中國（00703）月線圖

註：資料時間為 2017.08 ～ 2023.08　　資料來源：XQ 全球贏家、《投資家日報》

到了 2022 年 3 月，月 KD 出現 12.2 附近黃金交叉，頗有預告趨勢「由空翻多」的可能；當時 3 月底的收盤價為 19.08 元，到了 2023 年 1 月最高曾漲至 21.3 元，漲幅達 11%。

範例2》台新MSCI中國

台新 MSCI 中國持股騰訊及阿里巴巴合計達 20%，也與中信中國 50 遭逢相同命運，從 2021 年 2 月最高點 30.19 元，掉到 2022 年 3 月時最低點

13.83 元，波段跌幅高達 54%（詳見圖 7）。

就在 2022 年 3 月，月 KD 出現在 12.7 附近黃金交叉，當月底收盤價為 16.78 元，2023 年 1 月最高漲至 18.33 元，漲幅達 9.2%。

範例3》富邦恒生國企

富邦恒生國企的成分股主要是在香港掛牌的中國企業，包含美團、騰訊、阿里巴巴等。從 2021 年 2 月最高點 22 元下墜，到 2022 年 3 月最低點只剩下 11.21 元，波段跌幅高達 49%。

同樣在 2022 年 3 月，月 KD 出現在 13.3 附近黃金交叉，當月底的收盤價為 13.52 元，2023 年 1 月最高漲至 14.93 元，漲幅達 10%。

上述 3 檔投資於中國股市的 ETF 截至 2023 年 8 月為止，都還沒有出現更強勁的回升，主要還是因為中國基本面並未好轉；但也可以發現，當月 KD 在 20 以下出現黃金交叉，確實能掌握低檔買進賺價差的機會。

3-4

升息尾聲階段
正是債券ETF布局良機

　　整體而言，月 KD 除了可運用在 ETF「買低賣高」的策略之外，觀察同一族群的 ETF，若不約而同出現月 KD 在低檔黃金交叉，通常可視為這個族群的趨勢已由空翻多；反之，倘若當同一族群 ETF，不約而同出現月 KD 在高檔死亡交叉，通常可視為這個族群的趨勢已由多翻空。

　　舉例來說，債券 ETF 在 2022 年 11 月底時，就出現「族群性」的月 KD 在低檔黃金交叉，不僅隱約透露美國聯準會（Fed）從 2022 年 3 月以來暴力升息的態勢，似乎即將進入尾聲，更透露相關債券 ETF 的長線投資價值浮現（詳見表 1）。

聯準會連續暴力升息，成功為通膨降溫

　　美國從新冠肺炎疫情後開始通膨升溫，為了打擊通膨，聯準會自 2022 年 3 月開始頻繁升息，截至 2023 年 7 月已經升息 11 次，累計升息 21 碼，利率

表1 2022年11月多檔債券ETF出現月KD買進訊號

名稱	代號	2022.11.30股價（元）	月K值	月D值
新光15年IG金融債	00844B	31.27	16.5	13.2
台新美元銀行債	00842B	31.74	17.9	13.5
新光A-BBB電信債	00867B	31.25	15.3	14.2
凱基金融債20+	00778B	34.88	18.2	14.3
元大15年EM主權債	00870B	29.74	20.7	14.6
中信投資級公司債	00862B	31.69	18.7	14.8
凱基ESG BBB債15+	00890B	32.66	17.5	15.2
凱基科技債10+	00750B	34.24	18.4	15.2
國泰投資級公司債	00725B	35.89	19.0	15.2
元大投資級公司債	00720B	34.63	19.5	15.2
中信全球電信債	00863B	32.41	17.5	15.3
第一金金融債10+	00834B	33.09	19.6	15.4
富邦金融投等債	00785B	34.03	19.6	15.5
永豐10年A公司債	00836B	30.94	20.1	15.5
元大10年IG銀行債	00786B	32.97	19.0	15.6
國泰A級醫療債	00799B	33.18	16.0	15.7

註：資料時間為 2022.11　　資料來源：《投資家日報》

區間為 5.25% ～ 5.5%。暴力升息的手段也確實明顯讓通膨降溫，美國通膨率從 2022 年最高點約 9.1%，下滑到 2023 年 6 月約 3%，市場更紛紛猜測聯準會很有可能放緩升息力道。

要預估聯準會未來可能的利率走向，市場最普遍的做法是觀察聯準會 18 位

──月KD 20以下黃金交叉債券ETF

名稱	代號	2022.11.30股價（元）	月K值	月D值
復華能源債	00758B	50.95	18.1	15.7
群益投資級公用債	00755B	34.01	18.4	15.8
中信優先金融債	00773B	35.39	18.7	15.8
群益投資級金融債	00724B	32.78	17.9	15.0
富邦全球投等債	00740B	38.52	20.4	16.3
元大AAA至A公司債	00751B	35.03	19.3	16.3
凱基AAA至A公司債	00777B	34.88	19.1	16.4
中信ESG投資級債	00883B	31.38	19.8	16.4
復華公司債A3	00789B	51.80	18.9	16.6
群益A級公司債	00792B	33.66	20.8	16.6
群益投資級科技債	00723B	33.21	20.2	16.8
國泰A級科技債	00781B	33.40	20.2	16.8
復華製藥債	00759B	56.50	19.9	16.9
群益投資級電信債	00722B	37.12	19.0	17.1
群益AAA-AA公司債	00754B	36.66	19.5	18.2
國泰A級公司債	00761B	36.77	21.6	18.5

成員的決策意向，而成員的決策意向分布，也稱為聯準會點陣圖（詳見圖1，圖中的藍點代表成員的意向）。

　　舉例來說，2023年6月14日的會議中，仍有超過半數的成員傾向在2023年年底前繼續升息，不過2024年則有多達15位成員傾向開始降息。

我們也可據此推估，2023 年第 4 季之後，有希望看到聯準會停止升息的腳步；對照 2022 年 11 月底，債券 ETF 出現族群性的月 KD 在 20 以下黃金交叉，領先聯準會的利率政策達 1 年的時間。

當降息循環啟動，宜鎖定投資等級債商品

雖然聯準會決定是否停止升息或降息，還要通盤考量通膨是否真正降溫，不過整體看來，我認為 2023 年下半年到 2024 年，是布局債券 ETF 的好時機。只要投資人能夠耐心持有 2 年以上的時間，不僅有很高機率可以賺到「價差」的獲利，「債券利息」的收益率其實也不差！

另外，由於投資這類型海外債券 ETF 的獲利，是屬於海外所得，因此不僅無須課徵 2.11%（此為現行費率）的健保補充費，每年只要沒有超過 670 萬元的免稅額，投資人所領取的債券 ETF 配息都可享有「免稅」的優惠。

倘若聯準會 2024 年開始啟動「降息循環」，那麼債券型商品就是給投資人的「送分題」，而且最好能鎖定投資等級債，可從以下 3 個方向來思考：

方向1》升息進入尾聲後，債券投資報酬率佳

根據彭博資訊及元大投信的統計資料顯示，2000 年以後美國經歷過 3 次升

圖1 聯準會多數成員支持2024年年底前降息
——美國聯準會18位成員的決策意向

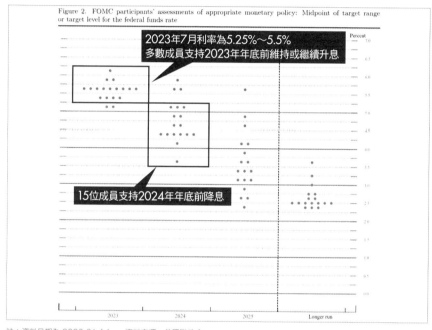

註：資料日期為 2023.06.14　　資料來源：美國聯準會

息循環的尾聲，分別落在 2000 年 5 月 31 日、2006 年 6 月 30 日與 2018 年 12 月 31 日，若以此為基準點，並以投資等級債為標的，不同天期債券的報酬率表現如下（詳見表 2，編按：短天期為 2 年以下、中天期為 2 年～10 年、長天期為 10 年以上）：

1 年後的報酬率表現：短天期為 6.2%、中天期為 10%、長天期為 15.6%。

2 年後的報酬率表現：短天期為 10.8%、中天期為 16.9%、長天期為 27.2%。

3 年後的報酬率表現：短天期為 15%、中天期為 23.8%、長天期為 40.2%。

換言之，從上述的統計分布來看，可合理得出一個結論，2023 年聯準會一旦進入升息循環的尾聲，不管短天期、中天期，還是長天期債券，後續都可望有一定程度的漲幅。

其中，10 年以上長天期的債券報酬率最佳，甚至優於短天期的債券報酬率 2 倍以上。

目前在台灣也有多檔債券 ETF 掛牌，例如中信投資級公司債（00862B）、元大投資級公司債（00720B）等，主要就是買 10 年期以上的公司債券。

這裡簡單說明一下長天期債券和投資等級債。

1. 長天期債券指到期日在 10 年以上：在債券市場，到期日在 10 年以下的債券為短天期及中天期，到期日在 10 年以上的債券可視為長天期。

表2 升息尾聲布局長債，3年後報酬達40%
——進入升息尾聲，不同天期的債券報酬率

近3次升息循環尾聲 進場投資平均報酬率 （%）	2年以下 投資等級債	2年～10年 投資等級債	10年以上 投資等級債
半年後	3.2	6.2	10.6
1年後	6.2	10.0	15.6
2年後	10.8	16.9	27.2
3年後	15.0	23.8	40.2

註：0 年～ 2 年投資等級債以 J.P. Morgan 美國 1 ～ 3 年期流動性債券指數＋ 50% 美林 9 至 12 個月美國國庫券指數為代表；2 年～ 10 年投資等級債以彭博美國中天期公司債券指數為代表；10 年以上投資等級債以 J.P. Morgan 美國 10 年期以上流動性債券指數為代表
資料來源：彭博資訊、元大投信

此外，當聯準會開始「降息」時，不僅債券價格會普遍呈現「上升」趨勢，存續期間愈長，到期日愈久的長天期債券，由於對利率的敏感度愈大，因此自然就能夠創造出較大的「價格上漲」效應（詳見圖 2）。

2. 投資等級債的信用評等有受到專業機構肯定：「投資等級」公司債指的是信用評等較高、違約風險較低的公司所發行的債券，通常被視為相對安全的投資選擇。

而全球 3 大信用評等機構：標準普爾（Standard & Poor's）、惠譽（Fitch）和穆迪（Moody's），會根據公司的財務狀況、償債能力，和行業趨勢進行評等，

圖2 債券天期愈長，降息時價格漲幅愈大
——債券價格與Fed利率的關係

資料來源：《投資家日報》

能被歸類到投資等級公司債的信用評級，必須符合以下的範圍（詳見表3）：

◆**標準普爾**：評級在 BBB- 及以上，包括 BBB、BBB+、A-、A、A+、AA-、AA、AA+、AAA。

◆**惠譽**：評級在 BBB- 及以上，包括 BBB、BBB+、A-、A、A+、AA-、AA、AA+、AAA。

◆**穆迪**：評級在 Baa3 及以上，包括 Baa2、Baa1、A3、A2、A1、Aa3、

表3 投資等級債評等須在BBB-或Baa3以上
——債券長期信用評等表

信用評等	標準普爾	惠譽	穆迪
投資等級	AAA		Aaa
	AA+、AA、AA-		Aa1、Aa2、Aa3
	A+、A、A-		A1、A2、A3
	BBB+、BBB、BBB-		Baa1、Baa2、Baa3
非投資等級	BB+、BB、BB-		Ba1、Ba2、Ba3
	B+、B、B-		B1、B2、B3
	CCC+、CCC、CCC-	CCC、CC、C	Caa1、Caa2、Caa3
	R	DDD	Ca
	SD	DD	C
	D	—	D

資料來源：標準普爾、惠譽、穆迪

Aa2、Aa1、Aaa。

相較於投資等級的公司債必須符合被評鑑在 BBB- 與 Baa3 以上的信用評等，非投資等級公司債雖然信用評等較低，但由於發行公司會給予較高的「債券利率」，因此常被稱為「高收益債券」，不過由於企業不還債的違約風險也較高，也被市場稱之為「垃圾債券」。至於「新興市場債」則是指新興市場的債券，包含政府發行的公債及公司債。由於新興市場的發展還不成熟，因此也不太適

合一般投資人貿然買進。

方向2》景氣放緩時，投資等級債表現優於垃圾債

同樣根據彭博資訊的統計資料顯示，2000 年以後美國經歷過 4 次經濟衰退，分別為 2001 年 3 月到 12 月網路泡沫、2008 年 6 月到 2009 年 6 月金融海嘯、2011 年 6 月到 9 月歐債危機，2019 年 12 月到 2020 年 6 月新冠肺炎疫情，非投資等級債（垃圾債）、新興市場債、投資等級債這 3 類型債券的報酬率如下（詳見圖 3）：

2001 年網路泡沫：非投資等級債報酬率為 1.3%、新興市場債為負 0.9%、投資等級債報酬率為 6.4%。

2008 年金融海嘯：非投資等級債報酬率為負 3.8%、新興市場債為 2.2%、投資等級債報酬率為 9.3%。

2011 年歐債危機：非投資等級債報酬率為負 4.7%、新興市場債為負 1.8%、投資等級債報酬率為 2.5%。

2020 年新冠肺炎疫情：非投資等級債報酬率為負 6.2%、新興市場債為負 1.9%、投資等級債報酬率為 5.2%。

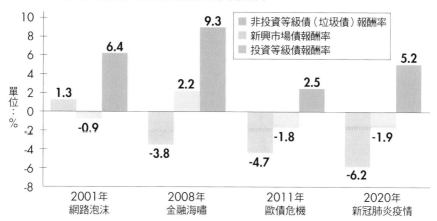

圖3 2008年金融海嘯時投資等級債報酬仍有9.3%
——4次景氣放緩時各類型債券投資報酬率

註：4 次景氣放緩期定義為美國 GDP 年增率低於 1% 至經濟循環最低點，期間分別為 2001.03 ～ 2001.12、
2008.06 ～ 2009.06、2011.06 ～ 2011.09、2019.12 ～ 2020.06
資料來源：彭博資訊、元大投信

可合理得出一個結論，即使 2023 年進入經濟衰退的階段，雖然垃圾債與新興市場債有很高的機率會出現負報酬，但投資等級的債券，依然還是可以維持一定的報酬率。

方向3》經濟衰退時，投資等級債風險明顯低於垃圾債

經濟陷入衰退，債券投資會出現分岐的績效表現，關鍵就在企業的違約率。由於投資等級債背後所發行債券的企業，都是財務結構健全的龍頭廠商，因此

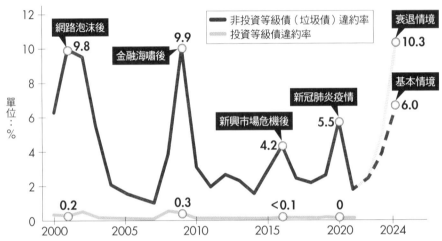

圖4 2020年疫情時投資等級債違約率0%
—— 經濟衰退時各類型債券違約率

圖例：
非投資等級債（垃圾債）違約率
投資等級債違約率

網路泡沫後 9.8
金融海嘯後 9.9
新興市場危機後 4.2
新冠肺炎疫情 5.5
衰退情境 10.3
基本情境 6.0

0.2　0.3　<0.1　0

單位：%

2000　2005　2010　2015　2020　2024

註：投資等級債以 J.P. Morgan 美國流動性債券指數為代表；垃圾債以 J.P. Morgan 美國非投資等級債券指數為代表，垃圾債 2022 年～ 2023 年違約率為 Moody's 與 Deutsche Bank AG 預測值
資料來源：彭博資訊、元大投信

即使在面對景氣衰退期間，也不至於出現大規模的倒閉潮，違約率大致維持在 0% ～ 0.2% 之間（詳見圖 4）。

反觀非投資等級債，由於背後所發行債券的企業，都是財務壓力相對較吃緊的二線廠商，因此在面對景氣衰退期間，自然容易出現大規模的倒閉潮。2000 年網路泡沫後，違約率高達 9.8%；2008 年金融海嘯後，違約率高達

9.9%；2020 年疫情期間，違約率也有 5.5%。

　　換言之，倘若 2023 年、2024 年美國甚至全球經濟陷入衰退的階段，投資等級債的風險，也將會遠低於垃圾債；再換言之，當聯準會升息進入尾聲時，長天期債券會優於短天期債券，當經濟陷入衰退階段，投資等級債會優於非投資等級的債券。

看錯市場方向
買反向型ETF恐賠大錢

這幾年 ETF 很紅,因為分散風險與長期績效優異的關係,有人選擇用 ETF 存到自己可以「樂活退休」的財富,然而 ETF 真的萬無一失嗎?我曾經在網路上就看到了一篇讓人觸目驚心的文章,有網友分享,自己買了 2 檔 ETF,卻快賠光退休金,而這 2 檔 ETF 分別是元大台灣 50 反 1(00632R)、期富邦 VIX(已下市)。

有沒有很晴天霹靂!?原來 ETF 也是存在「巨大風險」,會讓投資人蒙受鉅額的損失,所以任何商品都一樣,投資前一定要去先了解,因為金融市場最大的風險,就是不了解你所投資的商品。

我們知道 ETF 有分為 3 種型態,若以連結台灣 50 指數的相關 ETF 為例,可分為(詳見圖 1):

1. 原型的 ETF:例如元大台灣 50(0050)、富邦台灣 50(006208),

圖1 00632R為追蹤台灣50指數的反向型ETF
——ETF的3種型態（以連結台灣50指數為例）

原　型　◎元大台灣50（0050）
　　　　◎富邦台灣50（006208）

追蹤台灣50
指數的ETF

槓桿型　◎元大台灣50正2
　　　　（00631L）

反向型　◎元大台灣50反1
　　　　（00632R）

資料來源：《投資家日報》

追蹤與台灣 50 指數一致的報酬率。

2. **槓桿型 ETF**：例如元大台灣 50 正 2（00631L），追求與台灣 50 指數的單日 2 倍報酬率，例如台灣 50 指數單日漲 1%，此檔 ETF 漲 2%。

3. **反向型 ETF**：例如 00632R，追求與台灣 50 指數的反向報酬率，例如台灣 50 指數單日漲 1%，此檔 ETF 跌 1%。

反向型ETF不適合長抱的3個原因

上述這位網友，買 ETF 卻快賠光退休金，主要是因為買到反向型 ETF。反向型 ETF 要能獲利，就要買在市場下跌期間，但是一般人的專業程度有限，想要準確買對時機不是很容易。

尤其我發現會買反向型 ETF 的人，經常是在多頭市場期間買進，理由是認為市場已經漲太多、漲太久，明明沒有把握，還是想要賭賭看市場是否會突然轉空而趁機撈一筆。下場往往是看著股市繼續驚驚漲，手中的 ETF 則是 1 天比 1 天虧更多。

不過，還是有許多投資人會想要繼續追問，反向型 ETF 買錯時機，可以放著跟它「拗」嗎？或是用「定時定額」的方式，買到「微笑曲線」，畢竟股市不會每天一直漲，總是有下跌的時候，就算短線被套牢，放長線會不會總有一天能等它漲回來？

很遺憾，反向型 ETF 並不適用微笑曲線。因為反向型 ETF 本身是持有期貨，跟原型 ETF 是持有股票的概念完全不一樣。

期貨會有很高的費用成本，若放得太久，支付的費用成本不斷累積，ETF 淨

圖2 反向型ETF成本高，抱愈久虧愈多
——反向型ETF不能長抱的3個原因

原因1	原因2	原因3
經理費高	每月都有期貨轉倉成本	上漲和下跌不同調

資料來源：《投資家日報》

值就會一直被侵蝕。即使真的讓投資人等到股市崩跌而看到淨值回升，但也可能補不回被長期侵蝕的部分，最後的結果很可能根本賺不到錢。以規模最大的反向型 ETF——00632R 為例，這檔 ETF 不能長抱的原因如下（詳見圖 2）：

原因1》經理費高

00632R 經理費 1%，保管費 0.04%；0050 經理費 0.32%，保管費 0.035%。同樣是跟台灣 50 指數有關的 ETF，反向型 ETF 的經理費比原型的 ETF 整整多出 2 倍之多。

原因2》每月都有期貨轉倉成本

0050 的運作方式，是基金公司把投資人的錢，按照權重比率大買進台股前 50 大企業的股票；但 00632R 的運作方式，不是去買這 50 家公司的股票，

而是用期貨的方式，去複製出 1 個可以跟台灣 50 指數反向波動的投資組合。

然而期貨會有所謂的「到期日」，所謂到期日，就是時間到了，投資期貨商品的投資人，就必須把手上的部位全部賣出或結算；如果還想要再繼續投資，就必須再買進下一個月的期貨，而這一買一賣，就會衍生出相關的交易成本。

大家不要小看每個月「一買一賣」的交易成本。由於交易稅是契約價值的萬分之 2，因此假設大盤在 1 萬點，1 口的交易稅就是 40 元，券商手續費若以每口 60 元計算，交易 1 口就會衍生出 100 元的費用；如果換算成淨值的減損，每個月約當會少 0.01%，1 年就減少 0.12%。

所以 1% 的經理費＋ 0.04% 的保管費＋ 0.12% 的轉倉費，以及其他林林總總的費用，每年投資 00632R 要付出的費用成本大約就是 1.2%，5 年就要 6%、10 年就要 12%。假設 1 位投資人在台股 1 萬點時買進 00632R，放了 5 年，台股要跌到 9,400 點才能回本（10,000×0.94），如果再加計台股每年因為上市公司除息所蒸發的點數約 400 點計算，5 年就約當 2,000 點，所以台股要跌到 7,400 點，才能回本。

原因3》上漲和下跌不同調

為了更貼近與市場反向 1 倍的波動，00632R 是採取每日結算的方式，這樣

表1 買反向型ETF，多賠或少賺的機率高
—— 反向型ETF與指數漲跌幅試算

情境①：指數第1日下跌、第2日上漲，結果：多賠

日期	2月1日 收盤價 （元）	2月2日 收盤價 （元）	2月2日 單日報酬 （%）	2月3日 收盤價 （元）	2月3日 單日報酬 （%）	累積報酬 （%）
	A	B	(B-A)/A	(C)	(C-B)/B	(C-A)/A
指數	100	96	-4	101.76	6	1.76
指數單日 反向1倍 報酬	100	104	4	97.76	-6	-2.24

情境②：指數第1日上漲、第2日下跌，結果：少賺

日期	2月1日 收盤價 （元）	2月2日 收盤價 （元）	2月2日 單日報酬 （%）	2月3日 收盤價 （元）	2月3日 單日報酬 （%）	累積報酬 （%）
	A	B	(B-A)/A	(C)	(C-B)/B	(C-A)/A
指數	100	104	4	97.76	-6	-2.24
指數單日 反向1倍 報酬	100	96	-4	101.76	6	1.76

的計算過程，會導致累積報酬脫鉤的結果。此外，會需要用更多的漲幅，才能彌補累積的下跌。舉例來說，股價下跌 50% 之後的反向型 ETF，需要未來上漲 100%，才能回到當初買進的成本。

再者，上漲和下跌的不同調，也會影響投資反向型 ETF 的實際績效，假設 2 月 1 日指數為 100 點，我們來看看以下 2 種情境（詳見表 1）：

情境①：第 1 日下跌、第 2 日上漲

單日報酬：2 月 2 日指數下跌 4%，反向型 ETF 上漲 4%；2 月 3 日指數上漲 6%，反向型 ETF 下跌 6%，乍看之下，2 天的單日漲跌幅都符合反向 1 倍的波動，

累積報酬：觀察最後 2 天的累積報酬，2 月 1 日～ 2 月 3 日指數合計上漲 1.76%，反向型 ETF 非但沒有同步下跌 1.76%，反而還多賠，共下跌了 2.24%。

情境②：第 1 日上漲、第 2 日下跌

單日報酬：2 月 2 日指數上漲 4%，反向型 ETF 下跌 4%；2 月 3 日指數下跌 6%，反向型 ETF 上漲 6%。乍看之下，2 天的漲跌幅都符合反向 1 倍的波動。

累積報酬：觀察最後 2 天的累積報酬，2 月 1 日～ 2 月 3 日指數合計下跌 2.24%，反向型 ETF 非但沒有同步上漲 2.24%，反而還少賺，報酬率僅有 1.76%。

看空台股時，放空期貨的成本較低廉

最後，如果有投資人真的很看不順眼「台股」這麼高，認為未來台股一定會大跌，可以怎麼做？從持有成本的角度來看，直接放空期貨，是比較節省成本的方式。

舉例，如果大盤在 1 萬點，放空 1 口期貨大台相當 200 萬元部位。自己放空期貨，要準備保證金 10 萬 7,000 元，每個月轉倉成本 100 元，1 年就是 1,200 元，如果是用 00632R 來放空，因要買 200 萬元的 ETF，1 年 1.2% 的成本就是 2 萬 4,000 元，整整會貴了 20 倍。成本會多出這麼多，原因很簡單：

1. 發行 ETF 的人，也要養家活口，總是要付薪水給人家嘛！
2. 期貨的比重，只占不到 25%。

00632R 雖然是用期貨，去配置出一個可以大盤反向波動的投資組合，但由於期貨有槓桿倍數，大約是 20 倍，就是用 1 塊錢去操作 20 元的商品；而 00632R 的投資組合，期貨只占 23.39%，其餘大多數都是放現金與債券（根據 2023 年 8 月號基金月報資料），所以就會造成自己用期貨放空，比用反向型 ETF 放空還划算的結果。

正價差收斂特性使持有期貨之ETF具高風險

一定要提醒大家，像這種用期貨組成的 ETF，還有一個非常恐怖的特點，就是「正價差會收斂」的特性。因為它會像吸血鬼一樣，在不知不覺中把你的血吸乾。

所謂「正價差」，是期貨的一種特性，意思是期貨價格高於目前現貨價格的價差，通常代表買方必須承擔的持有成本，到期日當天的價差則會收斂為 0（詳見圖 3）。因此隨著到期日愈來愈接近，正價差的幅度會愈來愈收斂，並導致買方虧損；換言之，在市場無波動下，長期持有將會產生大額虧損。

用比較生活化的例子來說明，不肖黃牛通常先大量買進熱門明星如五月天、周杰倫的演唱會門票，將 1 張原本 1,000 元的票價，賣到 1,500 元、甚至 2,000 元的價位，賺取黃牛票與原票「正價差」的利潤。不過，隨著演唱會舉辦的日子愈來愈接近，黃牛如果發現 1,000 元的「原價票」還可以買得到，那黃牛為了回收成本，最後只好以「原價」賣出，這就是所謂「正價差」收斂。

不過，如果是像擁有超高人氣的國際知名女團 Black Pink 難得到台灣辦演唱會，黃牛在賣票的過程中，可能一直都會是「一票難求」的狀況，黃牛就可因此牟取鉅額的利潤。

了解上述觀念後，接下來要跟大家講一個讓 6 萬名投資人「欲哭無淚」的慘案，故事是發生在這檔 ETF 身上——期富邦 VIX（已於 2021 年 6 月下市，當時證券代號為 00677U）。

買這檔 ETF 的人，其實都是用黃牛票的價格，買到演唱會的入場券，都用比

圖3 期貨愈接近到期日，價格會愈來愈收斂
——VIX指數及近月VIX期貨價格走勢

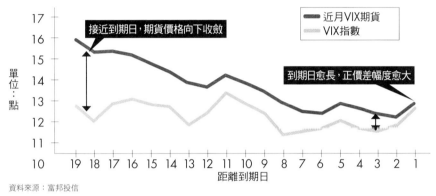

資料來源：富邦投信

原價貴 10% 的價格買，原本以為未來會出現「一票難求」的狀況（預期市場
會出現崩盤，來獲取超額利潤）。但 10 次中至少有 9 次，原價的票都還有剩，
所以在每個月都要再買一次票的情況下（期貨商品每個月都必須結算），每個
月光是「正價差」的收斂損失，就會達到 10% 以上。

這個吸血鬼有多恐怖？以與期富邦 VIX 一樣，追蹤標普 500 波動率短期期貨
ER 指數的 ProShares 波動率指數短期期貨 ETF（代碼：VIXY）為例，回顧這檔
ETF 自 2011 年來的走勢，最高曾來到 21 萬 1,340 美元，但是截至 2023
年 8 月底，最低跌到只剩下 21.87 美元。揉揉眼睛，真的沒看錯，近 12 年

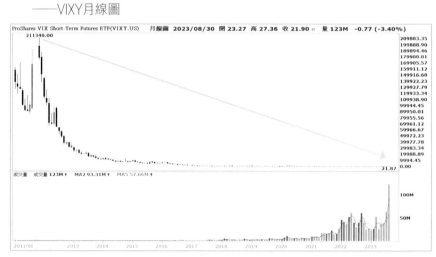

圖4 2011年以來，VIXY價格暴跌99.99%
——VIXY月線圖

ProShares VIX Short-Term Futures ETF(VIXY.US)　月線圖　2023/08/30　開 23.27　高 27.36　收 21.90　量 123M　-0.77 (-3.40%)

211340.00

209883.35
199888.90
189894.46
179900.01
169905.57
159911.12
149916.68
139922.23
129927.79
119933.34
109938.90
99944.45
89950.01
79955.56
69961.12
59966.67
49972.23
39977.78
29983.34
19988.89
9994.45
0.00

21.87

成交量　成交量 123M↑　MA2 93.31M↑　MA5 57.66M↑

100M

50M

2011/01　　2013　　2014　　2015　　2016　　2017　　2018　　2019　　2020　　2021　　2022　　2023

註：資料時間為 2011.01.03 ～ 2023.08.30　　資料來源：XQ 全球贏家、《投資家日報》

來竟下跌了 99.99%，投資到這檔 ETF，真的會「屍骨無存」（詳見圖 4）。
這幾年股市大多頭，投資人若抱著這檔 ETF 不放，只會看到價格「沒有最低只
有更低」。

第4章

1個指標賺台股

看月KD變化買賣
簡單創造高勝率

科學家愛因斯坦（Albert Einstein）終其一生，將複雜的知識，創造了一個簡單的公式：$E = mc^2$，徹底改變人類的能源歷史。武打明星李小龍也說過，「不怕會1萬招的人，就怕1招練1萬遍的人。」投資也一樣，不用搞得太複雜，能夠化繁為簡，將問題簡單化，找到真正的核心，反而可以創造出「投資愈簡單，愈會賺」的效益。

我長期所主張的「月KD」投資策略，同樣也具備「投資愈簡單，愈會賺」的精髓，看似簡單到幾乎很傻瓜的方法，其背後能夠創造的投資勝率與投資績效，相信足以勝過許多理財達人、專家、老師。

用2方法操作月KD買賣策略

月KD指標的投資策略，可以用來找出理想買低賣高時機，用法非常簡單（詳見圖1）：

圖1 **月KD 20以下黃金交叉可買進**
——月KD買賣策略

| 買進 | ◆月D在20以下 ◆月K由下往上穿越月D（黃金交叉） |
| 賣出 | ◆月D在80以上 ◆月K由上往下穿越月D（死亡交叉） |

資料來源：《投資家日報》

1.當月KD出現在低檔黃金交叉時：買進

所謂的低檔，一般情況指的是 D 值在 20 以下，有時我也會放寬到 25 以下；極少情況會再放寬到 30 以下，甚至 50 以下，主要是套用在 ETF 或金融股身上。

2.當月KD出現在高檔死亡交叉時：賣出

所謂的高檔，一般情況指的是 D 值在 80 以上，有時我會放寬到 75 以上，極少情況會再放寬到 70 以上，甚至 50 以上，主要是套用在原型的股票 ETF 或金融股。

這套月 KD 投資策略，不僅已成功運用在 2011 年以來，《投資家日報》許多追蹤標的成功經驗上，即使套用在台股所有符合資格條件的標的上，一樣也

可創造通過大數據分析。

　　上述所謂大數據分析，指的就是：只要台股 1,700 多家上市櫃公司，符合上述的買進條件，在完全不管任何基本面、產業面、籌碼面甚至技術面等因素，就直接列入買進名單，並且 Buy & Hold（買進持有）到月 KD 出現在 80 以上死亡交叉時賣出，根據 2010 年 1 月 1 日到 2021 年 5 月 28 日期間的歷史回測，統計結果如下（詳見圖 2）：

1. 總進場次數：1,110 次。
2. 平均持有天數：2,084 天。
3. 平均賺錢勝率：71.34%。
4. 平均報酬率：84.38%。
5. 投資組合累積報酬率：194%（大盤同期 105%）。
6. 投資組合年化報酬率：9.92%（大盤同期 6.52%）。
7. 最佳報酬率：2,045%；最差報酬率：負 98.89%。
8. 投資組合年化報酬率標準差：17.36%（大盤同期 15.44%）。
9. Beta 值：0.75。
10. 夏普指標（Sharp Ratio）：0.53。

　　2023 年，我又重新進行了歷史回測，將統計期間涵蓋到美國聯準會（Fed）

圖2 **採月KD策略，累積報酬率勝過大盤8成**
——2010年到2021年大盤與投資組合報酬變化

註：資料時間為 2010.01.01 ~ 2021.05.28　　資料來源：《投資家日報》

展開史無前例的暴力升息，導致全球金融市場大動盪的 2022 年。同樣在完全不考慮任何基本面、產業面、籌碼面、甚至技術面等因素，只要出現月 KD 在 20 以下黃金交叉，就直接列入買進名單，並且 Buy & Hold 到月 KD 出現在 80 以上死亡交叉時賣出，在 2010 年 1 月 1 日到 2023 年 5 月 10 日期間的歷史回測，統計結果如下（詳見圖 3）：

1. 總進場次數：1,239 次。

2. 平均持有天數：2,388.57 天。

3. 平均賺錢勝率：74.61%。

4. 平均報酬率：92.8%。

5. 投資組合累積報酬率：278.32%（大盤同期 90.52%）。

6. 投資組合年化報酬率：10.48%（大盤同期 4.94%）。

7. 最佳報酬率：2,045%；最差報酬率：負 98.89%。

8. 投資組合年化報酬率標準差：17.25%（大盤同期 15.68%）。

9.Beta 值：0.7577。

10. 夏普指標：0.568。

值得一提的是，若再比較我在前一本著作《12 招獨門秘技：找出飆股基因》中，曾分享 2010 年 1 月 1 日～ 2017 年 11 月 3 日，共約 7 年的歷史回測結果：

1. 總進場次數：823 次。

2. 平均持有天數：1,420.85 天。

3. 平均賺錢勝率：62.27%。

4. 平均報酬率：44.15%。

5. 投資組合累積報酬率：74.63%（大盤同期 31.58%）。

6. 投資組合年化報酬率：7.37%（大盤同期 3.56%）。

7. 最佳報酬率：1,327.19%；最差報酬率：-98.34%。

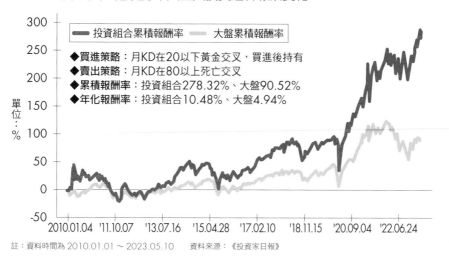

圖3 採月KD策略，累積報酬率大勝大盤2倍
──2010年到2023年大盤與投資組合報酬變化

圖表內容：
- 投資組合累積報酬率　　大盤累積報酬率
- ◆**買進策略**：月KD在20以下黃金交叉，買進後持有
- ◆**賣出策略**：月KD在80以上死亡交叉
- ◆**累積報酬率**：投資組合278.32%、大盤90.52%
- ◆**年化報酬率**：投資組合10.48%、大盤4.94%

單位：%

縱軸：300、250、200、150、100、50、0、-50
橫軸：2010.01.04　'11.10.07　'13.07.16　'15.04.28　'17.02.10　'18.11.15　'20.09.04　'22.06.24

註：資料時間為 2010.01.01～2023.05.10　　　資料來源：《投資家日報》

　　從這 3 段期間的歷史回測數據可得出一個結果──我從 2011 年開始主張的這套月 KD 指標投資策略，可以說是愈來愈精準，平均勝率從 62.27% 上升到 71.34%，再上升到 74.61%；平均報酬率從 44.15% 上升到 84.38%，再上升到 92.8%；投資組合的年化報酬率從 7.37%，上升到 9.92%，再上升到 10.48%。

　　比較美中不足的是，平均持有天數，從 1,420 天（約 3.8 年），上升到 2,084

天（約 5.7 年），再上升到 2,388 天（約 6.5 年）。

總結來說，上述的投資策略即使範本數已達 1,200 次，仍可維持超過 74% 的平均勝率，以及超過 92% 的平均報酬率，因此從客觀的數據來看，確實是一個相當完善、且具有高度參考價值的投資策略之一。

2020～2021年以月KD策略操作航運股，績效大好

上述月 KD「買低賣高」妙用的投資策略，套用在航運股的操作上，其看似極度傻瓜的買進與賣出條件，卻真真實實地創造極度不平凡的績效表現。

以 2020 年到 2021 年航運股中的 4 檔人氣指標股為例，其月 KD 黃金交叉與死亡交叉的時機，分別如下：

範例1》陽明（2609）

2020 年 4 月，月 KD 在 20 附近黃金交叉，一方面開啟了股價從當月月底收盤價的 6.77 元，飆漲到波段最高點 234.5 元的序曲；另一方面，即使以 2021 年 7 月，以月 KD 出現在 84 附近死亡交叉，作為停利的參考，單純以月 KD 操作，波段的獲利依然高達 1,628%，相當於 16 倍的績效表現（詳見圖 4）。

圖4 月KD策略操作陽明，波段獲利1628%
——陽明（2609）月線圖

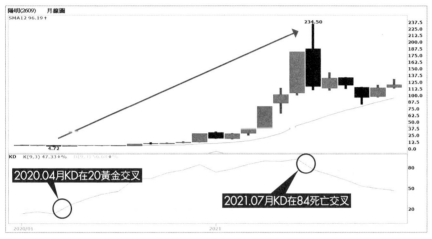

註：資料時間為 2020.01 ～ 2021.12　　資料來源：XQ 全球贏家、《投資家日報》

範例2》長榮（2603）

2020 年 5 月，長榮月 KD 在 26 附近黃金交叉，一方面開啟了股價從當月月底收盤價的 10.9 元，飆漲到波段最高點 233 元的序曲；另一方面，即使以 2021 年 7 月時月 KD 出現在 83 附近死亡交叉，作為停利的參考。單純以月 KD 操作，波段獲利依然高達 1,111%，相當於 11 倍的績效表現（詳見圖 5）。

範例3》萬海（2615）

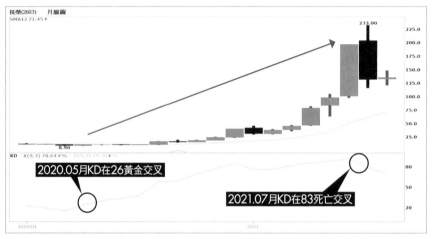

圖5 月KD策略操作長榮,波段獲利1111%

——長榮(2603)月線圖

註:資料時間為 2020.01 ~ 2021.12　資料來源:XQ 全球贏家、《投資家日報》

2020 年 4 月,萬海月 KD 在 29 附近黃金交叉,一方面開啟了股價從當月月底收盤價的 16.9 元,飆漲到波段最高點 353 元的序曲;另一方面,即使以 2021 年 7 月時月 KD 出現在 85 附近死亡交叉,作為停利的參考,單純以月 KD 操作,波段獲利依然高達 1,219%,相當於 12 倍的績效表現(詳見圖6)。

範例4》台驊投控(2636)

2020 年 4 月,台驊投控月 KD 在 21 附近黃金交叉,一方面開啟了股價從

圖6 月KD策略操作萬海，波段獲利1219%
——萬海（2615）月線圖

註：資料時間為 2020.01～2021.12　　資料來源：XQ 全球贏家、《投資家日報》

當月月底收盤價的 21.85 元，飆漲到波段最高點 321 元的序曲；另一方面，即使以 2021 年 7 月時月 KD 出現在 88 附近死亡交叉，作為停利的參考，單純以月 KD 操作，波段的獲利依然高達 737%，相當於 7 倍的績效表現（詳見圖 7）。

總結而論，這一套月 KD 投資策略，不僅在大數據分析上，具備高勝率與高報酬率的客觀驗證，即使套用在台股市場的個股操作上，看似極度傻瓜的買進

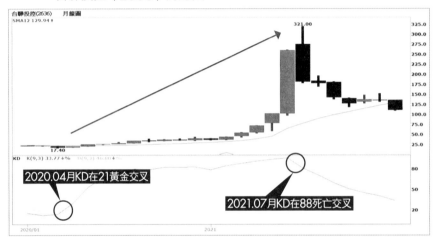

圖7 月KD策略操作台驊投控，波段獲利737%
——台驊投控（2636）月線圖

註：資料時間為 2020.01 ～ 2021.12　　資料來源：XQ 全球贏家、《投資家日報》

與賣出條件，卻能夠真真實實地創造極度不平凡的績效表現，可以說完全印證了「投資愈簡單，愈會賺」的精髓與意涵。

4-2

觀察產業指標股月KD
預測族群股價走向

整體而言，當同一族群的指標股，不約而同出現月 KD 在低檔黃金交叉，通常可視為這個產業的趨勢已由空翻多；反之，倘若當同一族群的指標個股，不約而同出現月 KD 在高檔死亡交叉，通常可視為這個產業的趨勢已由多翻空。

族群性的高檔死亡交叉範例1》航運股

舉例來說，2021 年 7 月，當台股許多投資人還在瘋「航海王」、甚至相信「1 張不賣、奇蹟自來」時，航運股的 3 檔指標個股，陽明（2609）、萬海（2615）、長榮（2603）卻同步在 7 月底，出現月 KD 在 80 以上死亡交叉的變化，似乎已經透露了中長期趨勢即將由多翻空的轉折：

1.陽明

2021 年 7 月初，陽明漲至歷史高價 234.5 元，7 月的月 KD 就出現 80 以上死亡交叉，股價從當月收盤價 117 元開始下跌；2 年後的 2023 年 8 月，

圖1 陽明股價自117元跌至41.1元
——陽明（2609）月線圖

陽明(2609) 月線圖 2023/08/01 開 46.85 高 47.45 低 41.10 收 42.25 c 元 量 403400 張 -4.25 (-9.14%)

自117元（2021.07）跌至41.1元
（2023.08），跌幅近65%

2021.07月KD在
80以上死亡交叉

註：資料時間為 2021.05 ～ 2023.08　　資料來源：XQ 全球贏家、《投資家日報》

股價一度下探 41.1 元，續跌幅度將近 65%（詳見圖 1）。

2.萬海

　　同樣的狀況也發生在萬海，2021 年 7 月 1 日創下歷史最高價 353 元後，
7 月的月 KD 就在 80 以上死亡交叉，股價從當月底收盤價 223 元向下崩跌；
歷經 2 年，2023 年 8 月最低點僅剩 45.25 元，續跌幅度高達 79%（詳見圖
2）。

圖2 萬海股價自223元跌至45.25元
——萬海（2615）月線圖

萬海(2615)　月線圖 2023/08/01 開 50.50 高 51.80 低 45.25 收 45.30 元 量 129571 張 -5.10 (-10.12%)

自223元（2021.07）跌至45.25元（2023.08），下跌79%

KD　K(9,3) 3.964% D(9,3) 6.51%

2021.07月KD在80以上死亡交叉

註：資料時間為 2021.05 ～ 2023.08　　資料來源：XQ 全球贏家、《投資家日報》

3.長榮

長榮也不例外，2021 年 7 月創下最高價 233 元後，當月的月 KD 就在 80 以上死亡交叉，同月底收盤價僅剩 132 元；之後股價繼續下跌，跌到 2022 年 9 月最低點 78.5 元，股價續跌幅度多達 40%。

不過就在 2 天後，長榮股價突然最高跳升到 186 元，這可不是因為什麼特殊行情，而是長榮辦理了多達 60% 的現金減資（詳見股市小百科），才讓長

現金減資通常分為「彌補虧損」與「分配盈餘」2種目的。我們來談談其中「分配盈餘」的現金減資，例如本文提到的長榮就是此一目的，這會產生3大好處：

1.無須課稅

每年7月到8月的除權息旺季，雖然投資人可以歡喜收到一筆股票股利或現金股利，但從市值的角度來看，其實也沒有任何的增減變化，反而比較像是左手換右手的財務操作。然而，這種類似「自己配給自己」的股利收入，在現行台灣的稅制中，卻要課徵所得稅，即使近幾年開始實施股利分離課稅，稅率也是達到28%之多。

不過，若是改採「現金減資」的方式來發放公司的現金資產，對投資人最直接的收益，就是同樣領到錢，但卻不用負擔任何的稅負，對於高持股的投資人或大股東特別有利。

2.提升未來的每股盈餘（EPS）獲利

減資後的股本，由於達到「瘦身」的效果，因此在計算EPS時（稅後淨利／股數），即使分子的稅後淨利相同，但由於分母的股數（股本）下降，EPS就會出現上升的變化。

市場常見EPS計算方式：

$$\text{EPS} = \text{稅後淨利} \div \text{股數}$$

榮股價回到百元之上。

族群性的高檔死亡交叉範例2》面板股

同一族群的股票，同步出現月 KD 在 80 以上「死亡交叉」的轉折，同樣也

舉例來說，假設A公司，股本為50億元，以每股面額10元計算，發行股數則為5億股；稅後淨利是100億元，EPS為20元（＝稅後淨利100億元／股數5億股）。

倘若A公司進行減資，每股減資2元，股本則會瘦身到40億元，發行股數也會同步減少到4億股，至於EPS則上升到25元（＝稅後淨利100億元／股數4億股）。

3.增加未來股價上漲的動能

目前市場上最常見的股價估算方式，就屬「EPS×本益比」的公式；當EPS上升時，本益比即使沒有提升，股價依然會產生上漲的動能。

同樣的，我們接著以上述A公司為例說明，減資前的EPS為20元，減資後的EPS會上升到25元。

若同樣以10倍的本益比計算，減資前的合理股價為200元（＝EPS 20元×10倍本益比），減資後的合理股價將走揚到250元（＝EPS 25元×10倍本益比），而這多出來的50元＝250元－200元，便是現金減資，瘦身股本後所帶來的直接效應。

市場常見估價方式：

可領先判斷面板股在 2021 年時大多頭行情即將面臨的轉折。

　　檢視 2021 年 5 月份，已經走了 1 年多上漲行情的面板股，3 檔最重要的人氣指標股群創（3481）、友達（2409）、彩晶（6116），同步出現了月 KD 在 80 以上死亡交叉，也預告著中長期趨勢即將進入「由多翻空」的變化：

圖3 群創月KD死亡交叉後股價跌58%

——群創（3481）月線圖

群創(3481) 月線圖
SMA12 14.73↓

4.85元(2020.03)最高漲至32.55元(2021.04)，波段漲幅571%

24.35元(2021.05)跌至10.15元(2022.08)，續跌幅度58%

32.55

4.85

KD K(9,3) 9.58↓% D(9,1) 11.04↓%

2021.05月KD在80以上死亡交叉

註：資料時間為 2020.01 ～ 2022.09　　資料來源：XQ 全球贏家、《投資家日報》

1.群創

群創的多頭走勢，一路從 2020 年 3 月的最低點 4.85 元，上漲到 2021 年 4 月時的最高點 32.55 元，波段漲幅高達 571%。然而，2021 年 5 月出現了本波段第 1 次月 KD 在 80 以上死亡交叉的訊號，當月收盤價在 24.35 元；到了 2022 年 8 月最低跌至 10.15 元，續跌幅度達 58%（詳見圖 3）。

2.友達

圖4 **友達月KD死亡交叉後股價跌49%**
——友達（2409）月線圖

註：資料時間為 2020.01～2022.09　　資料來源：XQ 全球贏家、《投資家日報》

友達的股價從 2020 年 3 月的最低點 6.1 元，上漲到 2021 年 4 月時的最高點 35.55 元，波段漲幅高達 482%。同年 5 月出現了該波段第 1 次月 KD 在 80 以上死亡交叉的訊號，收盤價在 25.85 元；2022 年 7 月最低跌至 13 元，續跌幅度達 49%（詳見圖 4）。

3.彩晶

彩晶同樣從 2020 年 3 月的最低點 4.85 元，上漲到 2021 年 4 月時的最

高點 32.55 元，波段漲幅高達 571%。同年 5 月出現了該波段第 1 次月 KD 在 80 以上死亡交叉的訊號，收盤價在 23.4 元；2022 年 7 月最低跌至 9.55 元，續跌幅度達 59%。

當時有買面板股的投資人，如果能夠留意到面板股的月 KD 高檔轉折訊號，就能判斷出中長期趨勢由多翻空的潛在風險。

族群性的低檔黃金交叉範例》面板股

相對的，同一族群的指標股，若出現集體月 KD 在低檔黃金交叉，則可作為產業中長期趨勢「由空翻多」的判斷依據。以近年成功的案例之一「面板族群」來看，在 2022 年 11 月初，市場還普遍「看衰」面板股時，我已獨排眾議發表面板股即將「由空翻多」的論點。

由於每月我都會在《投資家日報》，發表月 KD 在低檔黃金交叉及高檔死亡交叉的名單，當時我發現台股中的 3 檔主要面板股群創、友達與彩晶，同時出現在低檔黃金交叉名單中，因此我在 2022 年 11 月 3 日《投資家日報》就指出，面板產業的下跌趨勢有機會進入尾聲並翻多。

1.彩晶

圖5 彩晶月KD黃金交叉後股價漲近20%
　　——彩晶（6116）月線圖

11.95元（2022.08）最高漲至14.3元（2023.03），漲近20%

2022.08月KD在20以下黃金交叉

註：資料時間為 2022.05～2023.08　　資料來源：XQ 全球贏家、《投資家日報》

　　其中，最早出現月 KD 在低檔黃金交叉的是華新集團的彩晶。經歷前波最高價 30.7 元崩跌近 69% 的行情，彩晶 2022 年 8 月出現月 KD 在 20 以下黃金交叉，以當月底收盤價 11.95 元算起，2023 年 3 月最高漲至 14.3 元，波段漲幅近 20%（詳見圖 5）。

2.群創

　　上一波群創自 32.55 元崩跌到 10.15 元，波段跌幅近 69%；2022 年 10

月出現了月 KD 於 20 以下黃金交叉，此後股價緩緩上揚；自 2022 年 10 月收盤價 11.85 元算起，2023 年 8 月最高漲至 17.3 元，波段漲幅近 46%（詳見圖 6）。

3.友達

友達則是在上一波從 35.55 元下跌到 13 元，波段跌幅也高達 63%；跟群創一樣在 2022 年 10 月出現月 KD 指標 20 以下黃金交叉，當月收盤價 16.9 元，最高在 2023 年 7 月上漲到 21.65 元，波段漲幅達 28%。

上述案例也印證了我所堅持的月 KD 低檔黃金交叉投資策略，的確能夠領先市場，幫助投資人成功創造績效。

回測月KD低檔黃金交叉勝率──以彩晶為例

要提醒投資人的是，所有策略都很難做到 100% 勝率，我們就以彩晶為例，來回測自 2006 年以來，採取月 KD 低檔黃金交叉策略的勝率如何？

實際測試 2006 年～ 2022 年，彩晶曾經出現 7 次月 KD 在 20 以下黃金交叉（詳見圖 7），歷次的時間點及後續波段漲幅分別如下：

① 2006 年 9 月低檔黃金交叉後：上漲 235%

圖6 群創月KD黃金交叉後股價漲近46%
——群創（3481）月線圖

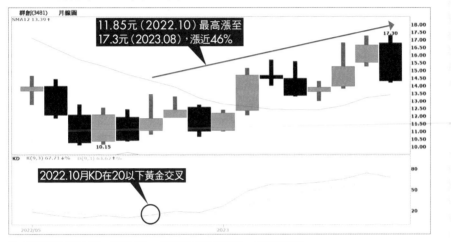

註：資料時間為 2022.05 ～ 2023.08　　資料來源：XQ 全球贏家、《投資家日報》

先前經歷了從最高點 24.2 元，崩落到最低點 4.04 元的跌勢，不過就在 2006 年 9 月時，月 KD 出現在 12 附近黃金交叉之後（詳見圖7-❶），宣示了前一波空頭行情進入尾聲，後續股價從 9 月底收盤價 5.04 元，上漲到波段最高點 16.9 元，波段最高漲幅達 235%。

② 2009 年 3 月低檔黃金交叉後：上漲 18%

先前經歷了從最高點 16.9 元滑落到最低點 3.15 元，2009 年 3 月時月 KD

出現在 17 附近黃金交叉（詳見圖 7-❷），空頭進入尾聲，後續股價從 3 月底收盤價 6.07 元，上漲到波段最高點 9.03 元，波段最高漲幅 48%。

③ 2012 年 1 月低檔黃金交叉後：大漲 670%

先前經歷了一段從最高點 9.03 元，崩落到最低點 1.2 元的跌勢，2012 年 1 月時月 KD 出現在 8 附近黃金交叉（詳見圖 7-❸），股價從 1 月底收盤價的 2.07 元，持續上漲到波段最高點 15.95 元，波段最高漲幅高達 670%。

④ 2015 年 8 月低檔黃金交叉後：最高漲 236%

先前股價從最高點 15.95 元，崩落到最低點 2.57 元的跌勢，2015 年 8 月時月 KD 出現在 14 附近黃金交叉（詳見圖 7-❹），當月底收盤價 3.8 元，後續上漲到波段最高點 13.8 元，波段最高漲幅達 236%。

⑤ 2019 年 4 月低檔黃金交叉後：跌幅約 41%

月 KD 雖然在 19 附近黃金交叉（詳見圖 7-❺），但股價卻未結束前一波的空頭走勢，依然從 4 月底時的收盤價 7.99 元，持續走跌到波段的最低點 4.66 元，跌幅約 41%。

⑥ 2019 年 8 月低檔黃金交叉後：最高漲 358%

先前股價從最高點 13.8 元，崩落到最低點 4.66 元，2019 年 8 月時月 KD

圖7 **彩晶2006年以來出現7次月KD黃金交叉**
——彩晶（6116）月線圖

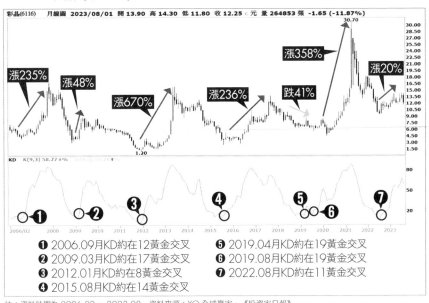

❶ 2006.09月KD約在12黃金交叉　　❺ 2019.04月KD約在19黃金交叉
❷ 2009.03月KD約在17黃金交叉　　❻ 2019.08月KD約在19黃金交叉
❸ 2012.01月KD約在8黃金交叉　　　❼ 2022.08月KD約在11黃金交叉
❹ 2015.08月KD約在14黃金交叉

註：資料時間為 2006.02 ～ 2023.08　資料來源：XQ 全球贏家、《投資家日報》

出現在 19 附近黃金交叉（詳見圖 7-❻），股價從 8 月底收盤價的 6.7 元，上漲到波段最高點 30.7 元，波段最高漲幅 358%。

⑦ 2022 年 8 月低檔黃金交叉：漲幅達 20%

2022 年 8 月再度出現月 KD 在 11 附近黃金交叉（詳見圖 7-❼），當月

收盤價 11.95 元，股價截至 2023 年 8 月最高上漲至 14.45 元，漲幅達
20%；中長期的多頭趨勢能否持續？有待持續追蹤。

總結上述的內容，可再做出以下 2 點結論：

1. 月 KD 低檔黃金交叉的大數據回測勝率不是百分百

2006 年到 2022 年彩晶曾出現 7 次月 KD 在低檔黃金交叉的轉折，前 4 次
都成功預告了中長期趨勢即將「由空翻多」的變化，不過第 5 次卻出現股價持
續破底的走勢。

換言之，投資人若以此策略作為買賣的判斷依據，勝率不會是 100%，彩晶
的勝率落在 85%，略高於電腦歷史回測的整體大數據勝率 74%。

2. 月 KD 在低檔黃金交叉時，股價不會是在最低點

彩晶這個例子，2009 年 3 月時月 KD 黃金交叉時的股價為 6.07 元，距離
最低點的 3.15 元，股價已回升 92%，才出現中長期趨勢「由空翻多」的轉折
訊號。

2012 年 1 月時月 KD 黃金交叉時的股價為 2.07 元，距離最低點的 1.2 元，
股價已回升 72%，才出現中長期趨勢「由空翻多」的轉折訊號。

2015 年 8 月時月 KD 黃金交叉時的股價為 3.8 元，距離最低點的 2.57 元，股價已回升 47%。

2019 年 8 月時月 KD 黃金交叉時的股價為 6.7 元，距離最低點的 4.66 元，股價已回升 43%。

2022 年 8 月時月 KD 黃金交叉時的股價為 11.95 元，距離這波股價的最低點的 9.55 元，股價已回升 25%。

可以看到，月 KD 出現黃金交叉時，股價多半已回升到一個程度，因此必須了解這個策略，並不會讓你買在股價最低點，但卻有很高的機會可以賺到後續的翻多漲幅。

關注景氣循環股3重點
看出股價多空轉折

面板、航運、鋼鐵等這類型的景氣循環股，營運表現受景氣影響甚鉅，處在景氣低谷時彷彿看不到明天，景氣好時又賺得盆滿缽滿。想要投資景氣循環股，就得抓住多空轉折，在由空翻多的時候伺機進場，並在由多翻空時見好就收。

景氣循環股的產業轉折，很適合利用月 KD，同時搭配報價以及本益比位階來觀察：

3重點判斷景氣循環股「由多翻空」

想要判斷中長期趨勢可能出現「由多翻空」的轉折變化，共須觀察 3 重點（詳見圖 1）：

1.月KD出現高檔死亡交叉

留意同一族群的指標個股，都不約而同出現一起死亡交叉的變化，其產業反

圖1 產品報價不漲反跌是需求反轉的跡象

——判斷景氣循環股由多翻空3重點

重點1　月KD出現高檔死亡交叉

重點2　產品報價不漲反跌

重點3　公司獲利大好本益比超低

資料來源：《投資家日報》

轉的趨勢就更加明顯。

2.產品報價不漲反跌

當景氣好時，不僅會推升終端需求的上升，更會帶動產品的漲價趨勢；直到開始出現報價不漲反跌時，通常也是需求開始反轉的重要跡象。

3.公司獲利大好，本益比超低

一般企業經營雖然會有產業的淡旺季，但每年都有它固定的時程表。例如電子業的旺季通常是落在第 3 季末與第 4 季，主要是因為美國準備迎接進入感恩節、耶誕節、中國農曆新年等消費旺季。但隔年第 1 季後，就容易出現「5 窮6 絕7 上吊」的淡季困境，不過基本上，還是有 1 個以「季」為單位，周而復始的時間表。

然而，景氣循環股的營運高低週期不是以「季」為單位，而是以「年」為單位。通常在景氣好時，企業獲利不僅會大賺，股價會出現上漲走勢，特別的是，會反映在超低的本益比表現上。

　　一般公司在獲利好的時候，市場對公司前景有很高的期待，因此本益比會跟著提高；不過，景氣循環股就不一樣了，當獲利大減時，因為股價還會維持在一定的價位，此時極低的每股盈餘（EPS）就會顯得本益比特別高。到了景氣好時，股價雖然也會上漲，但是因為 EPS 上升幅度更大，就會顯得本益比很低。因此市場上有句話說，景氣循環股要「買在高本益比，賣在低本益比」，就是這個道理。

　　舉例來說，2017 年到 2018 年的面板景氣大好，群創（3481）、友達（2409）、彩晶（6116）當時的本益比都掉到只剩下 4 倍到 5 倍；相同的狀況也發生在 2021 年下半年到 2022 年上半年，群創、友達、彩晶的本益比同樣也掉到只剩下 4 倍到 5 倍（詳見圖 2）。

3重點判斷景氣循環股「由空翻多」

　　反之，在操作像面板、航運、鋼鐵等這類型的景氣循環股，如何判斷中長期趨勢可能出現「由空翻多」的轉折變化？同樣可觀察以下 3 重點（詳見圖 3）：

圖2 景氣好時，面板股本益比僅4～5倍
——3檔面板股本益比走勢

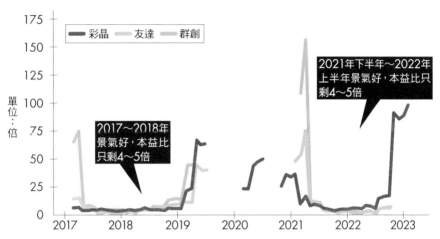

單位：倍

圖例：彩晶　友達　群創

2017～2018年景氣好，本益比只剩4～5倍

2021年下半年～2022年上半年景氣好，本益比只剩4～5倍

註：1. 資料時間為 2017.01 ～ 2023.06；2. 無資料月份代表當月虧損，無法計算本益比　　資料來源：財報狗

1.月KD出現低檔黃金交叉

若同一族群的指標個股，都不約而同出現一起黃金交叉的變化，其產業反轉的趨勢就更加明顯。

2.產品報價不跌反漲

常景氣不好時，不僅會大幅降低終端需求，更會帶動產品的跌價趨勢，直到開始出現報價不跌反漲時，通常也是需求開始反轉的重要跡象。

圖3 EPS低、本益比高，代表公司獲利不佳
——判斷景氣循環股由空翻多3重點

重點1	重點2	重點3
月KD出現 低檔黃金交叉	產品報價 不跌反漲	公司獲利大壞 本益比超高

資料來源：《投資家日報》

3.公司獲利大壞，本益比超高

當公司 EPS 位於低點，例如 EPS 為 0.1 元，股價 7 元，本益比就是 70 倍，這種高本益比通常代表公司獲利不佳，也是市場對這類公司悲觀的時刻。不過投資人也不適合只看本益比就進場，因為景氣不佳的時間通常不短，必須搭配前述 2 個指標，才能有效率的掌握產業翻多契機。

4-4

從技術面、基本面
挖掘「族群性」翻多契機

受惠於高效能運算（HPC）、AI（人工智慧）等題材，身為 IC 封裝關鍵零組件的「ABF 載板」，是近年格外受到市場重視的產業。ABF 載板三雄——南電（8046）、景碩（3189）與欣興（3037），經歷 2021 年的大漲，於 2022 年年初同步出現月 KD 高檔死亡交叉，股價由多翻空。

技術面》ABF載板三雄2023年第1季出現轉多訊號

1 年後，ABF 載板族群 3 大指標股，開始出現底部反轉跡象。先是南電與景碩都在 2023 年 1 月底，不約而同地出現月 KD 在 20 以下黃金交叉；龍頭欣興則是在同年 3 月底加入黃金交叉的行列，一方面完成「族群性」的最後一塊拼圖，另一方面也透露修正行情似乎即將進入尾聲，而中長期的趨勢也有機會「由空翻多」。

回顧南電的股價走勢，2021 年 11 月上漲到波段最高點 631 元之後就開始

圖1 南電股價大跌71%後，月KD低檔黃金交叉
——南電（8046）月線圖

波段最高跌幅71%

2023.01月KD約在17黃金交叉

2022.01月KD約在86死亡交叉

註：資料時間為 2021.08 ～ 2023.08　　資料來源：XQ 全球贏家、《投資家日報》

墜落；2022 年 1 月底月 KD 在 80 以上死亡交叉，開啟了主跌段的序曲，一路跌到 2022 年 9 月的最低點 177.5 元，波段跌幅高達 71%。

隨著 2023 年 1 月時月 KD 在 20 以下出現黃金交叉，空頭走勢轉機乍現（詳見圖 1）。

景碩也在 2021 年 11 月漲到波段最高點 257 元後開始崩跌，2022 年 1

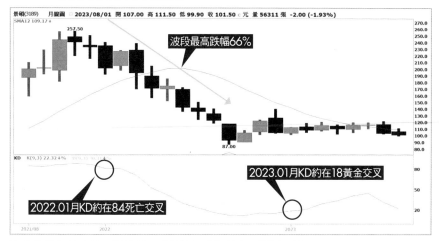

圖2 景碩股價大跌66%後，月KD低檔黃金交叉
——景碩（3189）月線圖

註：資料時間為 2021.08 ～ 2023.08　資料來源：XQ 全球贏家、《投資家日報》

月底月 KD 在 80 以上死亡交叉，崩跌到 2022 年 9 月的最低點 87 元，波段跌幅高達 66%。景碩也同樣在 2023 年 1 月時，月 KD 在 20 以下出現黃金交叉（詳見圖 2）。

最後是 ABF 載板老大哥欣興，2022 年 2 月上漲到波段最高點 261 元後，轉入空頭趨勢，同年 1 月時月 KD 在 80 以上死亡交叉，而後跌到 2022 年 10 月的最低點 106.5 元，波段跌幅高達 59%。

圖3 欣興股價大跌59%後，月KD低檔黃金交叉
——欣興（3037）月線圖

欣興(3037) 月線圖 ● 2023/08/01 開 186.00 高 191.50 低 167.50 收 179.50 c 元 量 394696 張 -5.00 (-2.71%)
SMA12 149.58 ↑

261.00

波段最高跌幅59%

106.50

KD K(9,3) 67.99 ↑% D(9,3) 59.18 ↑

2022.04月KD約在85死亡交叉

2023.03月KD約在26黃金交叉

2021/08   2022   2023

註：資料時間為 2021.08～2023.08　　資料來源：XQ 全球贏家、《投資家日報》

　　2023 年 3 月底時，欣興的月 KD 在 26 附近出現黃金交叉（詳見圖 3），比南電和景碩晚了 2 個月。

　　觀察最近 2 年的股價轉折，相較於南電與景碩，欣興股價一直有「慢一拍」的狀況（詳見表 1）；但是 2023 年 3 月欣興出現月 KD 低檔黃金交叉後，南電、景碩仍持續盤整，欣興卻在 5 月時率先突破底部區間，展現 ABF 載板領頭羊的氣勢。

表1 **欣興2021～2023年初股價轉折經常慢一拍**
——ABF載板三雄近2年股價轉折點

1. 上漲到波段最高點的時間慢了3個月	南電與景碩落在2021年11月，欣興落在2022年2月
2. 月KD在高檔死亡交叉的時間慢了3個月	南電與景碩落在2022年1月，欣興落在2022年4月
3. 波段最低點的時間慢了1個月	南電與景碩落在2022年9月，欣興落在2022年10月
4. 月KD在低檔黃金交叉時間慢了2個月	南電與景碩落在2023年1月，欣興落在2023年3月

基本面》IC載板產業成長性佳，ABF載板為主流

根據國際研調機構 Prismark 在 2022 年 10 月發布的報告顯示，2021 年到 2026 年全球 IC 載板的年複合成長率（CAGR）可達 8.3%；不僅優於全球半導體產業 5.6% 的年複合成長率，產值也將從 2021 年的 144 億美元，成長到 2026 年的 214 億美元，產量則是從 2021 年 7,890 萬個單位，成長到 2026 年 1 億 1,000 萬個單位（詳見圖 4）。

此外，全球 IC 載板的產值之所以可以維持 8.3% 的年複合成長率（詳見表 2），主要的關鍵就是拜人工智慧（AI），與高效能運算領域等蓬勃發展所賜。

進一步追蹤 IC 載板的各項產品，其中成長最快速就是 FC-BGA（編按：俗

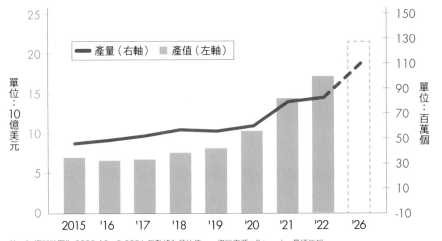

圖4 全球IC載板產值逐年成長
——全球IC載板市場規模變化

單位：10億美元

單位：百萬個

產量（右軸）　產值（左軸）

2015　'16　'17　'18　'19　'20　'21　'22　'26

註：1. 資料時間為 2022.10；2.2026 年數據為預估值　　資料來源：Prismark、景碩年報

稱 ABF 覆晶載板），年複合成長率可達 11.5%，全球產值將從 2021 年的 70 億 3,300 萬美元，成長到 2026 年的 121 億 3,200 萬美元，占比將達到全體 IC 載板的 56.6%（詳見圖 5）。

其次是應用在許多手持式裝置的 Module 模組，2021 年到 2026 年的年複合成長率可達 9.1%，產值從 2021 年的 17 億 8,400 萬美元，成長到 2026 年的 27 億 6,300 萬美元，占比將達到全體 IC 載板的 12.9%。

表2 **全球IC載板產值年複合成長率可望達8.3%**
——全球IC載板各項產品年複合成長率預估

類別	2021 （百萬美元）	2022 （百萬美元）	2026（F） （百萬美元）	2021~2026 年複合成長率 （%）
FC PGA（俗稱ABF載板） ／LGA／BGA	7,033	9,165	12,132	11.5
FCCSP／FCBOC	2,738	2,864	3,497	4.8
WB PBGA／CSP	2,855	3,099	3,043	1.7
Module	1,704	2,010	2,763	9.1
總計	14,410	17,139	21,435	**8.3**

註：1. 資料時間為 2022.10；2.2026 年數據為預估值　　資料來源：Prismark、景碩年報

　　ABF 是一種印刷電路板（PCB）材料，原文為 Ajinomoto Build-up Film，以 ABF 製成的載板通常用於高密度封裝（High Density Packaging，HDP）應用，這是一種用於手機、平板電腦、智能手錶等消費性電子產品中的封裝技術；而在 HDP 中，許多 IC 晶片（例如 DRAM 和 NAND 閃存）被放置在 1 個封裝中，稱為「封裝基板」（詳見圖 6）。ABF 載板通常用於封裝基板的製作中，因為它具有以下特點：

　　1. 薄：ABF 載板非常薄，可以讓封裝基板變得更薄，因此可以更容易地集成到較小的設備中。

　　2. 輕：ABF 載板比傳統的玻璃纖維載板更輕，進一步減輕設備的重量。

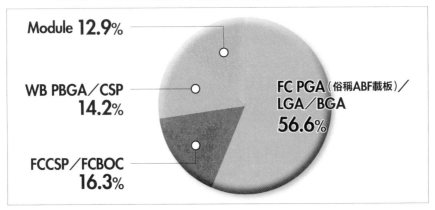

圖5 ABF載板占IC載板比重可望達56.6%
——2026年全球IC載板各項產品占比預估

Module **12.9%**

WB PBGA／CSP **14.2%**

FCCSP／FCBOC **16.3%**

FC PGA（俗稱ABF載板）／LGA／BGA **56.6%**

註：資料時間為 2022.10　　資料來源：Prismark、景碩年報

3. **高密度**：ABF 載板具有更高的密度，可以實現更多的引腳和連接，這對於 HDP 應用非常重要。

4. **穩定性**：ABF 載板具有很高的穩定性，能夠抵抗高溫、高濕度等環境下的損壞，可以提高設備的可靠性和耐用性。

ABF載板具4大特點，成HPC必備材料

整體而言，ABF 載板在消費性電子產品中的封裝應用中，扮演著重要的作用，

圖6 載板為IC封裝重要零組件
——IC半導體產業供應鏈示意圖

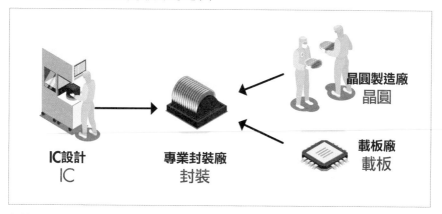

晶圓製造廠
晶圓

載板廠
載板

IC設計
IC

專業封裝廠
封裝

資料來源：景碩法說會簡報

可以實現更小、更輕、更高效的產品設計。此外，在 AI 高效能運算過程中，由於需要在極短的時間內處理大量數據，因此需要使用高速的通信接口和快速的記憶體來存取。而 ABF 載板提供了穩定的信號傳輸，和良好的電路布局，成為高效能運算中不可或缺的零件之一，簡單來說它具有以下 4 大特點：

特點1》高頻性能

ABF 是一種絕緣材料，因此製成的 ABF 載板具有較高的介電常數和較低的損耗，可以實現高速通信和數據傳輸。

特點2》低串擾和高訊噪比

ABF 載板具有較低的串擾和較高的訊噪比，可以提高訊號品質和穩定性。

特點3》高密度

ABF 載板可以實現高密度的封裝，滿足高效能運算中複雜的電路布局需求。

特點4》高溫穩定性

ABF 載板具有較高的溫度穩定性，可以在高溫環境下長時間運作，可以滿足高效能運算中對於耐高溫的要求。

台灣是ABF載板生產大國，欣興、南電為2大龍頭

台灣是全球 ABF 載板的生產大國，其中 2 大龍頭是欣興與南電。根據 2023 年 6 月 3 日的《工商時報》指出，台灣電路板協會（TPCA）引述工研院產科所的數據，全球前 5 大廠商中，第 1 名、第 2 名的欣興、南電，全球市占率分別 17.7%、10.3%，接下來是日廠 Ibiden 的 9.7%、韓廠 SEMCO 的 9.1%、日廠 Shinko 的 8.5%，至於景碩則是個位數。

若以ABF 載板貢獻公司營收的比重來看，南電最高，約占 58%、其次是欣興，約占 47%、最後則是景碩，約占 38%。

　　值得一提的是，雖然景碩不管是從全球市占率，還是從 ABF 載板占營收的比重來看，都稱不上是領導廠商，但景碩的 CEO 近幾年卻展現了想要「迎頭趕上」的企圖心，並具體反映在「資本支出」的擴充上。

景碩積極擴大產能，須觀察能否順利成長

　　追蹤景碩 2013 年到 2022 年的資本支出，主要可分為 3 個階段：

階段1》資本支出平穩期

　　2013 年與 2014 年分別為 36 億 1,200 萬元與 33 億 4,100 萬元，占股本比率為 81% 與 75%。

階段2》資本支出成長期

　　2015 年到 2018 年資本支出占股本比率雖然都超過 100%，展現 CEO 想要帶領公司大成長的企圖，不過由於產業陷入供過於求的狀況，因此非但沒能讓企業的獲利提升，2019 年每股盈餘（EPS）甚至還大虧了 4.52 元（詳見表 3）。

　　從景碩這段期間的營運結果來看，似乎說明「資本支出」具有「水能載舟，亦能覆舟」的可能，公司最後能否如原先資本支出的規畫實現成長力道？還是

表3 景碩2019年陷入虧損
——景碩（3189）EPS表現

年度	EPS（元）	年度	EPS（元）
2013	7.23	2018	0.78
2014	8.11	**2019**	**-4.52**
2015	6.51	2020	1.21
2016	5.01	2021	8.56
2017	1.10	2022	15.47

得回歸到產業供需的客觀條件：

①大幅擴充的產能若能搭配市場需求上升，公司的營運自然水漲船高。

②反之，大幅擴充的產能若遭逢市場需求的下降，公司就必須得面臨到獲利壓縮的壓力，這是因為折舊費用、固定成本大幅上升所致。

階段3》資本支出爆發期

在經歷了前一段慘痛的教訓之後，景碩 2019 年與 2020 年的資本支出明顯保守許多，占股本比率分別下降至 83% 與 62%。

然而，世事難料，IC 載板的需求受惠「在家上班」的疫情紅利，出現大爆發的成長。

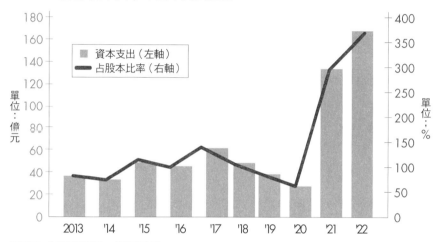

圖7 景碩於2021年進入資本支出爆發期
——景碩（3189）年資本支出變化

資料來源：公開資訊觀測站、《投資家日報》

　市場的供不應求，不僅讓景碩的獲利扶搖直上，2021 年 EPS 達到 8.56 元，2022 年 EPS 更跳升到 15.47 元，使 CEO 進一步做出瘋狂大擴產的決定。

　整體而言，景碩 2021 年資本支出達 133 億 2,000 萬元，占股本比率 295%；2022 年資本支出達 166 億元，占股本比率 367%（詳見圖 7），不僅遠遠超過我所主張「大擴產 80%」（資本支出達股本 80%）的定義（詳見圖 8）。

圖8 CEO企圖提高供給是大擴產的主觀意義
──大擴產的主觀與客觀意義

主觀	客觀
CEO企圖提高供給 想要公司大成長	需求跟上，營運成長 需求下降，獲利壓縮

資料來源：《投資家日報》

　　即使跟景碩自己過去相比，資本支出的規模，甚至達到 2017 年當時最高峰 62 億 6,100 萬元的 1 倍到 1.6 倍，都再再展現 CEO 想要帶領公司大成長的企圖。

4-5

從3理由分析
抓住金融股上漲趨勢

月 KD 的高檔死亡交叉與低檔黃金交叉，套用在台灣投資人喜愛的金融股身上，也可以抓出族群性的股價轉折時機。

以 2021 年到 2022 年上半年的多頭行情為例，金融族群展開了一波漲勢，數檔個股在出現月 KD 低檔黃金交叉開始上漲，到了 2022 年 4 月～ 5 月，多檔金融股陸續創下多年來歷史新高價的同時，也集體出現了族群性的月 KD 高檔死亡交叉，敲響了多頭行情反轉的警鐘。

要特別說明的是，金融股因為平時股性相對穩定，月 KD 低檔定義可放寬至 50 以下，高檔則可放寬至 50 以上。我們來看以下幾個標的：

標的1》開發金（2883）

2020 年 4 月時，開發金就出現月 KD 在 34 附近黃金交叉，開啟股價從當月收盤價的 9.06 元，飆漲到波段最高點 20.1 元的序曲。即使看到 2022 年

圖1 月KD策略操作開發金，波段獲利達98%
——開發金（2883）月線圖

註：資料時間為 2020.01 ～ 2023.06　　資料來源：XQ全球贏家、《投資家日報》

4 月時，月 KD 在 89 附近死亡交叉，並以當月收盤價 17.95 元作為停利的參考，波段獲利在不包含股利的情況下，依然高達 98%（詳見圖 1）。

標的2》第一金（2892）

　　2021 年 4 月，第一金月 KD 在 46 附近黃金交叉，當月收盤價 22.9 元，2022 年 4 月上漲到波段最高點 30 元；同樣在 2022 年 4 月，月 KD 出現 84 附近死亡交叉，即使以當月收盤價 27.8 元停利，不含股利的波段獲利也

圖2 月KD策略操作第一金，波段獲利21%
——第一金（2892）月線圖

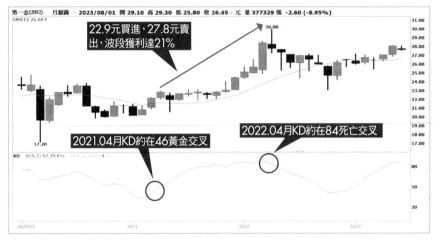

註：資料時間為 2020.01 ～ 2023.06　　資料來源：XQ 全球贏家、《投資家日報》

有21%（詳見圖2）。

標的3》中信金（2891）

2020 年 12 月時，中信金月 KD 在 44 附近黃金交叉，當月收盤價 19.7 元，2022 年 4 月上漲到波段最高點 30.95 元。中信金在漲到高檔時，分別在 2022 年 2 月及 5 月，月 KD 出現 2 次 80 以上死亡交叉，月收盤價都是 27.15 元。若單純以月 KD 操作，在 19.7 元進場、27.15 元停利，不含股利

的波段報酬率達 37%（詳見圖 3）。

標的4》兆豐金（2886）

2021 年 3 月時，兆豐金月 KD 在 42 附近黃金交叉，當月收盤價 31.9 元，最高上漲到 2022 年 4 月波段最高點 45.4 元。其實兆豐金在 2022 年 2 月和 4 月的月 KD 都在 87 附近出現死亡交叉，股價分別收在 37.6 元與 41.6 元，如果分別以這 2 個價格作為停利的參考，不含股利的報酬率分別為 17% 與 30%。

標的5》玉山金（2884）

2021 年 4 月時，玉山金月 KD 在 43 附近黃金交叉，當月收盤價 26.95 元，2022 年 5 月上漲到波段最高點 35.7 元。2022 年 5 月時月 KD 出現在 76 附近死亡交叉，即使以當月收盤價 30.6 元停利，不包含股利的波段獲利也有 13%。

回顧 2023 年 5 月，金融股嚴重掉漆的殖利率表現，讓許多金融股存股族非常失望。以金融股當中的 14 檔金控股為例，若以 2023 年 5 月 10 日的收盤價計算殖利率，超過 5% 只有台新金（2887），另外永豐金（2890）、中信金、元大金（2885）與第一金殖利率介於 4% ～ 4.6%。另外，開發金、國票金（2889）、新光金（2888）這 3 檔金融股甚至宣布不配發股利（詳見表 1）。

圖3 月KD策略操作中信金，波段獲利37%
——中信金（2891）月線圖

註：資料時間為 2020.01 ～ 2023.06　　資料來源：XQ 全球贏家、《投資家日報》

　　整體而言，雖然許多金融股的存股族對於 2023 年的配息感到失望，但我認為金融股也將迎來「兔來運轉」的契機，有 3 個理由：

理由1》上市金融股指數月KD黃金交叉

　　回顧 2006 年以來，當上市金融指數出現月 KD 在低檔黃金交叉時，一方面代表前一波的修正走勢，已進入尾聲；另一方面則預告了即將開啟一波多頭的

表1 **14檔金控股僅台新金殖利率超過5%**
——14檔金控股股利與殖利率

股名 （股號）	2023.05.10 股價（元）	股利合計 （元）	現金股利 （元）	股票股利 （元）	殖利率 （％）
台新金（2887）	18.10	0.93	0.51	0.42	5.14
永豐金（2890）	17.30	0.80	0.60	0.20	4.62
中信金（2891）	23.30	1.00	1.00	0.00	4.29
元大金（2885）	23.00	0.95	0.80	0.15	4.13
第一金（2892）	27.50	1.10	0.80	0.30	4.00
兆豐金（2886）	34.80	1.32	1.24	0.08	3.79
合庫金（5880）	27.35	1.00	0.50	0.50	3.66
富邦金（2881）	59.20	2.00	1.50	0.50	3.38
華南金（2880）	22.20	0.59	0.59	0.00	2.66
玉山金（2884）	25.50	0.57	0.19	0.38	2.24
國泰金（2882）	43.05	0.90	0.90	0.00	2.09
開發金（2883）	12.95	0.00	0.00	0.00	0.00
國票金（2889）	12.20	0.00	0.00	0.00	0.00
新光金（2888）	8.52	0.00	0.00	0.00	0.00

註：1. 合計股利為「現金股利＋股票股利」；2. 殖利率計算方式為「合計股利／股價×100％」
資料來源：公開資訊觀測站、台灣證券交易所

上漲行情。我們來看過去3次例子（詳見圖4）：

①2009年4月低檔黃金交叉後，上漲63%

在經歷2008年金融海嘯過後，上市金融指數於2009年4月時，月KD終於在20附近出現黃金交叉的轉折，除了代表前一波從1,247點下墜到

圖4 上市金融指數月KD黃金交叉後漲幅明顯
──上市金融指數月線圖

註：資料時間為 2006.10 ～ 2023.06　　資料來源：XQ 全球贏家、《投資家日報》

434 點，跌幅高達 65% 的空頭走勢已經結束；更成功開啟一波從 661 點上漲到 1,084 點，波段漲幅高達 63% 的報復性反彈。值得留意的是，當時波段的最低點 434 點，與月 KD 出現黃金交叉時的收盤指數 661 點，兩者相差了52%，正好說明月 KD 是無法判斷「最低點」的案例。

②2012年7月低檔黃金交叉後，上漲57%

2012 年 7 月時，上市金融指數的月 KD 在 32 附近出現黃金交叉，代表前

一波從 1,084 點下墜到 703 點，跌幅 35% 的修正走勢已經結束，後續更開啟一波從 805 點上漲到 1,268 點，波段漲幅 57% 的多頭行情；而當時波段的最低點 703 點，與月 KD 出現黃金交叉時的收盤價 805 點，兩者也相差了 14.5%。

③2016年5月低檔黃金交叉後，上漲104%

2016 年 5 月上市金融指數月 KD 在 32 附近出現黃金交叉，代表前一波從 1,268 點下墜到 952 點，跌幅 33% 的修正走勢已經結束，後續更開啟一波從 952 點上漲到 1,947 點，波段漲幅高達 104% 的大多頭行情。而波段最低點 838 點，與月 KD 出現黃金交叉時的收盤價 952 點，兩者也相差了 13.6%。

有了前 3 次上市金融指數出現月 KD 在低檔黃金交叉，後續都開啟了一波上漲行情的歷史經驗之後，就能明白為何 2023 年年初的金融股又會重新吸引我的目光。畢竟 2023 年 1 月上市金融指數再度出現月 KD 在 28 黃金交叉，一方面暗示前一波從 1,947 點下滑到 1,346 點跌幅約 30% 的修正走勢已經結束；另一方面也可期待中長期趨勢「由空翻多」的可能性。

理由2》金融股獲利正在好轉中

檢視 2023 年前 4 月金融股的獲利，14 家金控業已經有 8 家的累積獲利比

表2 8檔金控股2023年前4月EPS呈年成長
——2023年前4月EPS較去年成長的金控股

股名（股號）	去年同期EPS（元）	前4月EPS（元）	年增幅度（％）	月KD在低檔黃金交叉
台新金（2887）	0.18	0.44	144	✓
兆豐金（2886）	0.57	1.00	75	✓
玉山金（2884）	0.36	0.53	47	✓
第一金（2892）	0.50	0.65	30	✓
華南金（2880）	0.39	0.48	23	✓
合庫金（5880）	0.39	0.44	13	✓
永豐金（2890）	0.50	0.54	8	✗
國票金（2889）	0.21	0.22	5	✓

資料來源：公開資訊觀測站、《投資家日報》

去年同期好（詳見表 2），其中年增率由高至低前 5 名，分別為：

第 1 名》台新金：前 4 月每股盈餘（EPS）從 2022 年 0.18 元上升到 0.44元，年增率幅度 144%。

第 2 名》兆豐金：前 4 月 EPS 從 2022 年 0.57 元上升到 1 元，年增率幅度 75%。

第 3 名》玉山金：前 4 月 EPS 從 2022 年 0.36 元上升到 0.53 元，年增率幅度 47%。

第 4 名》第一金：前 4 月 EPS 從 2022 年 0.5 元上升到 0.65 元，年增率

幅度 30%。

第 5 名》**華南金**（2880）：前 4 月 EPS 從 2022 年 0.39 元上升到 0.48 元，年增率幅度 23%。

此外，值得留意的是，上述這 8 家金控股，除了永豐金之外，其餘 7 家近期月 KD 都出現低檔黃金交叉，頗有中長期趨勢「由空翻多」的轉變。

理由3》影響獲利的利空正在消退

雖然以壽險為主體的金控股，2023 年前 4 月 EPS 仍然較 2022 年衰退不小，但由於影響 2022 年獲利的 2 大利空「防疫保單」與「美國聯準會（Fed）暴力升息」，今年已不復見，因此合理預估，從 2023 年下半年開始，這些壽險公司的獲利衰退幅度，將會明顯收斂許多。以下 6 檔為 2023 年前 4 月獲利較去年同期衰退的金控股（依年減幅度由少至多排序）：

第 1 名》**元大金**：前 4 月 EPS 從 2022 年 0.66 元下降到 0.64 元，年減幅度 3%。

第 2 名》**中信金**：前 4 月 EPS 從 2022 年 1.01 元下降到 0.84 元，年減幅度 17%。

第 3 名》**開發金**：前 4 月 EPS 從 2022 年 0.58 元下降到 0.25 元，年減

表3 6檔2023年前4月EPS衰退的金控股月KD黃金交叉
——2023年前4月EPS較去年衰退的金控股

股名（股號）	去年同期EPS（元）	前4月EPS（元）	年增幅度（％）	月KD在低檔黃金交叉
元大金（2885）	0.66	0.64	-3	✓
中信金（2891）	1.01	0.84	-17	✓
開發金（2883）	0.67	0.25	-63	✓
富邦金（2881）	5.17	1.76	-66	✓
國泰金（2882）	3.33	0.86	-74	✓
新光金（2888）	0.32	-0.51	盈轉虧	✓

資料來源：公開資訊觀測站、《投資家日報》

幅度63%。

第4名》富邦金（2881）：前4月EPS從2022年3.94元下降到1.76元，年減幅度66%。

第5名》國泰金（2882）：前4月EPS從2022年2.6元下降到0.86元，年減幅度74%。

第6名》新光金：前4月EPS從2022年0.32元下降到負0.51元，是所有金控股前4月唯一虧損的業者。

不過值得留意的是，上述這6檔前4月獲利較去年衰退的金控股（詳見表3），近期月KD都出現低檔黃金交叉，出現了中長期趨勢「由空翻多」的契機。

4-6

用2大訊號找飆股
適時布局搶反彈

在 2019 年 5 月初時,我從月 KD 已出現低檔黃金交叉的名單中,對於核心業務在石英元件、下半年將開始出貨 5G 產品的晶技(3042),產生想要進一步研究的興趣。打開晶技的技術分析圖,自 2018 年 11 月時出現月 KD 在 20 以下黃金交叉的變化,似乎透露從 2017 年最高點 46.5 元走弱至 30 元的空頭走勢,長期趨勢有機會「由空翻多」。

危機入市成功案例1》晶技

追蹤 2003 年以來,晶技也曾出現過幾次月 KD 在低檔黃金交叉的轉折,後續都出現了波段的上漲走勢(詳見圖 1):

①2003年5月黃金交叉:後續漲幅78%

出現月 KD 在 12 附近黃金交叉,以當月收盤價在 16 元,與對照後續股價最高上漲至 28.5 元,波段最高漲幅達到 78%。

圖1 晶技4次月KD黃金交叉，股價皆大漲
——晶技（3042）月線圖

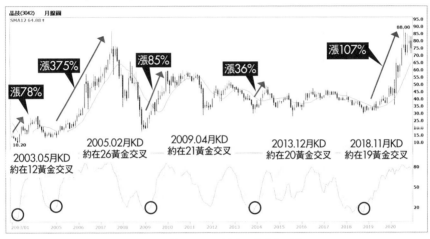

註：資料時間為 2003.01 ～ 2023.06　　資料來源：XQ 全球贏家、《投資家日報》

②2005年2月黃金交叉：後續漲幅375%

月 KD 在 26 附近出現黃金交叉的變化，開啟這一波股價從 18.4 元飆漲到最高點 87.5 元，波段大漲 375% 的多頭行情。

③2009年4月黃金交叉：後續漲幅85%

出現月 KD 在 21 附近黃金交叉，以當月收盤價 32 元，與後續股價最高漲至 59.5 元計算，波段的最高漲幅也達到 85%。

④2013年12月黃金交叉：後續漲幅36%

月 KD 在 20 附近出現黃金交叉，開啟這一波股價從 36.1 元上揚至到最高點 49.25 元，波段 36% 漲幅的走勢。

⑤2018年11月黃金交叉：2年後漲1倍

從過去幾次晶技出現月 KD 在低檔黃金交叉，都開啟了波段上漲的多頭行情經驗來看，2018 年 11 月時月 KD 出現在 19 附近黃金交叉，自然就有值得期待的空間。

欣慰的是，2 年的時間，晶技完成了一個非常漂亮的月 KD 案例，若以 2018 年 11 月時月 KD 在 20 以下黃金交叉時的股價 34.75 元，作為買進的成本；2020 年 9 月時月 KD 在 75 以上死亡交叉時的股價 72.2 元，作為賣出的參考依據，光是不含股利的波段報酬率就有 107%；若再計入 2018 年 2 元、2019 年 2.5 元的現金股利，合計總報酬率更可達到 120%，輕鬆實現不看盤也能賺錢的目標。

在我的選股策略中，有一招「危機入市」策略。當 1 家公司遇到麻煩時，營運與股價都會落入谷底；等到公司度過危機，股價就會出現上漲契機，我們就可以觀察落底訊號，趁機逢低布局（詳見圖 2）。要特別提醒，當看到公司剛出現利空且股價重挫時，千萬不要急著跳進場！因為公司開始股價重挫後，4

圖2 個股月KD 20以下黃金交叉為進場時機
——危機入市4階段

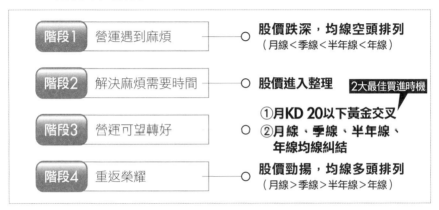

資料來源：《投資家日報》

條短中長期均線會呈現「空頭排列」，也就是月線＜季線＜半年線＜年線，投資人在這段過程中進場，就得承受股價繼續殺低破底的風險，以為可以撿便宜，卻撿到滿手血。

根據我走訪多家上市櫃公司的實務經驗，公司要解決麻煩，絕不會只花1天、1週或1個月；它們需要經過一段時間的努力，來開發新產品、新市場，或新客戶。想要等到公司出現轉機並重返正常營運軌道，至少要給公司1到2年的時間。

通常在公司股價跌到谷底，而且到了股價跌無可跌時，反映在技術分析的面向，就容易呈現月線、季線、半年線與年線等 4 條短中長期均線糾結的狀態。

再從實務經驗來看，1 檔已走了一段大空頭走勢的股票，最早出現落底訊號的轉折點，往往都是月 KD 在 20 以下黃金交叉時，而且出現時間往往更早於均線糾結時。

換言之，1 檔股價已跌跌不休的股票，是否具備危機入市的條件？可以掌握這 2 大進場訊號：

訊號1》月KD低檔黃金交叉

月 KD 出現 20 以下黃金交叉的現象時，是第 1 次進場布局的時機。

訊號2》均線糾結

倘若接下來的股價走勢，又呈現出月線、季線、半年線與年線等 4 條均線糾結的現象時，可視為第 2 次進場加碼的契機。在實務經驗中，均線糾結有 2 大意義：①縮短了等待多頭的時間成本、②大幅降低未來股價再破底的機率。

上述這 2 種訊號的出現，都代表未來股價再破底的機率不高，也是「危機入市」最佳時機，這也是我長期以來多次運用於台股操作時，能夠創造優異績效

圖3 經歷跌深及均線糾結後，晶技股價重返榮耀
——晶技（3042）日線圖

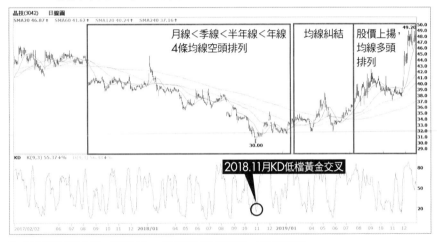

註：資料時間為 2017.02 ～ 2019.12　　資料來源：XQ 全球贏家、《投資家日報》

的重要策略之一。不過，還是要再次強調，公司及所屬產業未來的成長趨勢，才是真正決定是否能讓營運重返榮耀的關鍵。

同樣以晶技為例，2018 年 11 月先出現月 KD 在 20 以下黃金交叉的轉折，接著又在 2019 年 4 月，於 33 元附近完成月線、季線、半年線、年線的均線糾結過程，代表著 1 檔原本走空頭的股票，股價築底的重要跡象，也是投資人可以趁機進場的 2 大好時機（詳見圖 3）。

危機入市成功案例2》捷迅

再看另一個危機入市的例子。擁有網購商機題材的捷迅（2643）是我個人的私房股，我在 2018 年 11 月時曾發表在《投資家日報》。捷迅從 2016 年高點 56.8 元，跌落至 2018 年 10 月的最低點 26.6 元，跌幅多達 53%，股價位在低基期；也就在 2018 年 10 月，出現月 KD 在 20 以下黃金交叉，是底部翻轉的第 1 個訊號，此時可先初步建立基本持股。到了 2019 年 3 月至 6 月，4 條均線在 31 元附近完成均線糾結，才算是確立股價完成打底的過程，底部翻轉的訊號更加明確，也是進場布局的理想時機（詳見圖 4）。

當然，1 檔跌深的股票，能否真正開啟長多走勢？關鍵還是在基本面的表現，欣慰的是，捷迅獲利能力確實呈現節節高升的態勢，每股盈餘（EPS）一路從 2019 年第 1 季時的 0.55 元，上升到 2020 年第 1 季的 1.11 元、第 2 季的 1.9 元與第 3 季的 2.06 元（詳見圖 5）。股價也一路上漲到 2021 年 7 月時的最高點 132 元，不僅 3 年內股價上漲了 396%，更為我帶來豐沛的投資收益。圖 6 是我個人的實際股票的交易對帳單，內容參考如下：

①種類：現股操作。

②股票名稱：捷迅。

③賣出現股：2 萬 9,000 股。

圖4 捷迅2019年3～6月均線糾結，而後築底完成
——捷迅（2643）日線圖

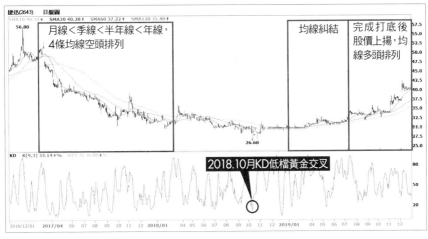

註：資料時間為 2016.12 ～ 2019.12　　資料來源：XQ 全球贏家、《投資家日報》

④成本均價：31.39 元。

⑤賣出均價：88.36 元。

⑥持有成本：91 萬 577 元。

⑦賣出市值：256 萬 2,485 元。

⑧賣出實現損益：165 萬 1,908 元。

⑨已配發現金股利：17 萬 7,000 元。

⑩加計現金股利損益：獲利 182 萬 8,908 元。

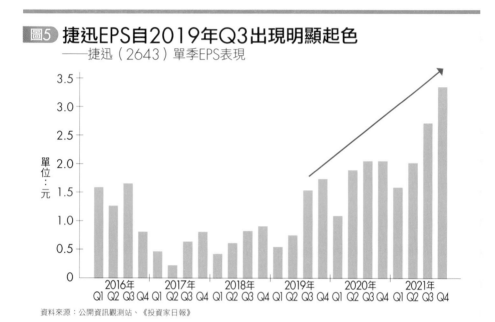

圖5 捷迅EPS自2019年Q3出現明顯起色
——捷迅（2643）單季EPS表現

資料來源：公開資訊觀測站、《投資家日報》

⑪加計現金股利報酬率：200%。

危機入市成功案例3》大成鋼

第 3 檔危機入市的成功案例是大成鋼（2027）。我在 2020 年 11 月初就領先市場，於《投資家日報》發表對這檔個股的看法。當時它還處於虧損狀態，不過，月 KD 已在 10 月出現低檔黃金交叉的轉折，當月收盤價 21.9 元；而

圖6 2021～2022年捷迅停利後，含息報酬率共計200%
——孫慶龍投資捷迅（2643）交易對帳單與已實現損益

成交日期	種類	代號	商品名稱	數量	成交價	成交價金	手續費	交易稅
2021/06/09	普通賣出	2643	捷迅	10,000	91.00	910,000	778	2,730
2021/06/18	普通賣出	2643	捷迅	10,000	100.50	1,005,000	859	3,015
2021/12/08	普通賣出	2643	捷迅	4,000	79.60	318,400	272	955
2022/10/19	普通賣出	2643	捷迅	5,000	67.80	339,000	289	1,017
台幣小計				29,000	0.00	2,572,400	2,198	7,717

	客戶淨收付	損益	報酬率(%)
加計17萬7,000元股利，已實現獲利182萬元，報酬率200%	1,001,126	690,861	222.67%
	317,173	188,263	146.04%
	337,694	176,557	109.57%
	2,562,485	1,651,908	0.00

註：資料時間為 2016.12～2019.12　　資料來源：XQ 全球贏家、《投資家日報》

後股價在 2021 年 7 月最高飆漲到 63.7 元，波段最高漲幅 190%。

接著大成鋼股價自 63.7 元下墜，1 年多的時間過去，又在 2022 年 11 月再次出現月 KD 在低檔黃金交叉的轉折，當月收盤價 40.65 元；而後最高在 2023 年 6 月漲至 48.8 元，波段最高漲幅為 20%（詳見圖 7）。

追蹤大成鋼自 2000 年至 2016 年，共有 5 次出現月 KD 在低檔黃金交叉，

圖7 **大成鋼2020年月KD黃金交叉後股價漲190%**
——大成鋼（2027）月線圖

自21.9元至63.7元，上漲190%

自40.65元至48.8元，上漲20%

2022.11月KD約在24黃金交叉

2020.10月KD約在15黃金交叉

註：資料時間為 2020.06 ～ 2023.08　　資料來源：XQ 全球贏家、《投資家日報》

通常都預告了即將開啟一波上漲的多頭走勢（詳見圖8）：

①2001年2月：後續漲幅294%

　　當時月 KD 在 8.5 附近黃金交叉，收盤價為 8.7 元，3 年後股價上漲到
34.3 元，波段漲幅高達 294%。

②2005年8月：後續漲幅178%

圖8 大成鋼5次月KD低檔黃金交叉後股價大漲
——大成鋼（2027）月線圖

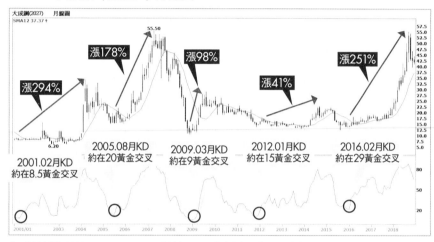

註：資料時間為 2001.01 ～ 2018.12　　資料來源：XQ 全球贏家、《投資家日報》

當時月 KD 在 20 附近黃金交叉，不僅代表前一波從 34.3 元高點下墜的空頭行情即將進入尾聲，更預告後續股價將開啟一波從 19.9 元上漲到 55.5 元，波段漲幅高達 178% 的多頭走勢。

③2009年3月：後續漲幅98%

當時月 KD 在 9 附近黃金交叉，不僅代表前一波從 55.5 元高點下墜的空頭行情即將進入尾聲，更預告後續股價將開啟一波從 14.6 元上漲到 29 元，波

段漲幅 98% 的多頭走勢。

④2012年1月：後續漲幅41%

當時月 KD 在 15 附近黃金交叉，收盤價為 16.1 元，2 年半後股價上漲到 22.8 元，波段漲幅為 41%。

⑤2016年2月：後續漲幅251%

當時月 KD 在 29 附近黃金交叉，收盤價為 15.7 元，2 年後股價上漲到 55.2 元，波段漲幅高達 251%。

大成鋼積極布局美國市場，強化競爭力

成立於 1986 年的大成鋼，總部位在台南仁德，早期是以貿易起家。1989 年在分別設立南投廠與高雄廠之後，開始跨入到不鏽鋼產品的生產與製造，1996 年股票掛牌上市，2014 年桃園廠開始加入營運。

1989 年在洛杉磯成立美國大成公司，開啟國際化腳步，2009 年透過購併 Brighton-Best 全美第 1 大合金鋼螺絲帽扣件通路商，將行銷網絡擴展到美國、加拿大、澳洲、英國、紐西蘭與巴西等 30 多個國際據點。2017 年在相繼合併美國第 2 大鋁產品通路商美國帝國鋁業 ERI 與 Galex 之後，將產品觸角延伸到「鋁製品」，2018 年再合併美國本土製造商 TCI Texarkana，不僅成功跨

足到鋁生產線，更強化美國通路的經營綜效。

　　值得留意的是，從 2000 年開始大成鋼便積極布局美國通路市場，在經歷 20 多年來的努力與耕耘，目前的大成鋼不僅已經成為美國不鏽鋼產品、工業用鋁捲板與工業用扣件的最大通路商，在全美 20 個州設立 32 個營運據點，並聘用 1,600 位員工來服務高達 1 萬 3,000 個客戶。

　　美國通路市場的布局有成，或許就是這一次大成鋼抗景氣衰退的能力，明顯優於過去表現的關鍵原因。

　　鋼鐵製造商的營運並不簡單，成本的波動以及通路商的強勢，都會影響製造商的獲利。根據大成鋼的法說會報告顯示，長期以來，製造商與通路商就存在不平等的關係，以不鏽鋼管為例，製造商的利潤只能達到每公噸 400 美元，但通路商的利潤卻可以高出 1 倍，達到每公噸 800 美元。

　　進一步分析不鏽鋼管的成本結構，在考量製造商的原料成本與加工成本之後，每公噸約落在 3,000 美元，然後再加計每公噸 1,150 美元的運輸成本與關稅，通路商的採購成本約落在 4,150 美元；而通路商在保留「合理利潤」之後（毛利率 15%，利潤 800 美元），就會決定最後市場的售價落在 4,950 美元。

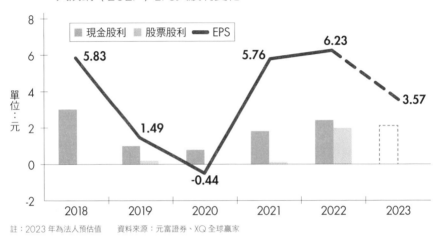

圖9 法人預估大成鋼2023年EPS將下滑至3.57元
——大成鋼（2027）EPS與股利變化

單位：元

- 現金股利
- 股票股利
- EPS

5.83
1.49
-0.44
5.76
6.23
3.57

2018　2019　2020　2021　2022　2023

註：2023年為法人預估值　　資料來源：元富證券、XQ全球贏家

此外，若成本出現快速變化，通路商可以透過要保有「合理利潤」的機制，調整售價或直接向製造商砍價，而製造商通常都只能被動接受，其結果就是通路商還能維持「賺錢」，但製造商已陷入「賠錢」的煎熬。

大成鋼股本膨脹，EPS面臨下滑

大成鋼 2022 年 EPS 達到 6.23 元，並決議配發 2.4 元現金股利與 2 元股票股利，盈餘配發率雖然高達 70.6%，但由於股票股利比率高達 45%，因此將造成股本膨脹 20% 的結果。

　　換言之，2023 年除完權過後的大成鋼（每股配發 2 元股票股利），股本從原本的 202 億 8,600 萬元，提高到 243 億 4,300 萬元。此外，若以法人預估 2023 年的稅後淨利約在 87 億元來計算（編按：參考元富證券 2023 年 3 月報告），2023 年的 EPS 將落在 3.57 元附近；而在假設盈餘配發率為 60% 的情況下，2023 年的現金股利預計將來到 2.1 元的水準。

　　整體而言，大成鋼 2023 年 EPS 隨著稅後淨利下滑，股本又膨脹的關係，將出現大幅下滑的狀況，預估 EPS 將從 6.23 元，衰退 42% 來到 3.57 元（詳見圖 9）。但相較於 2018 年到 2020 年那一段「雪崩式」的滑落，一路從 2018 年 5.83 元，下跌到 2019 年 1.49 元，以及 2020 年負 0.44 元而言，這一次大成鋼抗景氣衰退的能力，明顯優於過去的表現。

鎖定隱形冠軍企業 運用月KD波段操作獲利

鴻海（2317）是全球最大電子代工廠，長期以來深受台灣投資人喜愛，因為近年股價相對穩定，2023 年以來都名列前 10 大台股定時定額交易標的，也是我經常被問到的個股之一。如果想要波段操作鴻海，還是可以先從月 KD 變化，觀察是否有轉多契機，並且搭配基本面來做進一步的確認。本篇文章除了鴻海，也將加碼介紹我有持續研究的美律（2439）、台燿（6274）這 2 家隱形冠軍企業。

鴻海技術面》2023年3月時月KD低檔黃金交叉

鴻海是台股的第 2 大權值股，2021 年下半年到 2022 年的股價一直沒有起色，不太適合買低賣高。不過就在 2023 年 3 月底，鴻海進入了出現在月 KD 低檔黃金交叉的名單中。

上一次鴻海月 KD 出現低檔黃金交叉，時間要回溯到 2019 年，當時的鴻海，

正經歷一波股價從 2017 年 6 月最高點 122.5 元，下墜到 2019 年 1 月最低點 67 元的空頭走勢，波段跌幅高達 45%，更讓許多持股的投資人信心動搖。

行情總是在絕望中開始誕生，隨著 2019 年 2 月時月 KD 出現在 17 附近黃金交叉，不僅暗示前一波的空頭走勢即將進入尾聲，更開啟後續股價從 72.7 元，上漲到 2021 年 3 月最高點 134.5 元，波段漲幅高達 85% 的序曲。

然而，接下來鴻海股價並沒有隨著大盤一起創新高，反而從 134.5 元持續走跌，2021 年 5 月最低跌到 96.5 元，波段跌幅 26%。雖然之後股價沒有再破底，但 2023 年 1 月再度跌破 100 元的心理關卡，最低來到 98 元，相信也讓許多持股者不免心生「鴻海怎麼了？」的困惑。

就當投資人開始「不耐久候」之際，鴻海的月 KD 悄悄地在 2023 年 3 月底出現在低檔黃金交叉的轉折（詳見圖 1）；與此同時，鴻海的月線、季線、半年線、年線等 4 條短中長期均線約在 103 元均線糾結（詳見圖 2），似乎也有利於後續股價開啟一波多頭的行情。

這裡再複習一次短中長期均線糾結的 2 大意義：1. 縮短等待多頭的時間成本；2. 大幅降低未來股價再破底的機率。例如 2020 年 9 月 8 日鴻海的月線、季線、半年線與年線，就在 79 元出現均線糾結的變化，沒有等多久，鴻海的股價便

圖1 鴻海2023年月KD出現黃金交叉
——鴻海（2317）月線圖

鴻海(2317) 月線圖 2023/08/01 開 109.50 高 112.50 低 105.00 收 108.00 元 量 533558 張 -0.50 (-0.46%)
SMA120 91.95↑

跌45%　漲85%　跌28%

134.50

65.70

KD K(9,3) 55.02 4%

2019.02月KD
約在17黃金交叉

2023.03月KD
約在22黃金交叉

2017.09月KD
約在82死亡交叉

註：資料時間為 2016.09 ～ 2023.08　　資料來源：XQ 全球贏家、《投資家日報》

開啟了一波上漲到 134.5 元的多頭走勢。

鴻海基本面》須持續關注電動車布局成效

整體而言，現階段的鴻海能否開啟一波多頭的行情，關鍵就在「電動車」的布局，何時能夠見到大幅貢獻營收的成果？而根據董事長劉揚偉的目標，是期望 2025 年來自電動車的營收貢獻可達新台幣 1 兆元，相較於 2022 年的

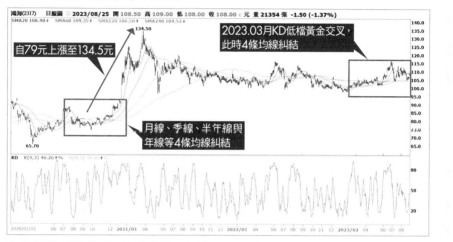

圖2 鴻海2023年月KD黃金交叉時，4條均線糾結
——鴻海（2317）日線圖

註：資料時間為 2020.01.02 ～ 2023.08.25　　資料來源：XQ 全球贏家、《投資家日報》

200 億元，成長幅度高達 50 倍。

　　為了達到 2025 年電動車營收 1 兆元的目標，鴻海這幾年非常積極地布局，其中 2023 年的展望如下（詳見圖 3）：

1.台灣市場，納智捷電動車為重要營收動能

　　鴻海與裕隆（2201）納智捷合作的電動車 Model C，開始在 2023 年下半

年交車。由於這款國產的電動車預購已達 2 萬 5,000 輛,是帶動鴻海 2023 年電動車營收的一大關鍵。

2.美國市場,尚未見到明顯貢獻

鴻海在 2022 年 5 月透過收購美國商用電動輕型卡車供應商 Lordstown 的俄亥俄州廠,建立起在美國境內的電動車生產基地。電動輕型卡車又被稱為「電動皮卡」,雖然量產之路走得跌跌撞撞,2023 年 2 月曾暫停出貨,4 月才又重新回復生產;但由於 1 年出貨量不到 50 輛,即使是 2023 年 4 月開始交貨的 Monarch 電動農用車,出貨量也僅 5 輛,因此鴻海在美國市場的布局,還未見到真正可以大幅貢獻營收的成果。

不過,值得一提的是,美國政府在 2023 年 4 月 18 日頒布 1 項最新的規定,美國民眾要能夠獲得最高 7,500 美元的補助,其購買的電動車必須符合美國製造的規定。而此項規定,將有利於在美國設廠的鴻海,爭取到其他美國電動車品牌,例如 INDIEV 的代工訂單。

從量產規模來看,2022 年 11 月動工的泰國廠最值得期待,初期規畫是年產 5 萬輛,後逐步增至年產 15 萬輛,預計 2024 年開始交車量產。

此外,2023 年已交付 20 輛電動巴士,則是另一塊鴻海企圖搶進的目標市

圖3 鴻海積極拓展電動車版圖
—— 鴻海（2317）電動車2023年展望

台灣
Model C交車納智捷

沙國
推進軟體及工程服務

美國
生產INDIEV原型車

印尼
推進電巴及電池製造

美國
量產Monarch電動農用車

台灣
興建高雄電池中心

泰國
興建電動車製造工廠

墨西哥
擴建車用零組件工廠

資料來源：鴻海

場，除台南、金門、員林之外，印尼是 2023 年鴻海想要擴大電動巴士版圖的重要市場。

美律技術面》2022年7月出現翻多訊號

核心業務在耳機、音響、揚聲器等電聲元件的美律，是著名的「蘋果（Apple）概念股」之一。2022 年 7 月時，美律的月 KD 在低檔出現黃金交叉，成為我當時的重點觀察標的。追蹤 2006 年到 2021 年，美律曾發生 4 次月 KD 低檔黃金交叉，其中 3 次後續股價都大漲，1 次則是反向下跌（詳見圖 4）：

①2009年3月：月KD低檔黃金交叉後上漲121%

先前股價經歷了一段從最高點 144 元，崩落到最低點 20.3 元的下跌走勢，2009 年 3 月時月 KD 在 10 附近出現黃金交叉之後，宣示前一波空頭行情進入尾聲，後續股價從 3 月底收盤價 30.65 元，上漲到波段最高點 67.9 元，最高漲幅達 121%。

②2012年1月：月KD低檔黃金交叉後上漲446%

前一波股價從波段最高點 67.9 元跌至最低點 27.5 元，到了 2012 年 1 月時月 KD 在 22 附近出現黃金交叉，就此結束了空頭行情，後續股價從 1 月底收盤價 35.7 元，一路狂飆到波段最高點 195 元，最高漲幅高達 446%。

③2015年10月：月KD低檔黃金交叉後上漲308%

美律股價自 2014 年漲到最高點 195 元後，快速崩落到 2015 年 8 月最低點 30 元，2 個月後月 KD 就在 12 附近出現黃金交叉，空頭行情告終，從當月收盤價 62.5 元，於 2017 年 8 月衝上歷史最高點 255 元，波段最高漲幅高達 308%。

④2021年12月：月KD低檔黃金交叉後續跌29%

2017 年從歷史最高價 255 元開始下跌後，美律呈現震盪下跌走勢；2021 年 12 月時月 KD 指標雖有在 15 附近黃金交叉，但空頭走勢並未結束，股價

圖4 美律月KD低檔黃金交叉後股價多能上漲
　──美律（2439）月線圖

註：資料時間為 2006.01 ～ 2023.08　　資料來源：XQ 全球贏家、《投資家日報》

從當月收盤價 94.5 元，持續走跌到波段最低點 66.9 元，跌幅約 29%。這一波月 KD 指標低檔黃金交叉，並未發揮預告股價轉多的效果。

⑤2022年7月：月KD低檔黃金交叉後續漲23%

　　然而就在美律創下波段最低 66.9 元的 2022 年 7 月，美律出現月 KD 在 16 附近黃金交叉的變化；以月底收盤價 80.7 元計算，截至 2023 年 8 月底為止，美律最高曾漲到波段高點 99.5 元，續漲幅度 23%，未來是否會延續上

漲趨勢，須再持續觀察。

美律基本面》隱形冠軍企業，目標市場具成長性

整體而言，歷經多次的轉型過程，現今（資料日期為 2022 年）美律主要的核心產品有二：1. 占營收比重約 68% 的耳機（Headset）、2. 占營收比重約 27% 的揚聲器（Speaker）。

展望未來，美律的目標市場，預估未來 5 年仍會以年複合成長率（CAGR）20% 的速度成長，全球產值將從 2020 年的新台幣 4,690 億元，成長到 2025 年預估的 1 兆 1,900 億元（詳見圖 5），因此從客觀的條件來看，市場具備著良好的成長性。

未來 5 年美律鎖定的目標市場，除了現有的耳機、醫療應用（Healthcare）之外，還將跨入到 SIP 先進的系統級封裝（註 1）、視訊會議系統（Video Conference System），都將提供公司營運成長的動力。

台燿技術面》2022年11月浮現低檔翻多訊號

另一檔被我視為隱形冠軍企業的是銅箔基板股台燿，它在 2022 年 11 月底

圖5 美律目標市場產值可望成長至1兆1900億元
——美律（2439）目標市場產值與4大應用

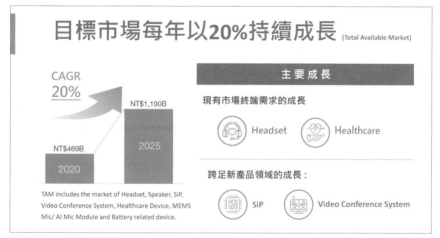

資料來源：美律

進入月 KD 20 以下黃金交叉的名單當中。

追蹤從 2006 年以來，若單純只以月 KD 出現低檔黃金交叉，以及月 KD 出現高檔死亡交叉作為投資參考的依據，其歷史的績效表現如下（詳見圖 6）：

註 1：SIP 全名為 System in Package，中文翻譯為先進的系統級封裝，目的是為了整合多功能的聲學及附加功能模組化的藍牙晶片，提供微型化的解決方案。

---

①2009年3月：月KD低檔黃金交叉後續漲122%

2009 年 3 月，月 KD 在 10 附近出現黃金交叉，當月收盤價為 7.25 元；直到 2010 年 5 月，月 KD 在 73 附近死亡交叉，當月收盤價為 16.15 元；若單純以月 KD 為操作依據，不含股利的投資報酬率可達到 122%。

②2012年2月：月KD低檔黃金交叉後續漲100%

2012 年 2 月，月 KD 在 20 附近出現黃金交叉，當月收盤價為 11.5 元；直到 2013 年 10 月，月 KD 在 78 附近死亡交叉，當月收盤價為 22.5 元；若單純以月 KD 為操作依據，不含股利的投資報酬率可達到 100%。

③2015年10月：月KD低檔黃金交叉後續漲178%

2015 年 10 月，月 KD 在 39 附近出現黃金交叉，當月收盤價為 27.8 元；直到 2017 年 10 月，月 KD 在 85 附近死亡交叉，當月收盤價為 77.4 元；若單純以月 KD 為操作依據，不含股利的投資報酬率可達到 178%。不過比較美中不足的是，後續台燿的股價還持續走升，最高甚至漲至 160 元，若以月 KD 低檔黃金交叉時的股價 27.8 元算起，波段漲幅高達 475%。

④2022年11月：月KD低檔黃金交叉後續漲152%

2022 年 11 月，月 KD 在 12 附近出現黃金交叉，當月收盤價為 57.2 元；而後台燿拉出一波凌厲的漲勢，半年多的時間過去，2023 年 7 月時創下波段

圖6 台燿月KD低檔黃金交叉後股價多能上漲
──台燿（6274）月線圖

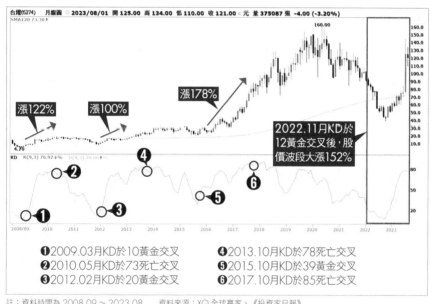

註：資料時間為 2008.09 ~ 2023.08　　資料來源：XQ 全球贏家、《投資家日報》

最高價 144.5 元，不含股利的累積漲幅已高達 152%。

台燿基本面》全球銅箔基板龍頭廠，產業前景佳

我們來認識一下台燿所處的產業。有研究電子股的投資人，應該都知道電子

241

圖7 銅箔基板在印刷電路板產業鏈位居中游
——印刷電路板產業鏈

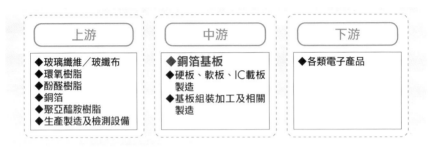

上游	中游	下游
◆玻璃纖維／玻纖布 ◆環氧樹脂 ◆酚醛樹脂 ◆銅箔 ◆聚亞醯胺樹脂 ◆生產製造及檢測設備	◆**銅箔基板** ◆硬板、軟板、IC載板製造 ◆基板組裝加工及相關製造	◆各類電子產品

資料來源：產業價值鏈資訊平台

產品裡，有個不可或缺的核心零組件——印刷電路板（PCB）」，其中「銅箔基板（Copper Clad Laminate，CCL）」占了成本高達40%到60%，而銅箔基板主要用途是作為印刷電路板的基礎材料，並用於連接和固定電子元件，在印刷電路板產業位居中游（詳見圖7）。

銅箔基板通常由多層複合材料製成，包括銅箔層、介電層和基板層；銅箔層通常在基板上經過化學處理後鍍上，以提高其與基板之間的附著力。介電層是一種絕緣材料，用於隔離不同層次之間的電路，並且防止電流短路。基板層則是整個基板的主體結構，可以是玻璃纖維、聚醯亞胺（PI）或聚醯胺（PA）等高強度材料。

圖8 **2028年全球銅箔基板市場規模上看200億美元**
——全球銅箔基板市場規模

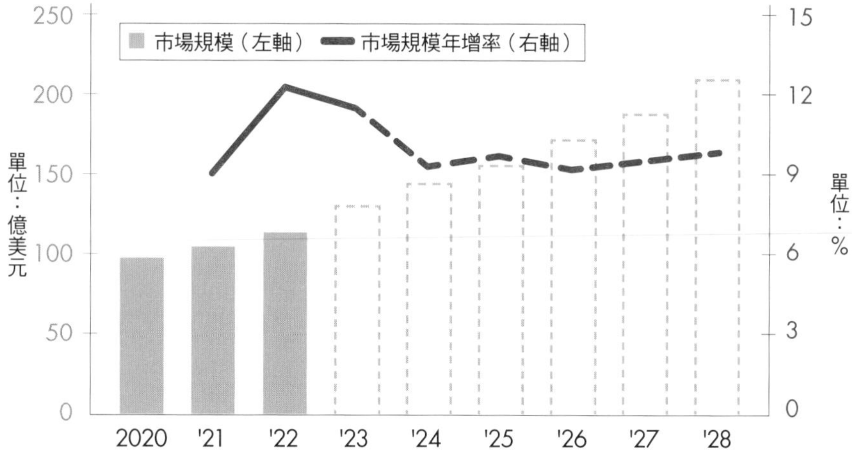

註：1. 資料時間為 2023.01；2. 2023 年以後數據為預估值　　資料來源：拓墣產業研究院

整體而言，銅箔基板的主要優點，有良好的導電性和熱傳導性，以及高強度和穩定性，因此被廣泛應用在各種電子產品上。

5G、高速運算發展，推升銅箔基板成長動能

銅箔基板的全球產值近幾年一直保持穩定的增長趨勢，根據拓墣產業研究院的預估，2022 年市場規模達到 117 億美元，預計 2028 年將有機會上看到 200 億美元（詳見圖 8），年複合成長率約 9%。其中，亞太地區是全球銅箔

基板市場的主要消費地區，占據市場近一半的份額，其次是北美和歐洲等地區。

台灣的銅箔基板產業具有相當強的競爭力，擁有龐大的電子產業集群和先進的技術和設備，主要產品包括紙質銅箔基板、玻纖銅箔基板和軟性銅箔基板等。

其中，玻纖銅箔基板是市場主流，南亞（1303）是全球市占第一的廠商，其他還有聯茂（6213）、台光電（2383）、台燿等廠商。此外，高科技產品則愈來愈多採用軟性銅箔基板，也有助帶動全球軟性銅箔基板出貨表現。在供應商方面，紙質銅箔基板最主要的生產商是長春，軟性銅箔基板供應商則有台虹（8039）、亞洲電材、聯茂等。

進一步分析，銅箔基板產值規模能夠持續增長，主要是受到電子產品的需求所推動，尤其隨著 5G、高效能運算（HPC）等新興技術的快速發展，銅箔基板的市場也將有更多的應用與需求，包括智慧型手機、筆記型電腦、伺服器、5G 基地台、交換器、車用電子等；其中高速高頻的高階銅箔基板，成長率最為強勁，根據高盛預估，2022 年到 2025 年的年複合成長率將達到 16%。

台燿2021年成全球市占第1的高階銅箔基板廠

再者，近 5 年高階銅箔基板各大廠商的市場占有率，也出現大洗牌變化，2017 年全球最大的龍頭廠商為日商 Panasonic，市占率高達 30%，其次是台

圖9 台燿2021年市占率成長至23%
——高階銅箔基板大廠市占率

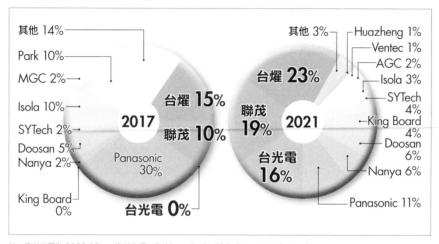

其他 14%
Park 10%
MGC 2%
Isola 10%
SYTech 2%
Doosan 5%
Nanya 2%
King Board 0%

台燿 **15%**
2017
聯茂 **10%**
Panasonic 30%
台光電 **0%**

其他 3%　Huazheng 1%
Ventec 1%
AGC 2%
Isola 3%
SYTech 4%
King Board 4%
Doosan 6%
Nanya 6%
Panasonic 11%

台燿 **23%**
聯茂 **19%**
2021
台光電 **16%**

註：資料時間為 2022.10　　資料來源：Goldman Sachs Global Investment Research

廠的台燿，市占率為 15%、第 3 名則是台廠的聯茂、與美國的 Isola，市占率
各約 10%。

　　然而，時序進入到 2021 年，台燿晉升為全球最大的龍頭廠（詳見圖 9，關
於台燿的前景分析可詳見 5-8），市占率提高到 23%；聯茂的市占率也走揚到
19%，成為第 2 大廠商；台光電則是從 0% 跳升到 16%，成為第 3 大廠商；
而原本的龍頭廠 Panasonic 市占率則下降到 11%。

此外，值得一提的是，全球的高階銅箔基板產業，台灣跟日本就合計掌握了75%的市占率，其中台灣廠商市占率更高達58%，儼然是另一個台灣之光的「隱形冠軍」產業。

4-8

基本面大好的公司
只看技術面分析恐失準

　　長期以來，基本面分析與技術面分析，常會出現不同調的「拔河現象」（詳見圖 1），此時到底該以何者為判斷依據？相信是許多投資人心中的疑惑。身為價值型投資的信奉者，我認為「產業分析」與「基本面分析」的位階，當然高於「技術面分析」；畢竟從實務的經驗中，常常可以觀察到一家「好公司」掉到「好價格」時，從技術分析的角度來看，通常都會呈現「讓人搖頭」的觀點。

　　整體而言，技術分析的應用，其實都只是統計學上的機率問題，以我常使用的月 KD 而言，雖然已經是眾多技術分析觀點中，平均勝率相對較高的一種判斷依據；但若從大數據的統計結果來看，在合計 1,200 多次的範本數中，平均勝率也只有 74.61%，依然會有 25.39% 機率會出現失準的狀態。

好公司多次月KD高檔死亡交叉，股價仍續漲

　　長期以來，技術分析對我而言，都僅是輔助的工作，目的為了可以增加綜合

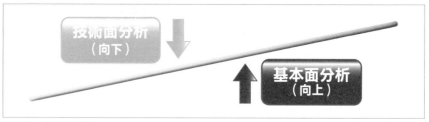

圖1 基本面、技術面分析不同調易使投資人困惑
——不同分析面向的拔河之爭

技術面分析
（向下）

基本面分析
（向上）

資料來源：《投資家日報》

產業分析、財報分析與籌碼分析後的判斷依據，但絕對不是最主要的參考依據。技術分析充其量只是為了避免因人過度的主觀，而形成嚴重誤判的結果；畢竟從過去許多市場的實務經驗顯示，對於一家基本面大好的公司，技術分析很容易出現完全失準的情況，並反映在「追高殺低」的愚蠢交易上。

案例1》全球晶圓代工龍頭台積電（2330）

　　最明顯的例子，就是將月 KD 套用在台積電身上，會出現相當高的失敗率。2011 年到 2020 年期間，合計出現過 6 次月 KD 在 80 以上死亡交叉的變化，非但沒有一次讓台積電中長期的股價趨勢「由多翻空」，反而還出現「不漲停、卻漲不停」的長多走勢。統計 2011 年以來，台積電股價出現月 KD 在 80 以上死亡交叉，依序如下（詳見圖 2）：

圖2 台積電7次月KD死亡交叉，僅1次由多翻空
——台積電（2330）月線圖

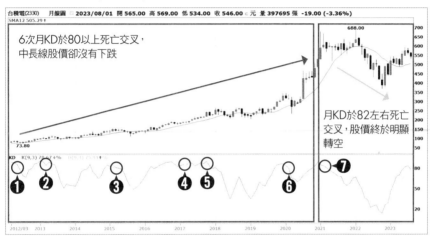

6次月KD於80以上死亡交叉，
中長線股價卻沒有下跌

月KD於82左右死亡
交叉，股價終於明顯
轉空

註：資料時間為 2012.03 ~ 2023.08　　資料來源：XQ 全球贏家、《投資家日報》

① 2012 年 6 月：續漲 34%

月 KD 出現在 80 以上死亡交叉（詳見圖 2-❶），當月收盤價 81.3 元，但股價並未翻空，持續走揚至波段最高價 109.5 元。

② 2013 年 5 月：續漲 41%

月 KD 出現在 80 以上死亡交叉（詳見圖 2-❷），當月收盤價 109.5 元，但股價持續走揚至波段最高價 155 元。

③2015 年 4 月：續漲 31%

月 KD 出現在 80 以上死亡交叉（詳見圖 2-❸），當月收盤價 147 元，但股價持續走揚至波段最高價 193 元。

④2016 年 11 月：續漲近 14%

月 KD 出現在 80 以上死亡交叉（詳見圖 2-❹），當月收盤價 183 元，但股價持續走揚至 208.5 元。

⑤2017 年 6 月，續漲近 66%

月 KD 出現在 80 以上死亡交叉（詳見圖 2-❺），當月收盤價 208.5 元，但股價不僅沒有翻空，更展開多頭走勢，持續走揚至 2020 年 1 月最高價 346 元。

⑥2020 年 2 月，續漲超過 1 倍

月 KD 出現在 80 以上死亡交叉（詳見圖 2-❻），當月收盤價 316 元，同年 3 月受新冠肺炎疫情影響走跌至波段低點 235.5 元；而後隨著市場 V 型反轉，股價一路上漲，最高在 2021 年 1 月創下波段高價 679 元，漲幅超過 1 倍；若從最低價 235 元算起，漲幅更高達 188%。

⑦2021 年 3 月：由多翻空

不過，時序進入到 2021 年 3 月，台積電出現了 2011 年以來第 7 次月 KD 在 80 以上的死亡交叉（詳見圖 2-❼），當月收盤價 587 元，對照 1 年半之後，於 2022 年 10 月最低跌到 370 元來看，這一次月 KD 指標的死亡交叉，終於成功預告了多頭行情進入尾聲，迎來「由多翻空」的轉折。

案例2》保健食品股大江（8436）

保健食品股大江，也同樣出現類似台積電的狀況。追蹤 2015 到 2018 年股價走勢，一路從 58 元大漲 958% 來到最高點 614 元的過程，分別在 2016 年 7 月股價在 134 元，以及 2018 年 5 月股價在 393 元時，出現月 KD 在 80 以上死亡交叉的變化，不過股價非但沒有出現「由多翻空」的變化，更持續走揚。

直到 2018 年 8 月時月 KD 再次出現 80 以上死亡交叉之後，股價的中長期趨勢才正式由多翻空，一路從當月收盤時的 560 元，回檔到 2020 年時的最低點 148 元，修正幅度高達 73%（詳見圖 3）。

好公司遇月KD死亡交叉，向下修正機率高

上述台積電與大江的例子，確實是相當罕見的狀態，因為從過去的實務經驗中，當 1 檔原本正在走長多的股票，出現月 KD 在 80 以上死亡交叉，確實有

圖3 大江2次月KD死亡交叉後股價皆續漲
——大江（8436）月線圖

大江(8436)　月線圖
SMA12 270.21↑

2015～2018年大漲958%

614.00

續跌73%

2018.08月KD
高檔死亡交叉

58.00

KD　K(9,3)65.07↑%

2016.07月KD
高檔死亡交叉

2018.05月KD
高檔死亡交叉

註：資料時間為2015.05～2020.08　　資料來源：XQ全球贏家、《投資家日報》

很高的比率，會出現開始向下修正的風險。

案例1》工具機大廠上銀（2049）

以工具機股的上銀為例，2015年到2018年曾開啟一波從104元大漲到530元，波段漲幅高達409%的多頭走勢。然而，當2018年4月出現月KD在80以上死亡交叉的轉折後，從後來的結果論來看，確實預告了股價將開啟一波修正的走勢，股價從月KD出現死亡交叉時的450元，下跌到波段最低

圖4 上銀2018年月KD死亡交叉後股價大跌59％
──上銀（2049）月線圖

註：資料時間為 2015.09 ～ 2018.10　　資料來源：XQ 全球贏家、《投資家日報》

點 181 元，修正幅度高達 59%（詳見圖 4）。

案例2》複合材料供應商拓凱（4536）

複合材料的供應商拓凱，也出現過類似的走勢，回顧 2018 年 7 月當股價出現月 KD 在 20 以下黃金交叉時，確實預告股價將開啟一波多頭的上漲行情，一路從月 KD 黃金交叉時的收盤價 89.3 元，大漲到 190 元，波段漲幅高達 112%。

圖5 拓凱2019年月KD死亡交叉後股價大跌45%
——拓凱（4536）月線圖

註：資料時間為 2018.01～2020.05　　資料來源：XQ 全球贏家、《投資家日報》

　　然而，當 2019 年 8 月出現月 KD 在 79.8 死亡交叉的轉折後，從後來的結果論來看，確實也預告股價將開啟一波修正的走勢，股價從月 KD 出現死亡交叉時的 155 元，下跌到 2020 年波段最低點 84.4 元，修正幅度約 45%（詳見圖 5）。

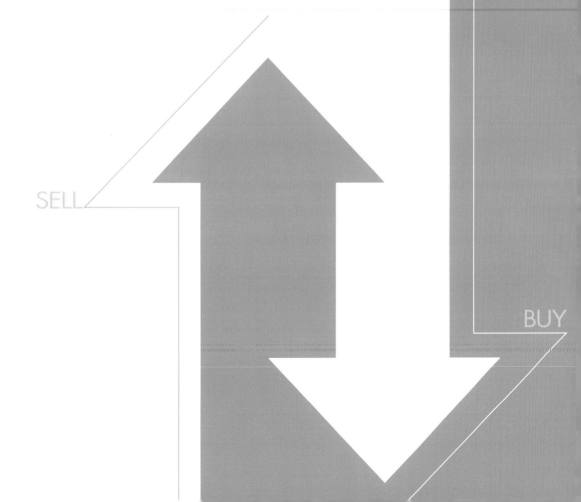

第5章
存股應用與實戰

存股口訣357
創造88%超高平均勝率

尋找有機會「賺股利，又可賺價差」的好股票，長期以來都是我相當倚賴的投資策略；畢竟投資這類型的標的，一旦公司業績出現成長時，將深具「進可攻」的優勢。反之，即使公司業績表現平平，高現金殖利率的背後，也將提供「退可守」的防禦價值。

至於如何找到既可賺股利，又可賺價差的好股票？「存股口訣357」的策略，或許可提供一個可行的方向。

殖利率7%是理想買進時機

所謂的存股口訣357，選股與投資步驟如下：

1. 選擇近5年，年年都能配息的股票，並以近5年「現金股利」的平均值計算現金殖利率。

圖1 現金殖利率降至3%，賣光光
——存股口訣357

資料來源：《投資家日報》

2. 投資步驟（詳見圖１）：

◆現金殖利率來到７%：便宜價，買進。

◆現金殖利率降到５%：合理價，賣出。

◆現金殖利率降至３%：昂貴價，賣光光。

一般現金殖利率的計算公式為「現金股利／股價」，不過，「存股口訣357」使用的公式是：

現金殖利率＝近5年股利的平均值/股價

例如，A公司近５年分別發放現金股利2.2元、2.3元、2元、2.2元、1.8元，５年平均值2.1元，目前股價為30元，現金殖利率則為：2.1元／30元＝7%，此時就是適合買進的時機。

為什麼不用單一年度的股利，而是採取近 5 年股利平均值來計算殖利率？既然我們已經鎖定了能夠年年配息的公司，代表這家公司有穩定的賺錢能力；但是每年度的營運狀況多少會有落差，可能因為景氣特別好而讓獲利及股利特別高，也可能因為外在環境因素影響而衝擊獲利與股利。因此，若把計算的範圍擴大到近 5 年，就能夠平衡不同營運環境造成的股利落差。

通常營運好、股利穩健的公司，股價都不會太差，殖利率不易見到 7% 的狀況。然而股價一定會有起伏，當股價下跌時，就有機會用 7% 殖利率買到好公司的股票；此時也會是聰明投資人可以趁機低檔布局，掌握「既可賺股利，又可賺價差」的絕佳機會。

檢視11年回測紀錄，平均勝率可達88.92%

存股口訣 357 的投資策略，不僅已成功運用在 2011 年以來《投資家日報》許多追蹤標的成功經驗上，即使套用在台股所有符合資格條件的標的上，一樣也可創造通過大數據分析，且結果令人印象深刻的績效表現。所謂大數據分析，指的就是：只要台股 1,700 多家上市櫃公司，完全不管任何基本面、產業面、籌碼面、甚至技術面等因素，單純採取以下買賣條件：

1. 近 5 年公司年年配息。

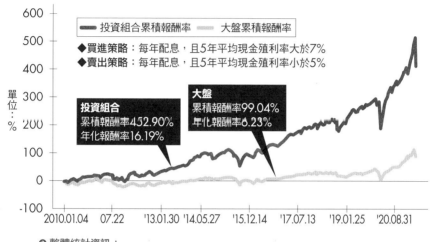

圖2 **採存股口訣357，2010～2021年累積報酬率452%**
——2010～2021年決策報酬分析報告

> 投資組合累積報酬率 ━━ 大盤累積報酬率
> ◆買進策略：每年配息，且5年平均現金殖利率大於7%
> ◆賣出策略：每年配息，且5年平均現金殖利率小於5%

投資組合
累積報酬率452.90%
年化報酬率16.19%

大盤
累積報酬率99.04%
年化報酬率6.23%

單位：%

◎ 整體統計資訊：

總進場次數：1,918次	平均報酬率：30.13%	年化標準差：13.73%
平均持有天數：578天	最佳報酬率：889.53%	（大盤同期15.43%）
平均勝率：88.92%	最差報酬率：-89.92%	Beta值：0.73
平均敗率：11.08%		夏普指標：1.12

註：資料時間為2010.01.01～2021.05.24　　資料來源：《投資家日報》

2. 近5年平均現金殖利率7%時買進並持有。

3. 近5年平均現金殖利率降至5%時賣出。

以2010年1月1日到2021年5月24日為歷史回測區間（詳見圖2），

總共會進場 1,918 次，平均勝率可達 88.92%，平均報酬率為 30.13%；投資組合累積報酬率高達 452%，勝過大盤同期的 99%；換算成年化報酬率 16.19%，也大幅超越大盤的 6.23%。

檢視13年回測紀錄，平均勝率可達88.94%

到了 2023 年，我再度進行了歷史回測，將統計期間涵蓋到美國聯準會（Fed）展開史無前例的暴力升息，導致全球金融市場大動盪的 2022 年。同樣在完全不考慮任何基本面、產業面、籌碼面、甚至技術面等因素，只要符合上述買進策略，就直接列入買進名單，並且 Buy & Hold（買進持有）到殖利率降到 5% 時賣出，以 2010 年 1 月 1 日到 2023 年 5 月 10 日為歷史回測區間，總共會進場 2,280 次，平均勝率可達 88.94%，平均報酬率為 31.94%；投資組合累積報酬率升高到 738%，勝過大盤同期的 90%（詳見圖 3）；換算成年化報酬率 17.26%，也大幅超越大盤的 4.94%。

值得一提的是，若再比較我在前一本著作《12 招獨門秘技：找出飆股基因》中所分享的 2010 年到 2017 年歷史回測結果，可得出一個結果——我從 2011 年開始主張的這套「存股口訣 357」投資策略，一直維持高勝率的統計結果，3 段期間平均勝率從 83.7%（2010 年到 2017 年）上升到 88.92%（2010 年到 2021 年），再上升到 88.94%（2010 年到 2023 年）；平均

圖3 **採存股口訣357，2010～2023年累積報酬率738%**
──2010～2023年決策報酬分析報告

◆買進策略：每年配息，且5年平均現金殖利率大於7%
◆賣出策略：每年配息，且5年平均現金殖利率小於5%

投資組合
累積報酬率738.49%
年化報酬率17.26%

大盤
累積報酬率90.52%
年化報酬率4.94

◆ 整體統計資訊：
總進場次數：2,280次　　平均報酬率：31.94%　　年化標準差：13.51%
平均持有天數：591天　　最佳報酬率：1,333.65%　（大盤同期15.68%）
平均勝率：88.94%　　　最差報酬率：-83.55%　　Beta值：0.71
平均敗率：11.06%　　　　　　　　　　　　　　夏普指標：1.22

註：資料時間為 2010.01.01 ～ 2023.05.10　　資料來源：《投資家日報》

報酬率從 23.86% 上升到 30.13%，再上升到 31.94%；投資組合年化報酬率則是從 14.6% 上升到 16.19%，再上升到 17.26%。

然而，比較美中不足的是，平均持有天數，從 540 天上升到 578 天，再上

升到 591 天。

　　整體而言，上述的投資策略即使範本數超過 2,200 次，仍可維持超過 88% 的平均勝率，以及超過 30% 的平均報酬率，因此從客觀的數據來看，確實是 1 個相當完善、且具有高度參考價值的投資策略之一。

　　最後補充一點，上述的回測僅是採取「7% 買進、5% 賣出」，但是存股口訣 357 的投資策略還有 1 項是「殖利率降到 3% 賣光光」，當現金殖利率降到 3%，除非公司基本面出現結構性的改變，否則賣光光將是保存最大獲利的最佳選擇。

5-2

實例1》漢唐、漢科 半導體業高殖利率資優生

存股山訣 357 雖然是用「年年配息」、「5 年平均現金殖利率」作為選股及進出場的判斷，但是勝率也並不是 100%；實際投資時，當然還是要了解一下公司的基本面和前景，才有助於提高賺錢勝率。接下來，就以我過去幾年的得意之作——漢唐（2404）、漢科（3402），這 2 家公司為例：

範例1》漢唐

漢唐隸屬於半導體設備產業，核心業務在興建廠房及無塵室，最著名的大客戶就是全球晶圓代工龍頭台積電（2330）。在 2016 年到 2018 年期間，漢唐的現金殖利率都維持在 9% 以上（詳見圖 1）；這 3 年公司的股價約在 45 元～70 元之間，配出的現金股利分別是 4.5 元、6 元、6 元，是很標準的高現金殖利率股。

這家公司的優點不僅有誘人的高股息，還有營運上的成長性，深具「進可攻、

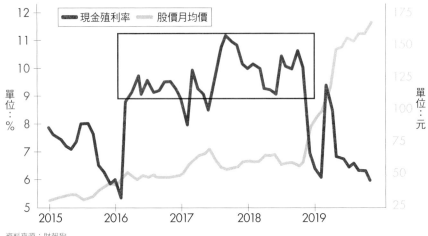

圖1 漢唐2016～2018年現金殖利率逾9%
──漢唐（2404）現金殖利率與月均價走勢

資料來源：財報狗

「退可守」的投資優勢。所謂「退可守」的投資優勢，指的就是豐沛的現金股利收益，表 1 是我在 2016 年 2 月到 2018 年 1 月實際投資漢唐的成交明細，陸續買進 86 張股票，成本在 47.9 元～ 60.2 元之間，平均持有成本約 52 元。

就算完全不考慮漢唐股價後續最高上漲至 200 元以上所帶來的資本利得，2016 年到 2018 年期間，光是現金股利加現金減資所領到的現金，合計就有124 萬 7,000 元。換言之，若以加計買進手續費的總成本 451 萬 3,451 元

表1 2016年2月～2018年1月共買進86張漢唐現股
——孫慶龍投資漢唐（2404）對帳單明細

成交日期	買進股數（股）	成交價（元）	成交價金（元）
2016.02.19	20,000	47.90	958,000
2016.02.26	10,000	48.90	489,000
2016.03.08	10,000	51.00	510,000
2016.03.15	10,000	52.00	520,000
2016.04.18	6,000	49.90	299,400
2016.04.21	4,000	47.70	190,800
2018.01.09	3,000	60.20	180,600
2018.01.09	3,000	60.20	180,600
2018.01.09	6,000	60.20	361,200
2018.01.09	4,000	60.00	240,000
2018.01.11	10,000	58.00	580,000
小計	**86,000**	－	4,509,600

註：成交價金為不含手續費的金額

計算，單是現金股利的報酬率，就達到 27.62%。

存股超過1年須滾動式調整買賣價格設定

　　值得留意的是，當存股時間超過 1 年以上時，投資人就必須滾動式的來調整 7% 現金殖利率價格設定，必須得跟著公司所公布的最新股利，重新擬定 7%、

圖2 漢唐現金股利隨著EPS上升
——漢唐（2404）EPS及現金股利變化

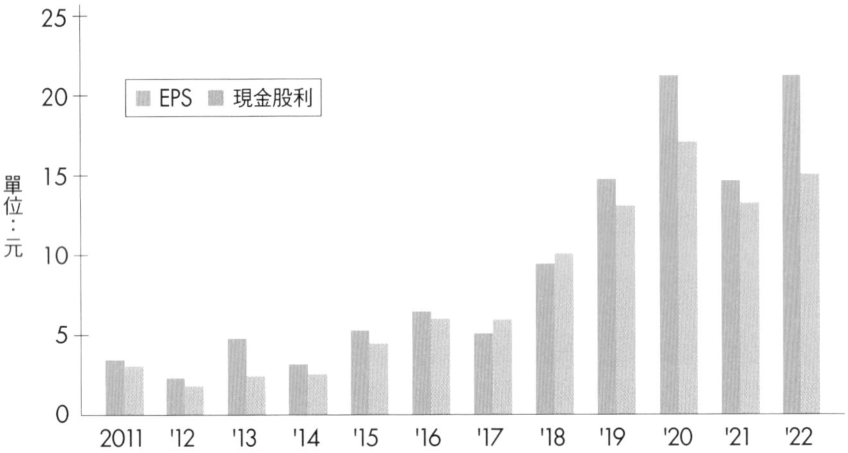

註：1.年度為股利所屬年度，四捨五入至小數點後2位；2.此圖所列期間並無配發股票股利　　資料來源：XQ全球贏家

5%、3%現金殖利率的價格。舉例來說，2016年開始建立持股時，參考依據如下：

2011年～2015年的平均股利雖然只有2.84元，7%現金殖利率的對應股價僅為40.57元；不過2016年1月底時，漢唐表示，全年公司的接單金額有機會超越2015年的160億元，因此當時我願意用較高的價格，買進這檔預期營運將持續成長的標的，因為未來的股利將會持續走升（詳見圖2）。

266

圖3 漢唐股價2018～2021年漲勢顯著
── 漢唐（2404）月線圖

註：資料時間為 2016.01 ～ 2023.08　　資料來源：XQ 全球贏家

　　幸運的是，2016 年漢唐的股利果不其然地上升到 6 元，若以 2012 年到 2016 年平均股利 3.44 元計算，7% 的殖利率股價 49 元，與我在 2016 年 2 月到 4 月期間買進的成本幾乎不謀而合。然而 2 年時間過去，雖然當時漢唐股價持續走揚到 60 元以上，但由於 2013 年到 2017 年近 5 年的平均股利也同步上升到 4.28 元，因此 7% 現金殖利率所代表的便宜價 61 元（＝ 4.28 ／ 7%），就成了我在 2018 年 1 月期間，持續加碼持股的參考依據（詳見圖 3）。

範例2》漢科

漢唐旗下的子公司漢科，則是另外 1 檔完美詮釋存股口訣 357 策略的案例。我是在 2020 年時布局漢科這檔股票，買進時是以 2015 年到 2019 年 5 年期間的平均現金股利，作為買進漢科條件的設定；5 年現金股利平均值為 1.96 元〔＝（0.85 ＋ 2 ＋ 2.45 ＋ 3 ＋ 1.5）／ 5〕，要符合 7% 現金殖利率，股價須落在 28 元（＝ 1.96 元／ 7%）。

2021 年，重新計算 2016 年到 2020 年 5 年的平均現金股利為 2.33 元〔＝（2 ＋ 2.45 ＋ 3 ＋ 1.53 ＋ 2.7）／ 5〕，要符合 5% 現金殖利率的賣出條件，股價須落在 46.6 元（＝ 2.33 元／ 5%）以上。

進入到 2022 年，再次計算出 2017 年到 2021 年 5 年平均現金股利為 2.53 元〔＝（2.45 ＋ 3 ＋ 1.53 ＋ 2.7 ＋ 3）／ 5〕，要符合 5% 現金殖利率的賣出條件，股價須落在 50.6 元（＝ 2.53 元／ 5%）以上（詳見圖 4）。

回顧漢科股價的波動，2019 年到 2020 年，大多數的時間都可以讓投資人買到 28 元以下的價位（詳見圖 5，以 2015 年到 2019 年 5 年平均股利及 7% 現金殖利率算出的買進價），甚至 2020 年受到新冠疫情的衝擊時，股價最低還曾經一度跌到 19.9 元。假設 2022 年賣出，也有多次機會能賣在 50.6 元

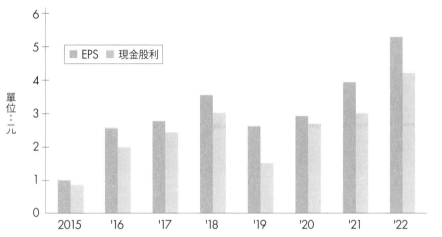

圖4 漢科2022年EPS及現金股利大增
──漢科（3402）EPS及現金股利變化

註：1. 年度為股利所屬年度，四捨五入至小數點後 2 位；2. 此表所列期間並無配發股票股利　　資料來源：XQ 全球贏家

之上，達到「完美落地」的操作結果。

　　而我在 2020 年陸續布局後，於 2021 年到 2022 年陸續賣出，資本利得加計這段期間領到的現金股利，獲利共達 155 萬 4,000 元，總報酬率 92%，明細如下（詳見圖6）：

　　①股票名稱：漢科。

圖5 漢科2019～2020年有多次28元以下買進機會
——漢科（3402）月線圖

註：資料時間為 2019.01 ～ 2022.12　　資料來源：XQ 全球贏家

②賣出現股：6 萬股。

③持有成本：167 萬 3,878 元。

④成本均價：27.9 元。

⑤賣出市值：301 萬 5,086 元。

⑥賣出均價：50.25 元。

⑦賣出實現損益：134 萬 1,208 元。

⑧已配發現金股利：21 萬 3,300 元。

圖6 2021～2022年陸續賣出漢科，實現損益134萬元

——孫慶龍漢科（3402）交易對帳單與已實現損益

成交日期	種類	代號	商品名稱	數量	成交價	成交價金	手續費	交易稅	客戶淨收付	損益	報酬率(%)
2021/04/26	普通賣出	3402	漢科	10,000	48.15	481,500	411	1,444			
2021/04/26	普通賣出	3402	漢科	5,000	48.35	241,750	206	725	240,819	105,204	77.58%
2021/12/30	普通賣出	3402	漢科	15,000	51.80	777,000	664	2,331	774,005	342,637	79.43%
2022/03/24	普通賣出	3402	漢科	10,000	53.00	530,000	453	1,590	527,957	243,514	85.61%
2022/04/08	普通賣出	3402	漢科	10,000	49.65	496,500	424	1,489	494,587	213,997	76.27%
2022/04/08	普通賣出	3402	漢科	10,000	50.00	500,000	427	1,500	498,073	227,092	83.80%
台幣小計				60,000	0.00	3,026,750	2,585	9,079	3,015,086	1,341,208	0.00

⑨加計現金股利損益：獲利 155 萬 4,508 元。

⑩加計現金股利報酬率：92%。

漢科從事特殊氣體管路工程，打入多家大廠供應鏈

成立於 1990 年的漢科，原名為漢科工程股份有限公司，主要從事特殊氣體的管路工程，1996 年更名為漢科系統科技，朝向系統工程的統包業務發展，已成功打入台積電、聯電（2303）、華邦電（2344）、美光（Micron）、旺宏（2337）、南亞（1303）、世界（5347）、群創（3481）、中美晶（5483）、中芯國際等大廠的供應鏈體系。漢科 2000 年到 2005 年開始朝向國際化發展，營業據點已從新竹、林口、台中、台南，向外延伸到中國蘇州、

上海、南京、合肥、廈門；馬來西亞與新加坡等地，業務更擴展到機電與無塵室統包工程。

2007 年漢科股票掛牌上市，2011 年到 2017 年期間，公司致力強化設備自主研發的技術能力，成功協助台積電與聯電集團，各安裝超過 1,000 台以上的設備（編按：截至 2019 年漢科已協助台積電安裝 Local Scrubber 機台超過 1,500 台），2018 年再將業務擴展至濕製程供應設備研發與製造，並聚焦資源到智慧工廠與物聯網（IoT）系統的研發。

由於經營進入穩定期，財務狀況也相當健全，我也在 2020 年 9 月時於《投資家日報》介紹了這檔股票。因為它具備「買得安心（因為物美價廉）」、「抱得放心（因為財務健全）」的條件，因此讓我願意耐心去等待有一天可以「賺得開心（因為成長可期）」，事實證明這檔股票並沒有讓我失望。

5-3

實例2》晶技
石英元件世界第1大廠

　　回顧 2018 年 7 月初，利用存股口訣 357 所挑出的晶技（3042），是 1 檔被市場忽略的隱形冠軍。當時晶技已經連續 18 年都能配發股利，符合「近 5 年能年年配息」的條件，2013 年到 2017 年現金股利分別為 2.2 元、2.5 元、2.5 元、2.8 元與 2.5 元，得出近 5 年平均值為 2.5 元之後，便可套用存股口訣 357 來擬定對應的買賣價位（詳見表 1）：

◆ 7% 現金殖利率代表的便宜價：35.7 元（＝ 2.5/7%）。
◆ 5% 現金殖利率代表的合理價：50 元（＝ 2.5/5%）。
◆ 3% 現金殖利率代表的昂貴價：83.3 元（＝ 2.5/3%）。

　　而晶技從 2018 年 7 月到 2019 年年初，都有許多機會可買在 7% 殖利率對應的便宜價 35.7 元左右；當時買進的人，不僅可以買在相對低點，奠定持續「賺股利」的基礎，甚至還蘊藏了「賺價差」的獲利空間。從圖 1 可以看到，晶技後來不僅在 2020 年漲到昂貴價以上，2021 年最高甚至漲到 144.5 元。

表1 **套用存股口訣357，推估晶技便宜價為35.7元**
——晶技（3042）現金股利與對應股價計算

年度	現金股利（元）
2013	2.2
2014	2.5
2015	2.5
2016	2.8
2017	2.5
近5年平均	2.5

近5年是否年年配息？
☑截至2022年，連續配息22年

現金殖利率（%）	對應股價（元）	意義
7	35.7	便宜，可買進
5	50.0	合理，可賣出
3	83.3	昂貴，賣光光

註：年度為股利所屬年度　　資料來源：XQ 全球贏家

晶技在高頻石英元件市場穩坐市占龍頭

成立於 1986 年的晶技，是全球少數擁有石英晶體全系列完整生產製程技術的廠商，其中高頻石英元件的市占率更高居世界第一。

下游客戶包括美國蘋果（Apple）公司、台灣大型科技廠商聯發科（2454）、鴻海（2317）、仁寶（2324）等，應用領域除了智慧型手機、平板電腦、網通設備等之外，近幾年也積極跨入到車用電子與物聯網。

石英，就是俗稱的水晶，由於本身材質的特性，一方面可產生壓電的效應（編按：外加電壓到晶體兩側，可使晶體出現變形，進而產生循環的晶體振盪）；

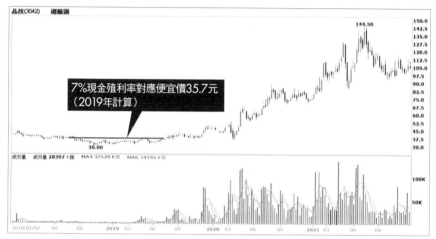

圖1 晶技2018年7月～2019年初股價在便宜價35.7元
——晶技（3042）週線圖

註：資料時間為 2018.01.02 ～ 2021.12.27　　資料來源：XQ 全球贏家

另一方面可提供電子產品準確的信號與頻率。

　　換言之，石英元件對電子產品的重要性，就好比人類的心臟一樣，有穩定的心跳，才會有穩定的健康，而一旦頻率信號出錯，則會產生系統大亂，甚至當機的情況。

　　此外，雖然不是每顆 IC 都需要搭配到 1 顆石英元件，但在電子產品走向愈

圖2 **石英元件廣泛應用於多項電子產品**
──手機與電子產品中的石英元件應用

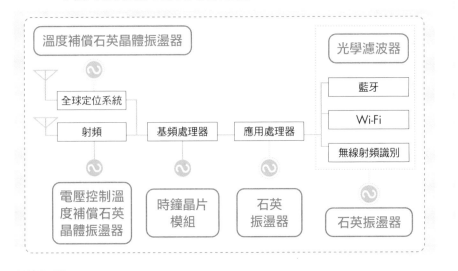

資料來源：晶技

來愈精密的趨勢下，所需的石英元件也愈來愈多，甚至愈來愈「微小化」。以手機為例，除了 GPS 全球定位系統需要搭配 1 顆石英元件之外，RF 射頻、基頻與應用處理器也都各需要 1 顆石英元件；再者，藍牙、Wi-Fi、無線射頻識別系統（RFID）、USB 等，也都需要石英振盪器（詳見圖 2）。

整體而言，3C 電子產品走向輕薄短小的趨勢，讓掌握「小型化」與「薄型化」

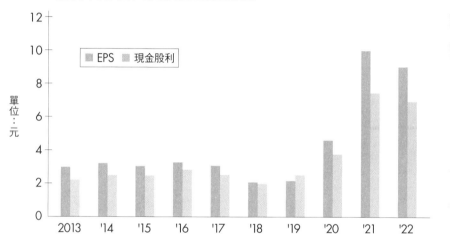

圖3 晶技近年來獲利逐漸成長
——晶技(3042)EPS及現金股利變化

註:1.年度為股利所屬年度,四捨五入至小數點後2位;2.此圖所列期間並無配發股票股利　　資料來源:XQ全球贏家

石英元件技術的晶技,在產業供應鏈中脫穎而出,並創造長期穩健的獲利表現
(詳見圖3)。

實例3》世豐 獲利穩健的利基型螺絲廠

　　核心業務在螺絲與螺帽的世豐（2065），不僅已連續 12 年都能配發股利，近幾年隨著現金股利愈來愈穩定，也可套用存股口訣 357，來作為便宜價、合理價與昂貴價的判斷依據。

　　世豐 2018 年到 2022 年的現金股利分別為 2.7 元、2.8 元、1.95 元、5.14 元與 5.5 元，計算出近 5 年平均現金股利為 3.62 元，套用存股口訣 357 計算出對應的買賣價位如下（詳見表 1）：

◆ 7% 現金殖利率代表的便宜價：51.7 元（＝ 3.62/7%）。
◆ 5% 現金殖利率代表的合理價：72.4 元（＝ 3.62/5%）。
◆ 3% 現金殖利率代表的昂貴價：120.6 元（＝ 3.62/3%）。

　　比較可惜的是，世豐自 2023 年 3 月起股價上揚，不太有機會買到便宜價 51.7 元（詳見圖 1），不過截至 2023 年 8 月底也並未漲到達可賣出的價位

表1 套用存股口訣357，推估世豐便宜價為51.7元
—世豐（2065）現金股利與對應股價計算

年度	現金股利（元）
2018	2.70
2019	2.80
2020	1.95
2021	5.14
2022	5.50
近5年平均	3.62

近5年是否年年配息？
☑截至2022年，連續配息12年

現金殖利率（%）	對應股價（元）	意義
7	51.7	便宜，可買進
5	72.4	合理，可賣出
3	120.6	昂貴，賣光光

註：年度為股利所屬年度，四捨五入至小數點後 2 位，股利包含現金及股票股利　　資料來源：XQ 全球贏家

圖1 世豐2023年3月股價漲至63.8元
—世豐（2065）日線圖

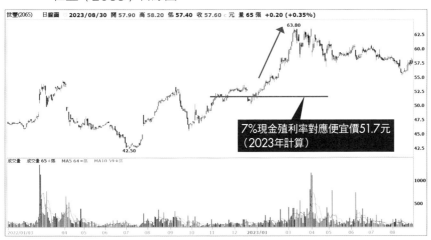

註：資料時間為 2022.01.03 ～ 2023.08.30　　資料來源：XQ 全球贏家

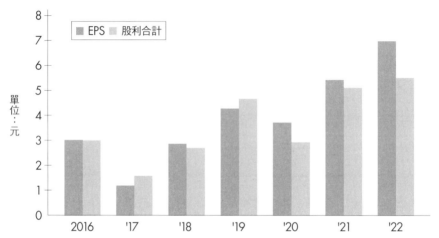

圖2 世豐2022年EPS成長顯著
──世豐（2065）EPS及股利變化

單位：元

圖例：■ EPS　■ 股利合計

註：1. 年度為股利所屬年度，四捨五入至小數點後 2 位；2. 股利合計為現金股利＋股票股利　　資料來源：XQ 全球贏家

72.4 元。已經入手的投資人，若是以存股心態持有，仍可以享受相對高的股
利水準。

歐洲地區銷售大幅成長，帶動營運走揚

回顧 2022 年世豐獲利能夠持續走揚（詳見圖 2），除了受惠新台幣走貶之
外，來自營運的很大關鍵，就是歐洲地區的銷售大幅成長。分析原因，與歐盟

表2 **世豐外銷市場中，歐洲占比達14.39%**
──世豐（2065）2022年銷售市場分析

銷售地區		2022年	
		銷售金額（千元）	百分比（%）
內銷		126,349	4.88
外銷	美　洲	1,461,253	56.39
	大洋洲	303,279	11.70
	歐　洲	**372,810**	**14.39** ◀ 年增45.46%
	其　他	327,430	12.64
	小　計	2,464,772	95.12
合計		2,591,121	100.00

資料來源：世豐年報

對中國進口的螺絲，課徵反傾銷稅，所帶來的轉單貢獻有關。因此，一方面帶動來自歐洲的營收，成長45.46%，另一方面歐洲業務占公司營收的比重，也從過去約7%，大幅跳升到14.39%，成為美國（占比達56.39%）以外的第2大外銷市場（詳見表2）。

展望2023年，由於越南新廠即將在2023年下半年開始量產，月產能規畫將可達1,000噸，貢獻約7億元的年營收，相較2022年25億9,100萬元營收規模而言，約可提升27%，每月最大貢獻營收約5,800萬元，相較於目前每月約2億元的營收來看，確實具備「成長」的想像。

實例4》南亞
具備「龍頭廠商」的競爭優勢

　　「台塑四寶」（編按：台塑（1301）、南亞（1303）、台化（1326）、台塑化（6505））不僅長期名列台灣市值前 50 大成分股，也是許多傳統的投資人會選擇存股的標的。受到景氣循環及國際油價暴漲暴跌的影響，塑化股的獲利起伏頗大，股價也有明顯的波動。

　　就以南亞為例，近 10 年的股價多在 50 元到 90 元之間波動，2021 年股價隨著營收成長而步步高升。到了 2022 年 3 月上旬，南亞宣布發放 2021 年度的現金股利 7.5 元，但是漲了幾天後，隨著下滑的營收，股價又節節敗退。

　　由於南亞自 1984 年起就年年配發股息，如果在 2022 年時想要買這檔股票，要怎麼用存股口訣 357，評估適合買進的股價？

　　可以先找到南亞 2017 年到 2021 年的現金股利分別為 5.1 元、5 元、2.2 元、2.4 元與 7.5 元，近 5 年平均股利為 4.44 元，對應股價如下（詳見表 1）：

表1 套用存股口訣357，推估南亞便宜價為63.4元
──南亞（1303）現金股利與對應股價計算

年度	現金股利（元）
2017	5.10
2018	5.00
2019	2.20
2020	2.40
2021	7.50
近5年平均	4.44

近5年是否年年配息？
☑截至2022年，連續配息25年

現金殖利率（%）	對應股價（元）	意義
7	63.4	便宜，可買進
5	88.8	合理，可賣出
3	148.0	昂貴，可賣出

註：年度為股利所屬年度，四捨五入至小數點後 2 位　　資料來源：XQ 全球贏家

◆ 7% 現金殖利率代表的便宜價：63.4 元（＝ 4.44/7%）。

◆ 5% 現金殖利率代表的合理價：88.8 元（＝ 4.44/5%）。

◆ 3% 現金殖利率代表的昂貴價：148 元（＝ 4.44/3%）。

2022 年 4 月中旬以前，南亞股價都位在 5% 殖利率所代表的合理價 88.8 元之上，投資人就可以知道當時並不是理想的買進時機。2022 年 4 月中旬過後，經歷台股大幅修正的行情，以及 7 月初除息 7.5 元的影響，南亞股價在除息後最低跌到 60.1 元，也跌到了 7% 殖利率所對應的便宜價 63.4 元以下（詳見圖 1）。

而後南亞因為衰退的營收走勢，獲利與股價也雙雙走跌，2021 年每股盈餘

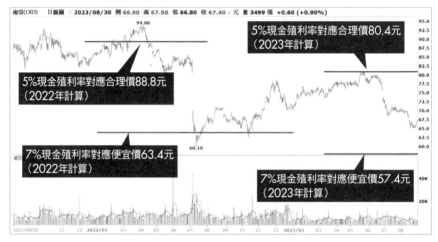

圖1 南亞2022年7月除息後跌至便宜價63.4元以下
──南亞（1303）日線圖

南亞(1303) 日線圖 2023/08/30 開 66.90 高 67.50 低 66.80 收 67.40 c 元 量 3499 張 +0.60 (+0.90%)

5%現金殖利率對應合理價80.4元（2023年計算）

5%現金殖利率對應合理價88.8元（2022年計算）

7%現金殖利率對應便宜價63.4元（2022年計算）

7%現金殖利率對應便宜價57.4元（2023年計算）

94.00

60.10

註：資料時間為 2021.08.02 ～ 2023.08.30　　資料來源：XQ 全球贏家

（EPS）為 10.25 元，但是 2022 年只剩下 4.05 元（詳見圖 2），2023 年 3 月初南亞公布發放 2022 年度的現金股利為 3 元。

　　此時若重新採取存股口訣 357，可以算出 5 年平均現金股利為 4.02 元，7% 殖利率代表便宜價降低到 57.4 元，5% 殖利率代表的合理價也降低到 80.4 元。因此空手的投資人可以不用急著進場，至於已經買在 2022 年便宜價 63.4 元 左右的投資人，若要在南亞股價漲到 80.4 元時賣出，2023 年 5 月下旬到 6

圖2 南亞近年來EPS起伏較大
──南亞（1303）EPS及現金股利變化

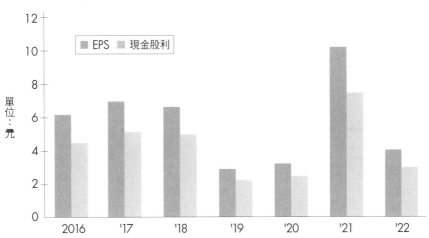

註：1. 年度為股利所屬年度，四捨五入至小數點後 2 位；2. 本表所列期間並無配發股票股利　　　　資料來源：XQ 全球贏家

月也都能遇到適合出場的時機。

多項核心產品在台灣市占率過半

　　根據 2023 年 8 月底的資料，南亞是台灣市值排名第 12 大企業，市值曾來到 6,416 億元。2022 年營收達到 3,552 億元，其中來自電子材料的貢獻最大，占營收的比重達 45%；其次是化工產品，占比為 23%；聚脂產品與塑膠

加工分別占營收的比重為 18% 與 12%（詳見圖 3）。

　　此外，南亞在全球擁有 106 個生產基地，其中 59 個坐落在台灣、39 個位在中國，至於美國也達到 8 個，全球員工人數將近 3 萬 2,000 人。

　　占營收比重 45% 的電子材料，若依照南亞在台灣市占率高低來看，最高是環氧樹脂的 64%，其次是印刷電路板的 44%，以及銅箔基板的 28%。占營收比重 29% 的化工產品當中，南亞在台灣市占率最高的是丙二酚的 60%，其次是乙二醇的 35%。占營收比重 14% 的聚酯產品，南亞在台灣市占率最高的是聚脂膜的 68%，其次是聚酯棉的 24%，與聚酯絲的 19%。而占營收比重 12% 的塑膠加工，南亞在台灣市占率最高的是硬質管的 67%，其次是硬質膠布的 50%，以及軟質膠布的 46%。

　　換言之，從上述許多南亞的核心產品，在國內市占率都能超過 50% 來看，足以說明南亞具備「龍頭廠商」的競爭優勢。不過，由於來自電子材料的營收貢獻愈來愈大，因此也讓南亞的營運除了會受到國際油價的影響之外，全球電子產業的高低起伏，也會對南亞的營運，產生決定性的影響力量。

　　再白話一點說，國際油價上漲，南亞可以順勢調漲產品售價，因此可以帶動營收走揚；反之，國際油價下跌，南亞通常也會跟著調降產品價格，自然會反

圖3 電子材料占南亞營收比重最高
——南亞（1303）2022年4大核心產品占營收比重及應用

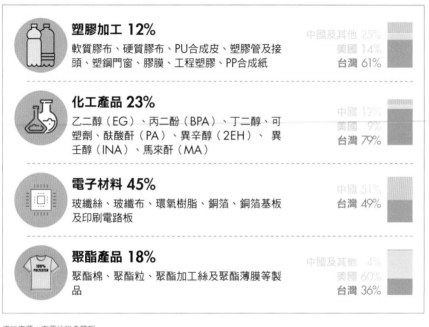

塑膠加工 12%
軟質膠布、硬質膠布、PU合成皮、塑膠管及接頭、塑鋼門窗、膠膜、工程塑膠、PP合成紙

中國及其他 25%
美國 14%
台灣 61%

化工產品 23%
乙二醇（EG）、丙二酚（BPA）、丁二醇、可塑劑、酞酸酐（PA）、異辛醇（2EH）、異壬醇（INA）、馬來酐（MA）

中國 12%
美國 9%
台灣 79%

電子材料 45%
玻纖絲、玻纖布、環氧樹脂、銅箔、銅箔基板及印刷電路板

中國 51%
台灣 49%

聚酯產品 18%
聚酯棉、聚酯粒、聚酯加工絲及聚酯薄膜等製品

中國及其他 4%
美國 60%
台灣 36%

資料來源：南亞法說會簡報

映在營收的下降。

此外，受到新冠肺炎疫情加快數位化轉型的影響，各類電子產品在2020年～2021年出現快速擴張的現象，不僅帶動例如銅箔、ABF載板等電子材料的需

求上升，更直接推升南亞 2021 年的營運來到相對高峰；反之，若各類電子產品出現需求下降的狀況，南亞的營運自然也會遭遇不小的壓力。因此，對於南亞有興趣的投資人，務必要了解這家公司的產業環境會面臨的風險，選擇適當時機進出場，避免陷入追高殺低的危機。

5–6

以現金股利預估值
運用3算法評估價位

在熟悉存股口訣 357 的用法後，接下來我們要進一步學習，用「未來的預估值」進行估價。

由於公司的營運會受到各種因素影響而出現變化，尤其對於營運正在轉型、或出現重大變化的公司，如果我們總是用過去的數據來計算現金殖利率及股價位階，卻忽略了公司即將面臨的轉變，很有可能會過度高估或低估公司股價而在錯誤時機買進。因此，財報分析的基本原則，是放在未來的預估值，除非未來不可得，才會退而求其次，假設未來的數據會與過去相同。

我們就以半導體封裝測試廠京元電子（2449）為例，推論它未來可能的獲利及股利水準，進而評估對應的便宜價、合理價、昂貴價。

根據法人的研究資料，可推估京元電子 2023 年營收 425 億 5,000 萬元，EPS 為 4.63 元，現金股利 3.2 元；2024 年營收 432 億 3,000 萬元，EPS

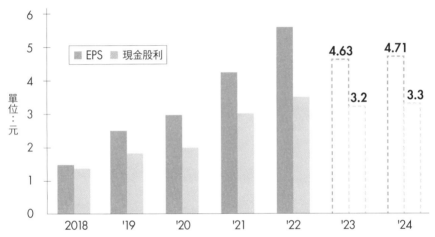

圖1 法人預估京元電子2024年現金股利為3.3元
——京元電子（2449）EPS及現金股利變化

註：1.年度為股利所屬年度，四捨五入至小數點後2位；2.此表所列期間並無配發股票股利；3.2023年、2024年數據為法人預估值　　資料來源：公開資訊觀測站、券商報告、《投資家日報》

為4.71元，現金股利為3.3元（詳見圖1）。有了未來現金股利的預估值，就可開始套用存股口訣357，我們可根據3種方向進行不同算法：

算法1》用過去5年的平均現金股利

京元電子2018年到2022年的現金股利分別為1.35元、1.8元、2元、3元與3.5元，近5年平均股利為2.33元，套用存股口訣357計算出的對

表1 採計過去5年平均股利，便宜價為33.3元

──京元電子（2449）現金股利與對應股價計算

年度	現金股利（元）
2018	1.35
2019	1.80
2020	2.00
2021	3.00
2022	3.50
近5年平均	2.33

近5年是否年年配息？
☑截至2022年，連續配息13年

現金殖利率（%）	對應股價（元）	意義
7	33.3	便宜，可買進
5	46.6	合理，可賣出
3	77.7	昂貴，賣光光

註：年度為股利所屬年度　　資料來源：XQ 全球贏家

應股價如下（詳見表 1）：

◆ 7% 現金殖利率代表的便宜價：33.3 元（＝ 2.33/7%）。

◆ 5% 現金殖利率代表的合理價：46.6 元（＝ 2.33/5%）。

◆ 3% 現金殖利率代表的昂貴價：77.7 元（＝ 2.33/3%）。

　　值得一提的是，5% 現金殖利率所對應的合理價 46.6 元，與京元電子 2022 年 6 月時股價的波段最高點 46.6 元，竟然呈現「一毛不差」的精準度；而 7% 現金殖利率所所對應的便宜價 33.3 元，也十分接近京元電子 2022 年股價的低檔區（詳見圖 2）。換言之，有了上述的客觀驗證之後，似乎也就提供了以下論述的基礎。

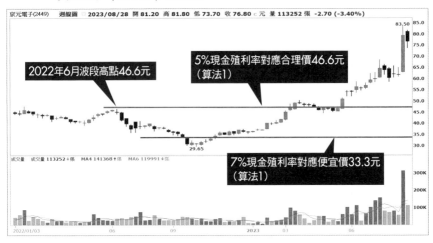

圖2 5%現金殖利率對應京元電子合理價為46.6元
——京元電子（2449）週線圖

京元電子(2449) 週線圖 2023/08/28 開 81.20 高 81.80 低 73.70 收 76.80 c 元 量 113252 張 -2.70 (-3.40%)

2022年6月波段高點46.6元

5%現金殖利率對應合理價46.6元（算法1）

29.65

7%現金殖利率對應便宜價33.3元（算法1）

成交量 成交量 113252 張 MA4 141368 張 MA6 119991 張

註：資料時間為 2022.01.03 ～ 2023.08.28　資料來源：XQ 全球贏家

算法2》用未來1年的近5年平均現金股利

京元電子 2019 年到 2023 年的現金股利分別為 1.8 元、2 元、3 元、3.5 元與 3.2 元，近 5 年平均股利預估 2.7 元，套用存股口訣 357 計算出的對應股價如下（詳見表 2）：

◆7% 現金殖利率代表的便宜價：38.6 元（＝ 2.7/7%）。

表2 採計未來1年的近5年平均股利，便宜價為38.6元
——京元電子（2449）現金股利與對應股價計算

年度	現金股利（元）
2019	1.80
2020	2.00
2021	3.00
2022	3.50
2023（F）	3.20
近5年平均	**2.70**

近5年是否年年配息？
☑ 截至2022年，連續配息13年

現金殖利率（%）	對應股價（元）	意義
7	**38.6**	便宜，可買進
5	54.0	合理，可賣出
3	90.0	昂貴，高出

註：1.年度為股利所屬年度；2.（F）為法人預估值　　資料來源：XQ全球贏家

◆ 5% 現金殖利率代表的合理價：54 元（＝ 2.7/5%）。

◆ 3% 現金殖利率代表的昂貴價：90 元（＝ 2.7/3%）。

算法3》用未來2年的近5年平均現金股利

京元電子 2020 年到 2024 年現金股利分別為 2 元、3 元、3.5 元、3.2 元與 3.3 元，近 5 年平均股利預估 3 元，套用存股口訣 357 計算出的對應股價如下（詳見表 3）：

◆ 7% 現金殖利率代表的便宜價：42.9 元（＝ 3/7%）。

◆ 5% 現金殖利率代表的合理價：60 元（＝ 3/5%）。

表3 **採計未來2年的5年平均股利，便宜價為42.9元**
——京元電子（2449）現金股利與對應股價計算

年度	現金股利（元）
2020	2.00
2021	3.00
2022	3.50
2023（F）	3.20
2024（F）	3.30
近5年平均	3.00

近5年是否年年配息？
☑截至2022年，連續配息13年

現金殖利率（%）	對應股價（元）	意義
7	42.9	便宜，可買進
5	60.0	合理，可賣出
3	100.0	昂貴，宜觀望

註：1.年度為股利所屬年度；2.（F）為法人預估值　資料來源：XQ全球贏家

◆ 3% 現金殖利率代表的昂貴價：100元（＝ 3/3%）。

　　京元電子這個案例，只要預估的現金股利與最後實際的數據沒有相差太大，採用 2020 年到 2024 年期間的預估平均值，會優於採用 2019 年到 2023 年或 2018 年到 2022 年的平均值（詳見圖 3）。

　　而我個人是在 2022 年建立京元電子的持股，以下是截至 2023 年 8 月 24 日的實際股票庫存及損益狀況（詳見圖 4）：

1. 股票名稱：京元電子。
2. 現股數量：8 萬股。

圖3 7%現金殖利率對應京元電子便宜價為42.9元
——京元電子（2449）週線圖

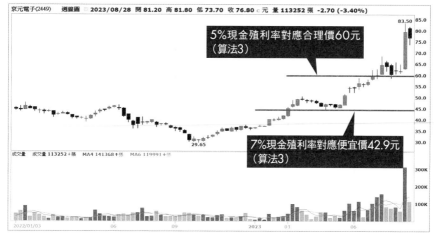

註：資料時間為 2022.01.03 ～ 2023.08.28　　資料來源：XQ 全球贏家

3. 成本均價：40.47 元。

4. 2023 年 8 月 24 日收盤價：78.5 元。

5. 持有成本：323 萬 7,672 元。

6. 股票市值：628 萬元。

7. 價差盈虧：301 萬 4,539 元。

8. 累積現金股利：52 萬元。

9. 累積獲利：353 萬 4,539 元。

圖4 持有京元電子累積獲利達353萬元
——孫慶龍持有京元電子（2449）庫存與累計盈虧

種類	代號	商品名稱	欲委託價	欲委託量	可下單數量	現股數量
現股	2449	京元電子	L	80,000	80,000	80,000
		[台幣]小計	-	-	-	80,000

成本均價	市價	股票市值	持有成本	盈虧	盈虧(%)
40.4709	78.50	6,280,000	3,237,672	3,014,539	93.11%
-	-	6,280,000	3,237,672	3,014,539	93.11%

帳上獲利**301**萬元，加計現金股利**52**萬元，總報酬約**353**萬元，總報酬率**109%**

註：資料日期為 2023.08.24

10. 報酬率：109%。

　　最後要提醒，京元電子這個範例，單純是舉例說明在有可預估股利的條件下，如何用存股口訣 357 估算股價。實際上在選股時，還是必須依照個人的風險承受度，以及對企業基本面的了解，去選擇符合個人投資邏輯的潛力好股。

5-7

實例1》翔名 半導體產業鏈重要供應商

半導體設備股翔名（8091），是我在 2020 年以存股口訣 357 策略買進的其中 1 檔個股。

翔名 2015 年到 2019 年的現金股利為 3 元、3.63 元、8.1 元、5.63 元、1.45 元，計算近 5 年平均現金股利為 4.36 元；7% 現金殖利率對應的便宜價為 62.3 元（＝4.36／7%），成為我在 2020 年 2 月下旬～3 月中旬期間建立持股的參考依據。

值得一提的是，以 5% 現金殖利率算出的合理價 87.2 元（＝4.36／5%），與翔名後來在 2020 年 7 月時創下的最高點 87.3 元，幾乎是不謀而合（詳見圖 1）。

至於 7% 現金殖利率對應的便宜價 62.3 元，若排除新冠肺炎疫情的影響，的確也是翔名相對合理的股價區間。

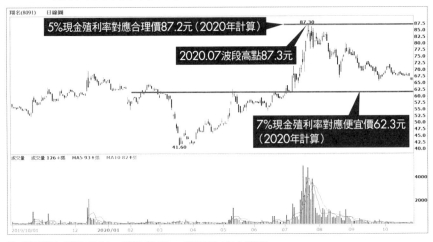

圖1 5%現金殖利率對應翔名合理價為87.2元
——翔名（8091）日線圖

5%現金殖利率對應合理價87.2元（2020年計算）

2020.07波段高點87.3元

7%現金殖利率對應便宜價62.3元
（2020年計算）

註：資料時間為 2019.10.01～2020.10.30　　資料來源：XQ 全球贏家

　　我在當時建立的翔名持股，平均成本為 60.8 元，共買進 60 張，加計手續費的總成本約 365 萬 3,000 多元（詳見圖 2）。就算不考慮翔名後續的資本利得（2023 年上半年最高漲至 114 元，詳見圖 3），光是 2020 年到 2023 年期間領取的現金股利收益逾 67 萬元，報酬率就達到 18%。

　　時間來到 2023 年，此時翔名已經漲到接近 90 元，我們同樣可以根據對於翔名未來可能的營收與獲利，往後推估可能的現金股利並進行估價。

圖2 2020年2～3月買進翔名，平均成本60.8元
──孫慶龍買進翔名（8091）交易對帳單

成交日期	種類	代號	商品名稱	數量	成交價	成交價金	手續費
2020/02/20	普通買進	8091	翔名	10,000	64.00	640,000	547
2020/02/21	普通買進	8091	翔名	5,000	64.00	320,000	273
2020/02/21	普通買進	8091	翔名	5,000	64.00	320,000	273
2020/02/21	普通買進	8091	翔名	5,000	64.00	320,000	273
2020/02/24	普通買進	8091	翔名	1,000	62.80	62,800	53
2020/02/26	普通買進	8091	翔名	4,000	62.80	251,200	214
2020/03/05	普通買進	8091	翔名	5,000	61.70	308,500	263
2020/03/09	普通買進	8091	翔名	5,000	59.10	295,500	252
2020/03/11	普通買進	8091	翔名	5,000	59.00	295,000	252
2020/03/11	普通買進	8091	翔名	5,000	60.00	300,000	256
2020/03/12	普通買進	8091	翔名	5,000	55.50	277,500	237
2020/03/13	普通買進	8091	翔名	5,000	52.00	260,000	222
台幣小計				60,000	0.00	3,650,500	3,115

註：資料日期為 2023.08.24

　　2023 年營收 20 億 5,200 萬元，每股盈餘（EPS）為 8.28 元，現金股利 5.5 元；2024 年營收 24 億 8,300 萬元，EPS 為 9.84 元，現金股利為 6.5 元（詳見圖 4）。有了未來現金股利的預估值，即可套用存股口訣 357 進行 3 方向試算：

算法1》用過去5年的平均現金股利

　　翔名 2018 年到 2022 年的現金股利分別為 5.63 元、1.45 元、2.58 元、3.91 元、7 元，近 5 年平均股利為 4.11 元，套用存股口訣 357 的對應股價

圖3 翔名2022年股價最高漲至114元
——翔名（8091）日線圖

註：資料時間為 2020.02.03～2023.09.01　　資料來源：XQ全球贏家

如下（詳見表1）：

◆ 7% 現金殖利率代表的便宜價：58.7元（＝4.11/7%）。

◆ 5% 現金殖利率代表的合理價：82.2元（＝4.11/5%）。

◆ 3% 現金殖利率代表的昂貴價：137元（＝4.11/3%）。

算法2》用未來1年的近5年平均現金股利

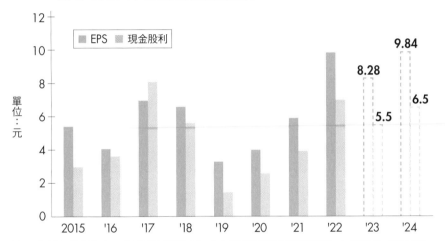

圖4 法人預估翔名2024年現金股利為6.5元
——翔名（8091）EPS及現金股利變化

註：1. 年度為股利所屬年度，四捨五入至小數點後 2 位；2. 此表所列期間並無配發股票股利；3. 2023 年、2024 年數
據為法人預估值　　資料來源：公開資訊觀測站、券商報告、《投資家日報》

　　翔名 2019 年到 2023 年的現金股利分別為 1.45 元、2.58 元、3.91 元、7 元與 5.5 元，近 5 年平均股利預估 4.09 元，套用存股口訣 357 的對應股價如下（詳見表 2）：

◆ 7% 現金殖利率代表的便宜價：58.4 元（＝ 4.09/7%）。

◆ 5% 現金殖利率代表的合理價：81.8 元（＝ 4.09/5%）。

◆ 3% 現金殖利率代表的昂貴價：136.3 元（＝ 4.09/3%）。

表1 **採計近5年平均現金股利,便宜價為58.7元**
——翔名(8091)現金股利與對應股價計算

年度	現金股利(元)
2018	5.63
2019	1.45
2020	2.58
2021	3.91
2022	7.00
近5年平均	4.11

近5年是否年年配息?
☑截至2022年,連續配息22年

現金殖利率(%)	對應股價(元)	意義
7	58.7	便宜,可買進
5	82.2	合理,可賣出
3	137.0	昂貴,賣光光

註:年度為股利所屬年度　　資料來源:XQ全球贏家

算法3》用未來2年的近5年平均現金股利

翔名2020年到2024年的現金股利分別為2.58元、3.91元、7元、5.5元與6.5元,5年平均股利預估5.1元,套用存股口訣357的對應股價如下(詳見表3):

◆ 7%現金殖利率代表的便宜價:72.9元(= 5.1 / 7%)。

◆ 5%現金殖利率代表的合理價:102元(= 5.1 / 5%)。

◆ 3%現金殖利率代表的昂貴價:170元(= 5.1 / 3%)。

只要能掌握翔名未來2年的可能獲利及股利,採用算法3,也就是2020年到2024年期間的預估平均值會優於前2種算法。雖然2023年截至8月底

表2 採計未來1年的近5年平均股利，便宜價為58.4元
—— 翔名（8091）現金股利與對應股價計算

年度	現金股利（元）
2019	1.45
2020	2.58
2021	3.91
2022	7.00
2023（F）	5.50
近5年平均	4.09

近5年是否年年配息？
☑ 截至2022年，連續配息22年

現金殖利率（%）	對應股價（元）	意義
7	58.4	便宜，可買進
5	81.8	合理，可賣出
3	136.3	昂貴，高出光

註：1.年度為股利所屬年度；2.（F）為法人預估值　　資料來源：XQ 全球贏家

為止，翔名並沒有出現接近便宜價 72.9 元的價位。

不過，對於 2020 年～ 2021 年已經在 60 元左右建立持股的投資人，若能在 2023 年 4 月～ 6 月於 5% 現金殖利率對應的 102 元出場，不含股利也有高達 70% 的價差收益。

主力產品市占率40%，持續擴大事業版圖

成立於 1991 年的翔名，以代理石墨、石墨承載盤、冷凍幫浦等起家，2004 年開始跨入到半導體前段製程設備離子植入機的零件、耗材及相關組件，包括鉬、鎢、鉭、石墨等耗材的生產；除了成功取得 5 家設備原廠的認證之外，

表3 採計未來2年的近5年平均股利，便宜價為72.9元

——翔名（8091）現金股利與對應股價計算

年度	現金股利（元）
2020	2.58
2021	3.91
2022	7.00
2023（F）	5.50
2024（F）	6.50
近5年平均	5.10

近5年是否年年配息？
☑截至2022年，連續配息22年

現金殖利率（%）	對應股價（元）	意義
7	72.9	便宜，可買進
5	102.0	合理，可賣出
3	170.0	昂貴，當心

註：1. 年度為股利所屬年度；2. （F）為法人預估值　　資料來源：XQ 全球贏家

長期市占率都維持在 40% 以上，是公司成立以來最主力的產品。

　　翔名 2021 年開始跨入到半導體設備前段製程的其他領域，包括薄膜製程、蝕刻製程，以及曝光製程等關鍵零組件的生產。除了以獨家專利無電鍍鎳（ENP），取得美國設備大廠的認證，間接打入到台積電 5 奈米極紫外光（EUV）光罩盒表面處理業務之外，還取得荷蘭設備大廠陽極與無塵室的清洗認證，都可提供未來營運持續成長的產品與業務。

　　此外，2022 年 10 月翔名董事會決議以發行 2 億元新股的方式，合併日本芝和精密 100% 的股權；希望能夠藉此取得複合材料的加工能力，一方面讓翔名可以在台灣 1 年 20 億到 30 億元矽材料耗材的市場中，取得一席之地；另

表4 3類產品可望為翔名帶來成長動能
——翔名（8091）產品類別

產品類別1	薄膜、蝕刻、曝光製程
產品類別2	光學鍍膜技術
產品類別3	光電材料產業關鍵組件製造

資料來源：翔名

一方面也作為日後跨入到光電材料產業的準備。

隨著翔名這 2 年積極培養光學鍍膜的能力、通過異質焊接技術的認證、發展複合材料的加工技術、設立與取得無塵室組裝、清洗等認證，都將提供公司未來業績成長的動力來源（詳見表 4）。

再者，為了因應新竹三期新廠的產能即將滿載，因此翔名除了原先規畫的南京廠，已經完成建廠裝機的進度之外，董事會也決議將從 2023 年到 2025 年期間在嘉義馬稠後園區進行新建廠房的計畫，提供 2026 年以後公司營運成長的新增產能。

此外，翔名有 1 項營運紀錄讓我印象相當深刻，就是公司除了在 2000 年（股利所屬年度，以下同）只配發股票股利，若從 2001 年開始計算，已連續 22

年都能配發出現金股利，累積已達 68 元。換言之，不管是經歷 2000 年美國網路泡沫、2003 年 SARS、2008 年金融風暴等系統性風險，翔名一方面能維持企業獲利的狀況，另一方面 CEO 也願意分享營運成果給股東。

　　一般而言，這種能夠長達 20 年以上都配發股利的企業，除了企業本身一定具有產業的競爭優勢之外，管理階層是公司大股東，往往也是必備條件；畢竟只有 CEO 的利益與小股東的利益都站在同一條船上，才容易見到有利股東的股利決策。

　　根據 2023 年發布的年報資料，翔名的董事長吳宗豐夫婦合計持股達 12.4%（編按：包括董事長吳宗豐、董事長配偶張美珠、張美珠擔任代表人之川納投資，以及吳宗豐夫婦的信託財產專戶），可以知道董事長就是掌握公司最大股權的經營者，了解這一點，小股東也能更有繼續持股的信心。

5-8

實例2》台燿
持續受惠AI伺服器題材

2023 年最受矚目的題材，非 AI（人工智慧）莫屬。其中，AI 伺服器的重要零組件銅箔基板，因為潛在需求大增，使得高階銅箔基板全球龍頭廠台燿（6274）也成為台股一大焦點。

2022 年時台燿因為終端市場需求疲弱，營收與獲利都出現衰退（詳見圖1），股價也大幅崩跌，2023 年第 1 季還因為海外盈餘匯回台灣產生的高額所得稅，導致稅後虧損。不過這虧損僅是一次性，未來就將恢復正常，此時聰明的投資人若採取存股口訣 357 策略，就會發現台燿的股價已進入 7% 現金殖利率對應的便宜價。

算法1》用過去5年的平均現金股利

台燿 2018 年到 2022 年的現金股利分別為 4.4 元、4.6 元、4.8 元、5 元與 4 元，近 5 年平均現金股利為 4.56 元，套用存股口訣 357 的對應股價如下（詳見表 1）：

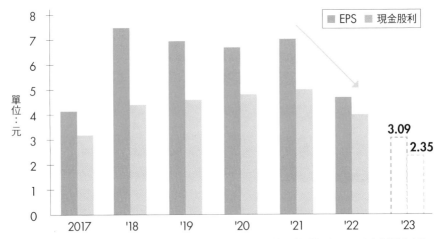

圖1　台燿2022年EPS出現明顯衰退
——台燿（6274）EPS及現金股利變化

EPS　現金股利

單位：元

3.09
2.35

2017　'18　'19　'20　'21　'22　'23

註：1.年度為股利所屬年度，四捨五入至小數點後2位；2.此表所列期間並無配發股票股利；3.2023年數據為法人預估值　資料來源：公開資訊觀測站、券商報告、《投資家日報》

◆ 7%現金殖利率代表的便宜價：65.1元（＝4.56/7%）。

◆ 5%現金殖利率代表的合理價：91.2元（＝4.56/5%）。

◆ 3%現金殖利率代表的昂貴價：152元（＝4.56/3%）。

算法2》用未來1年的近5年平均現金股利

　　由於根據法人預估，台燿的2023年營收將落在134億5,500萬元，每股盈餘（EPS）將落在3.09元，現金股利將落在2.35元，我們就可以用這些數

表1 採計過去5年平均股利，便宜價為65.1元
——台燿（6274）現金股利與對應股價計算

年度	現金股利（元）
2018	4.40
2019	4.60
2020	4.80
2021	5.00
2022	4.00
近5年平均	4.56

近5年是否年年配息？
☑截至2022年，連續配息20年

現金殖利率（%）	對應股價（元）	意義
7	65.1	便宜，可買進
5	91.2	合理，可賣出
3	152.0	昂貴，宜光光

註：年度為股利所屬年度　　資料來源：XQ 全球贏家

據進行 2 個方向的估算：

台燿 2019 年到 2023 年的現金股利分別為 4.6 元、4.8 元、5 元、4 元與 2.35 元，近 5 年平均股利預估 4.15 元，套用存股口訣 357 的對應股價如下（詳見表 2）：

◆ 7% 現金殖利率代表的便宜價：59.3 元（＝ 4.15/7%）。
◆ 5% 現金殖利率代表的合理價：83 元（＝ 4.15/5%）。
◆ 3% 現金殖利率代表的昂貴價：138.3 元（＝ 4.15/3%）。

值得一提的是，上述 59.3 元的便宜價，不僅與 2022 年 11 月到 12 月約

表2 **採計未來1年的近5年平均股利，便宜價為59.3元**
──台燿（6274）現金股利與對應股價計算

年度	現金股利（元）
2019	4.60
2020	4.80
2021	5.00
2022	4.00
2023（F）	2.35
近5年平均	4.15

近5年是否年年配息？
☑截至2022年，連續配息20年

現金殖利率（%）	對應股價（元）	意義
7	59.3	便宜，可買進
5	83.0	合理，可賣出
3	138.3	昂貴，賣光光

註：1.年度為股利所屬年度；2.（F）為法人預估值　　資料來源：XQ全球贏家

在50元～58元的低點相去不遠；昂貴價138.3元甚至與2023年7月31日股價波段最高點144.5元，只差6.2元，再次印證這套存股口訣具備很高的參考價值（詳見圖2）。

公司獲利具未來成長性，估價可滾動調整

再次強調，上述的存股口訣357，近5年平均股利必須滾動式的調整，才能符合實際的狀況。

其中，對於未來公司獲利有可能出現大爆發的企業而言，投資人更需要超前部署的用預估現金股利，來取代過去股利，才不會太早放掉未來可能的飆股。

圖2 **3%現金殖利率對應台燿昂貴價為138.3元**
——台燿（6274）日線圖

> 3%現金殖利率對應昂貴價138.3元（2023年計算）
>
> 5%現金殖利率對應合理價83元（2023年計算）
>
> 7%現金殖利率對應便宜價59.3元（2023年計算）

註：資料時間為 2022.10.03 ～ 2023.08.31　　資料來源：XQ 全球贏家

2023 年 7 月 25 日《工商時報》有一篇報導，標題是「ABF、CCL 夯 高盛讚欣興台燿　曝合理股價」，內容提到，外資法人高盛證券指出 AI 伺服器的內含價值是一般伺服器的 5 倍～ 7 倍，並預測 800G 交換器的硬體設計定案時間將提前到 2023 年年底；由於 CCL（銅箔基板）內含量比 400G 交換器多 50%，需求將爆發，台燿將是受惠廠商。而高盛更將台燿納入亞太區首選買進名單，並預估 2024 年台燿的 EPS 可望成長到 9.48 元。

若高盛的預估屬實，那麼台燿未來的股利也可能大幅提升；若再套用存股口

訣 357 試算，其便宜價、合理價、昂貴價也可望往上升。

伺服器概念純度高，營運發展宜持續追蹤

　　成立於 1974 年的台燿，不僅是台灣第一家跨入到高頻高速的銅箔基板廠商，更是台灣第 1 家取得國際大廠認證的公司，並陸續成功打入到包括亞馬遜（Amazon）、Google、臉書（Meta）、IBM 等建置資料中心的供應鏈體系中。如今的台燿除了是高階銅箔基板的龍頭廠商之外，來自「伺服器」產業的產品應用，更直接貢獻 50% 到 60% 的營收，可以說是台股中純度相當高的伺服器、資料中心、甚至 AI 的概念股。

　　此外，雖然目前台燿的主力產品仍是 100G 規格，但隨著客戶 2022 年開始導入 400G 規格的產品，身為主要供應商的台燿，預計也將從 2023 年開始進入大幅「貢獻」營收的成長階段，提供 2023 年以後，營運將得以從谷底翻揚的契機。再者，目前的台燿也成功開發出應用在 800G 規格的產品，除了展現公司的技術能力之外，更奠定未來得以持續成長的基礎。

增設泰國新廠，預計2025年開出新產能

　　回顧台燿的企業發展史，原本是生產光學玻璃，1997 年透過新竹廠的量產，

正式跨入銅箔基板與黏合片的生產製造，2001 年開始增設多層壓合的代工服務，並於同年於新竹廠量產。

2004 年以後，為了因應大中華地區客戶的需求，開始將生產基地西進到中國，2005 年先規畫土地面積 9 萬 2,000 平方公尺的江蘇常熟廠，2010 年再規畫土地面積 6 萬 9,000 平方公尺的廣東中山廠。根據 2023 年 9 月初的官網資料，台燿集團的銅箔基板總產能已達每月 220 萬張，壓合代工產能達每月 160 萬平方英尺。

這幾年中美關係的衝突，加上中國大陸本身節節高升的生產成本，一方面讓許多歐美客戶開始有了對分散供應鏈的需求；另一方面，也讓生產重心在中國大陸的台燿，不得不去思考在兩岸三地以外增設其他海外生產基地，並且就在 2022 年 11 月，董事會選定了泰國。除了泰國是日本汽車大廠的聚集地外，也看重東亞南、與鄰近印度未來的成長趨勢。

整體而言，位於泰國春武里府的這座新廠，土地面積高達 16 萬平方公尺，遠大於台灣新竹廠的 4 萬 4,000 平方公尺、江蘇常熟廠的 9 萬 2,000 平方公尺，與廣東中山廠的 6 萬 9,000 平方公尺，確實具備很大的新增產能空間。

不過根據規畫，預計 2025 年第 1 季才會開始量產，初期每月銅箔基板產

能約在 30 萬張，之後才會根據市場需求逐步開出產能，預計最大產能可落在每月 90 萬張到 120 萬張。換言之，相較於目前台燿每月 220 萬張產能，2025 年第 1 季之後可提升 15% 產能，最大可再提升 45% 到 60% 的產能。

5-9

實例3》可成
轉型打入車用、醫療領域

每年接近 9 月的蘋果（Apple）新機發表時，市場就會開始討論蘋果供應鏈題材。有關注科技股的投資人應該會發現，早期能夠沾到「蘋果光」的公司，往往能威風好一陣子，不過當蘋果產品改版，被更換的供應商若原本營運高度依賴蘋果訂單，就會面臨巨大的衝擊，公司能否另闢生機，就得依賴公司經營層的智慧。

獲利下滑但股利穩，2022年成高殖利率股

金屬機殼大廠可成（2474）就是其中 1 個例子。過去蘋果智慧型手機 iPhone 還採用金屬機殼的時代，可成跟著吃香喝辣，股價最高在 2015 年創下歷史最高價 402 元，2017 年也還衝上 399 元。

自從 2017 年 9 月蘋果的 iPhone 8 系列手機改採成玻璃機殼後，可成的股價雖然還一度在 2018 年漲到 380 元之上，但是隨著同年 9 月起營收陷入明

顯衰退後，股價開始走下坡。2022年時，可成的營運還未見到明顯的轉機，而且儘管獲利不如過去風光，股利卻維持在一定的水準（詳見圖1），股價也正式進入到存股口訣357的選股範疇中，我分別用過去數據及未來預估的數據，示範如何套用在這檔股票：

算法1》過去數據

採用2017年到2021年期間的現金股利，可計算出近5年平均值為11.24元＝（12＋12＋10＋12＋10.2）/5。對應股價如下：

◆ 7%現金殖利率代表的便宜價：160元（＝11.24/7%）。
◆ 5%現金殖利率代表的合理價：224元（＝11.24/5%）。
◆ 3%現金殖利率代表的昂貴價：374元（＝11.24/3%）。

算法2》未來預估數據

由於可成董事會已在2021年時明確表示，2022年到2024年的現金股利至少10元，因此在此案例中，可採用2020年到2024年期間的現金股利，計算5年平均值為10.44元＝（12＋10.2＋10＋10＋10）/5。對應股價如下：

◆ 7%現金殖利率代表的便宜價：149.1元（＝10.44/7%）。

##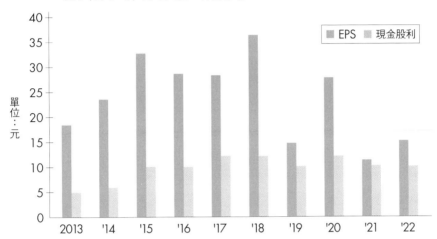

圖1 可成2019年起EPS縮水，股利卻相對穩定
——可成（2474）EPS及現金股利變化

註：1.年度為股利所屬年度，四捨五入至小數點後 2 位；2.此表所列期間並無配發股票股利　資料來源：XQ 全球贏家、《投資家日報》

◆ 5% 現金殖利率代表的合理價：208.8 元（＝ 10.44/5%）。

◆ 3% 現金殖利率代表的昂貴價：348 元（＝ 10.44/3%）。

再複習一次，利用財報分析數字估價時，會以未來的預估值為主，既然公司已經對於 2024 年之前的股利掛保證，因此可成這個案例，採用 2020 年到 2024 年 5 年期間的預估平均值，會比採用 2017 年到 2021 年過去 5 年的平均值來得更為合理。

就在 2022 年 2 月下旬，可成股價落入了 7% 現金殖利率對應的便宜價 149.1 元之下，3 月更創下波段最低點 140.5 元，一直到 5 月初都有很多機會可以買在便宜價以下的價位（詳見圖 2）。

4理由支撐可成防禦性價值

整體而言，可成股價最壞的狀況或許已經過去，其「獨樹一格」的優勢，確實也具備了很高的防禦性價值，其支持的理由有 4：

理由1》帳上現金豐沛，可實施庫藏股維護股東權益

可成從 2020 年到 2023 年 3 月一共實施 5 次庫藏股，累計花費 155 多億元。以公司財務結構來看，確實很有條件可以多次實施庫藏股來維護股東權益。

觀察它這幾年來的財報，從 2020 年第 4 季到 2022 年第 4 季，可成不僅完全零負債（1 年以上的長期負債），帳上可以動用的資金都超過 1,700 億元（包括現金及約當現金＋可快速變現的流動金融資產，後者在財報上的名稱為「按攤銷後成本衡量之金融資產」）；截至 2023 年 6 月，雖然水位有些下降，但合計也仍有 1,220 億元的水準（詳見圖 3），幾乎等於可成這家公司的市值。

庫藏股的英文是「Treasury stock」，是指 1 家公司已經發行，但又被公司買

圖2 可成2022年2月股價跌至140元左右
——可成（2474）月線圖

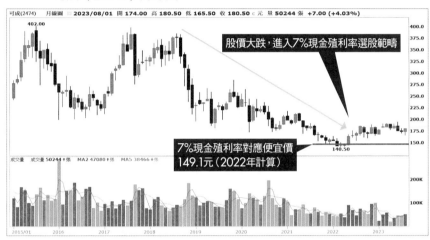

註：資料時間為 2015.01 ～ 2023.08　　資料來源：XQ 全球贏家

回的股票（詳見股市小百科）。

　　美國投資大師巴菲特（Warren Buffett）所執掌的波克夏公司（Berkshire Hathaway），也多次實施庫藏股，2020 年到 2022 年合計動用約 600 億美元買回波克夏股票，2023 年上半年用於實施庫藏股的資金也達 58 億美元。

　　巴菲特曾發表對庫藏股的看法，他認為在以下 2 點情況，公司不斷實施庫藏

圖3 可成現金＋可快速變現資金超過千億元
——可成（2474）資產負債表摘錄

可成(2474)資產負債表 季表 ∨

期別 種類	2023.2Q 合併	2023.1Q 合併	2022.4Q 合併	2022.3Q 合併	2022.2Q 合併
現金及約當現金	57,820	63,547	57,529	106,912	178,586
透過損益按公允價值衡量之金融資產－流動	178	196	190	902	2,856
透過其他綜合損益按公允價值衡量之金融資產－流動	1,743	562	144	115	110
按攤銷後成本衡量之金融資產－流動	64,662	78,313	116,954	92,686	7,042
避險之金融資產－流動	0	0	0	0	0
合約資產－流動	0	0	0	0	0

可快速變現資金

註：單位為新台幣百萬元　　資料來源：富邦證券網站

股，是有利於股東：

情況①：公司股票被低估

當市場上公司股票的價格低於其內在價值時，巴菲特認為實施庫藏股是有價值的，因為公司可以利用低價買回股票，進而提高每股稅後淨利EPS，並為股東創造價值。

情況②：公司沒有更好的投資機會

若公司無法找到其他具有吸引力的投資機會，實施庫藏股是一種有效率的分

股市小百科　　**實施庫藏股優點**

由於這些股票不用發放股利，也不具有股東會的投票權，因此會產生以下5個優點：

1.**增加每股盈餘（EPS）**：當公司回購股票後，股票的流通在外總量減少，進而提高每股盈餘，可能會使股價上升。

2.**支撐股價**：公司回購股票可能會穩定股價，特別是在市場低迷時期，這可以避免股價過度下跌。

3.**資本結構調整**：公司可以透過回購股票來調整資本結構，以達到降低資本成本的目的。

4.**改善財務比率**：庫藏股政策可能對公司的財務比率產生正面的影響，例如提高股東權益報酬率。

5.**提高公司控制能力**：回購股票後，公司內部持有的股份比率會增加，有助於加強原本股東對公司的控制，減少被外部投資人惡意收購的風險；而2021年～2023年可成實施庫藏股之所以如此積極，或許與CEO希望能夠提高對公司的控制能力有關。

配資本方式。然而，巴菲特也指出，並非所有實施庫藏股的決策都是正確的，

他警告公司若有以下 2 點狀況，還實施庫藏股，將會對股東產生負面衝擊：

情況①：股票被高估

當公司股票的市場價格高於其內在價值時，實施庫藏股將對股東造成損失。

情況②：回購股票導致公司財務困境

如果公司為了實施庫藏股而過度借款，可能會帶來不必要的財務風險。

圖4 可成長期借款為0
——可成（2474）資產負債表中的非流動負債項目

可成(2474)資產負債表 季表∨								單位：百萬
期別	2023.2Q	2023.1Q	2022.4Q	2022.3Q	2022.2Q	2022.1Q	2021.4Q	2021.3Q
種類	合併	合併	合併	合併	合併	合併	合併	合併
現金及約當現金	57,820	63,547	57,529	106,912	178,586	41,424	53,115	21,414
透過損益按公允價值衡量之金融負債－非流動	0	0	0	0	0	0	0	0
避險之金融負債－非流動	0	0	0	0	0	0	0	0
按攤銷後成本衡量之金融負債－非流動	0	0	0	0	0	0	0	0
合約負債－非流動	0	0	0	0	0	0	0	0
特別股負債－非流動	0	0	0	0	0	0	0	0
應付公司債－非流動	0	0	0	0	0	0	0	0
銀行借款－非流動	0	0	0	0	0	0	0	0
其他長期借款－非流動	0	0	0	0	0	0	0	0
租賃負債－非流動	133	127	126	126	127	125	127	129
負債準備－非流動	0	0	0	0	0	0	0	0
遞延貸項	0	0	0	0	0	0	0	0
應計退休金負債	7	7	7	7	7	7	7	7
遞延所得稅	7,329	6,481	6,425	8,990	6,456	6,467	6,101	5,737

資料來源：富邦證券網站

　　根據上述判斷標準來衡量可成的庫藏股措施，2022 年年底到 2023 年第 2 季底，可成的每股淨值約在 232 元～ 236 元，遠高於 2023 年 1 月～ 8 月的股價 170 元～ 195 元間，因此符合「公司股票被低估」的條件。

　　再者，可成雖然開始布局醫療、電動車領域，但都還在萌芽階段，因此符合「公司無更好投資機會」的條件。

圖5 公司流動負債目的為營運周轉
—— 流動負債vs.非流動負債

資料來源：《投資家日報》

此外，可成完全沒有任何長期負債（詳見圖4），加上帳上的高現金水位，因此持續實施庫藏股，也不會導致公司陷入財務困境。

理由2》公司零負債

1家公司的負債主要有2大類（詳見圖5）：1.流動負債，主要指的是1年內到期的負債，包括短期借款、應付帳款等，其目的多半是為了公司平日營運周轉所需；2.非流動負債，主要指還款日在1年以上的借款，包括銀行借款，與發行公司債等，多半都是用於長期投資或擴充產能所需。

一般而言，「零負債經營」指的是沒有任何「長期借款」的公司，而我之所

以會特別喜歡這類型的企業，是因為欣賞 CEO「有多少錢，做多少事」的穩健風格，雖然在景氣好時，可能會喪失利用財務槓桿擴大獲利的機會，但「零負債經營」卻能讓一家企業得以永保安康，並且創造投資人「買得安心」與「抱得放心」的理想狀態。

了解了負債的 2 大種類之後，相信就能明白為何我會對可成的財務結構印象非常深刻？因為機殼產業本身是一個資本支出相當大的產業，公司要不斷購置新的機器設備，但可成CEO洪水樹依然維持「零負債」的經營原則，展現「有幾分錢，做幾分事」的穩健態度，完全不使用一般公司會使用的長期負債，例如銀行借款、例如公司債，長期都是維持「零」。

理由3》擁有龐大美元資產

可成的現金與能快速變現的流動資產，許多都是以美元幣值持有。以 2023 年第 2 季的財報顯示，合計便持有約 29 億 7,000 萬美元，約合新台幣近 923 億元的外幣資產（詳見圖6）。

換言之，隨著美國聯準會（Fed）進入連續升息階段，一方面推動了美元不斷升值的趨勢；另一方面也讓坐擁大量美元資產的可成，即使什麼都不做，都可以享受到美元升值的好處。舉例來說，可成 2023 年第 2 季，外幣兌換收益達新台幣 25 億 8,200 萬元，貢獻 EPS 達 3.79 元，占了可成當季 EPS 6.59

圖6 可成美元資產約合新台幣近923億元
──可成（2474）2023年第2季外幣資產

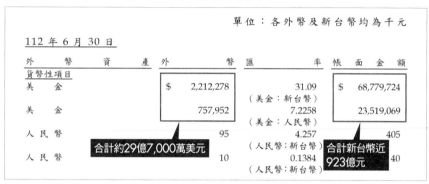

單位：各外幣及新台幣均為千元

112 年 6 月 30 日

外幣資產 貨幣性項目	外幣	匯率	帳面金額
美金	$ 2,212,278	31.09（美金：新台幣）	$ 68,779,724
美金	757,952	7.2258（美金：人民幣）	23,519,069
人民幣	95	4.257（人民幣：新台幣）	405
人民幣	10	0.1384（人民幣：新台幣）	40

合計約29億7,000萬美元

合計新台幣近923億元

資料來源：可成 2023 年第 2 季財報

元多達 57%。

理由4》可望出現轉型契機

科技產品的變化，有時真的「變臉會跟變天」一樣快。

舉例來說，機殼廠可成 2016 年到 2018 年期間與蘋果股價的相關係數就高達 0.84，蘋果好，可成也會跟著好；不過在 2018 年到 2020 年就完全走了樣，兩者之間的相關係數竟然變成負 0.47，換言之，蘋果愈來愈好，但可成卻是每下愈況（詳見圖 7）。分析主要原因，就是蘋果為了提高網路通訊的品質，

因此在 2017 年時改變了 iPhone 的外殼設計，放棄了金屬機殼，而採用玻璃機殼。

　　iPhone 產品設計改變讓台股中的金屬機殼三雄從此一蹶不振，鴻海（2317）集團旗下的鴻準（2354）毛利率從 2016 年時的高峰 20% 掉到 2020 年第 2 季的 7%；和碩（4938）集團旗下的鎧勝 -KY（已下市）毛利率從 32% 掉到 18%；可成從 50% 腰斬到 2020 年第 2 季只剩下 22%（詳見圖 8）。

　　獲利不斷被壓縮的趨勢，也讓可成的董事長洪水樹決定壯士斷腕，2020 年 8 月中旬宣布將中國泰州廠以 14 億 2,700 萬美元（約合新台幣 413 億元），賣給中國的玻璃板廠藍思科技。由於可成的泰州廠不僅是負責 iPhone 的機殼業務，更占可成總營收的 40%，因此這一項決定，雖然等同向外界宣告可成將完全退出 iPhone 的供應鏈，但卻讓我眼睛為之一亮，因為這是大膽，也是正確的決定。

　　不管是從財報分析的角度，還是從產業分析的趨勢來看，我都認為可成退出 iPhone 供應鏈都是明智的決定。有 2 個原因：

　　1. 代表本業獲利能力的毛利率下降趨勢明朗，已具體反映 iPhone 這顆蘋果不僅愈來愈不甜，甚至還有可能變成毒蘋果。換言之，與其忍受溫水煮青蛙的

圖7 2018年起，可成與蘋果股價相關係數愈來愈低

——可成（2474）與蘋果2016～2018年相關走勢

——可成（2474）與蘋果2018～2020年相關走勢

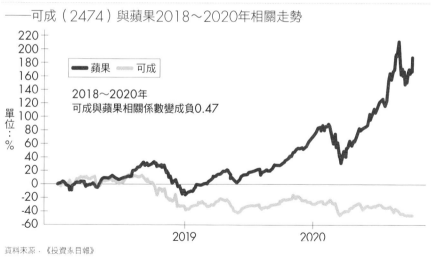

資料來源：《投資家日報》

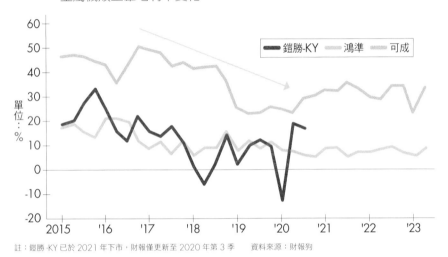

圖8 金屬機殼三雄2016～2020年毛利率逐漸走低

——金屬機殼三雄毛利率變化

鎧勝-KY　鴻準　可成

單位：%

註：鎧勝-KY 已於 2021 年下市，財報僅更新至 2020 年第 3 季　　資料來源：財報狗

長痛，還不如勇敢來承受賣廠後失去訂單的短痛。

2. 從產業分析的角度來看，金屬機殼的外觀雖然看起來比較有質感，也比較耐用，但卻有一個致命傷，就是會降低網路通訊的品質（詳見表 1）。尤其當智慧型手機進入到 5G 的世代，5G 的穿透力又較 4G 弱上許多，因此品牌廠商一定會調整手機的外殼設計。目前普遍的解決方案，要不採用樹脂材料的機殼，要不就採用玻璃材質，其中玻璃的質感最好，對電波的影響小於金屬機殼，

表1 **智慧型手機金屬機殼不利於電波傳送**
——智慧型手機機殼採用不同材質的比較

材料	電波	耐久性	質感	說明	相關廠商
金屬	✖	○	○	對電波有負面影響。5G智慧型手機外殼可能減少金屬的採用	發那科、兄弟工業
玻璃	▲	▲	○	5G的黑馬？	美國康寧等
樹脂	○	▲	▲	質感與成本存在問題	帝人等

註：○好、▲中等、✖不好　　資料來源：日經中文網

但卻不耐摔；至於樹脂對於電波的影響最小，但質感欠佳。

　　換言之，在未來 5G 手機幾乎不太可能採用金屬機殼的趨勢下，可成能提早認清現實，不僅需要理智的腦袋，更需要很大的勇氣。

　　可成的董事長洪水樹，一直是我相當欣賞的 CEO 之一，與股王大立光（3008）執行長林恩平，都是從「醫師」轉戰到「CEO」的位置。台大醫科畢業的洪水樹，當初為了挽救父親陷入財務危機的事業，選擇了放棄醫師的工作，2000 年時回到家族事業。而醫學院訓練的背景，讓洪水樹習慣接受新知，嘗試新的可能；尤其當舊事業已經沒有發展前景時，洪水樹的做法就是勇於投

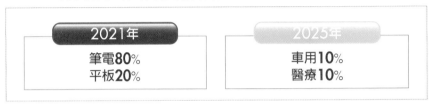

圖9 可成規畫產品重心移向車用及醫療領域
——可成（2474）各項產品占營收的比重與目標

2021年	2025年
筆電80% 平板20%	車用10% 醫療10%

資料來源：《投資家日報》

入新技術開發，這也成就後來可成在「鎂合金產業」獨步全球的競爭優勢。

20 年後的今天，可成再度面臨產業變化的挑戰，未來會變得如何？目前還言之過早，但從洪水樹願意放掉占營收 40% 的泰州廠，確實令人看到了企業 CEO 破釜沉舟的決心。

話說回來，雖然可成退出智慧型手機的市場，是一個對公司長遠發展正確的決定，但眼前的現實卻是得開始面臨轉型的痛苦。而可成擬定的目標與方向，就是跨入「車用」跟「醫療」（詳見圖9）：

1. **車用：**2020 年下半年開始切入美系車廠的供應鏈，提供電動車影音系統的內外飾件，以 2022 年而言，占營收比重僅 1%，目標 2025 年成長到占營

收比重 10%。

2. **醫療**：2021 年成立可仁醫學科技，預計分階段投入新台幣 30 億元。初期先透過入股台股中的醫療耗材領導廠商邦特（4107）、太醫（4126）、鐿鈦（4163）等企業，期望能拿到跨入醫療領域的敲門磚，目標同樣是 2025 年左右，醫療產品占營收的比重能到 10%。

總結來說，現階段持有可成的投資人，要用「時間」，來換取未來公司轉型的「空間」，這段期間則可以享受高現金殖利率所帶來的收益。

第6章

給企業合理評價

了解企業價值
才知道該在何時進場

　　投資股票時，除了選股之外，最多人困擾的問題就是不知道該怎麼評估買賣價位？其實，重點不是股價比上週跌了多少或漲了多少？而是應該了解這家企業的價值在哪裡。

　　企業價值可以透過財報分析推估其便宜價、合理價及昂貴價，讓投資人可以在對的時候以便宜價買進，超過合理價甚至是昂貴價時賣出，透過買低賣高的方式獲利。

　　不過，在股市待得愈久，就愈能看到一個現象——股市是一個常常扭曲人性與現實的地方。舉例來說，在現實的經驗中，「價值」的概念人們早已習以為常，例如 1 支 iPhone 手機，價值 4 萬元（編按：考量製造成本、行銷費用、品牌形象、企業利潤之後，廠商訂出這個價值），而消費者也只會用 4 萬元的價格買進，或是利用店家進行清倉活動特價 3 萬元時撿便宜。在正常的情況，相信絕對不會有人想用 5 萬元、甚至 6 萬元的價格，去買進只有價值 4 萬元

的 iPhone。

但股市卻充斥著許多反其道而行的現象——以為漲到 6 萬元的 iPhone 比跌到 3 萬元的 iPhone「安全」，所以急著想買進；跌到 3 萬元的 iPhone 比漲到 6 萬元的 iPhone「危險」，所以急著想要賣掉。這種在現實經驗中，根本不可能出現的荒謬行為，卻在股市中天天上演，天天都有人在股市中做「傻事」。

「投資」著重以好價格買進好公司

投資人要如何正確看待每天「股票價格」起伏波動？美國投資大師巴菲特（Warren Buffett）曾在波克夏公司（Berkshire Hathaway）1987 年的年報「給股東的信」，特別分享了他的老師葛拉漢（Benjamin Graham）的看法，摘錄如下：

班傑明・葛拉漢，我的朋友和老師，很久以前就描述了面對市場波動的正確心態，我相信這種心態最容易為投資帶來成功。他說，你應該把市場價格想像成一個名叫「市場先生」的企業合夥人，他每天都會出現，並提出報價，他要嘛把你的股票買去，要嘛把他的股票賣給你。

市場先生的報價很不穩定，因為他有著無藥可救的情緒問題。有時候，他只

會看到影響企業的積極利多，在這樣的情緒下，他會報出很高的買價，因為他擔心你會把他的股票買走，奪取他巨大的收益。有時候他沮喪時，只會看到企業和整個世界所遇到的麻煩，這時候他的報價就會非常低。

市場先生還有一個可愛的特徵，他不在乎遭人白眼。如果他今天的報價不吸引你，他明天還會回來提出新報價。交易與否全在你的選擇。在這種狀況下，他的情緒愈是狂躁，對你就愈有利。

市場先生是來侍候你的，不是來指導你的。對你有用的是他的錢包，而不是他的智慧。如果他某一天帶著特別愚蠢的情緒出現，你可以自由選擇要無視他或是利用他；但如果你被他的情緒影響，那將會是災難。事實上，如果你不敢確定自己對於企業的理解和評價能力比市場先生更強，那你就不配玩這個遊戲。就像玩牌的人所說：「如果你玩了 30 分鐘還不知道誰是傻瓜，那你就是傻瓜。」

簡單來講，我們可以把每天股票市場的價格變化，當成是情緒化的市場先生要來向你買賣股票；如果你不懂企業的價值，就容易發生這樣的慘劇——用過高的金額買進股票，或是用過低的金額賣出股票。

分享上述的論點，就是是希望讀者都能夠用「投資」的心態，而非「投機、

圖1 投資是利用行情創造買低賣高契機
——投資vs.投機

投資	投機
在乎公司營運的成果 利用行情創造**買低賣高**契機	**不在乎**公司營運的好壞 仰賴股價波動來預測行情

資料來源：《投資家日報》

賭博」的心態，來看待股票市場。至於什麼叫「投資」？什麼叫「投機」？最大的差別，就在於對「股票」與「股價」的態度，「投資」在乎的是以好價格買進好公司，並享受好公司認真經營的成果與回饋，而「投機」則不管公司營運的好壞，也不在乎「價格」是否偏離「價值」，只在乎從股價的波動來預測行情（詳見圖1）。

再者，行情的波動對投資者而言固然很重要，但是也不要期待整天盯著股價就能獲得投資的智慧或找到賺錢的契機；對於投資者而言，行情波動最大的意義就是可以用來創造「該買進（買低）」或「該賣出（賣高）」的機會。

聚焦股票基本面
擺脫追高殺低循環

金融市場上總是充斥著許多「似是而非」的觀點，不僅誤導一般投資大眾，更讓我不斷看到美國投資大師巴菲特（Warren Buffett）所言的觀察：「股票市場存在的目的，就是看到每天有一群人在做傻事。」

再次強調，股票投資要賺錢，只有4個字：「買低賣高」。什麼時候會低？只有股價在跌的時候，才會低；什麼時候會高？只有股價在漲的時候，才會高（詳見圖1）。

投資人只要抓對節奏，就能創造源源不絕「買低賣高」的契機！但若抓錯節奏，股市的劇烈波動，勢必將帶來一場又一場災難性的破壞。

搞懂「主人與狗」理論，不被股價牽著鼻子走

至於要如何抓對投資的節奏？歐洲投資大師科斯托蘭尼（André Kostolany）

圖1 買低賣高是股市贏家的唯一策略
—— 買低賣高的意義

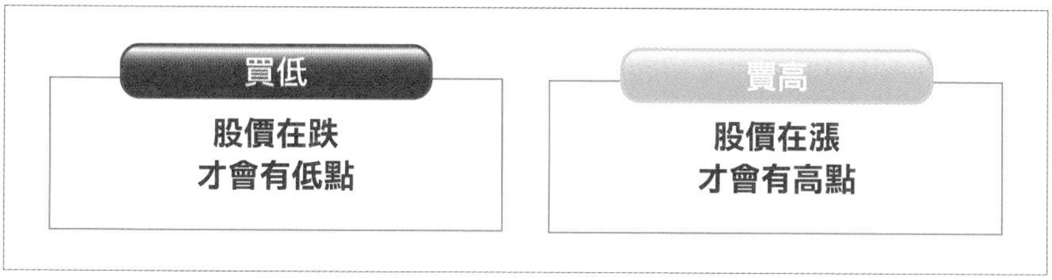

買低	賣高
股價在跌 才會有低點	股價在漲 才會有高點

資料來源：《投資家日報》

「主人與狗」的理論，提供了非常精闢的見解。他認為：基本面（企業價值）與股價之間的關係，就好比主人與小狗，主人（企業價值）帶小狗（股價）外出蹓躂的時候，小狗雖然會跑來跑去，但終究還是會回到主人的身邊。

巴菲特之所以會説股市每天都有人在做傻事，就是因為太多投資人每天都在研究「小狗」的動向，希望能從「小狗」活潑亂跑的軌跡中，找到一個可以預測下一步的訊號，殊不知已深陷在「本末倒置」的泥沼中。

了解歐洲投資大師科斯托蘭尼「主人與狗」的理論之後，相信投資人應該就能夠明白，在看待 1 檔股票時，關注的焦點應該是要放在「企業價值」，而非「股票價格」，因為前者是主人，後者是小狗。

當投資人了解「企業價值」之後，在面對行情的劇烈波動時，不僅不會隨波逐流，更可透過「買低賣高」的操作原則，創造源源不絕的賺錢契機。

「買低賣高」是在股票市場賺錢的不二法門，只是就我長期以來的觀察，許多投資人不僅很難做到這一點，更常常做出「追高殺低」的交易行為，形成總是「賣在起漲點」、「追在最高點」、「殺在最低點」的悲情宿命。

原因除了是容易受到「恐懼」與「貪婪」的心理因素攪和之外，還有一種可能的理由──或許是因為太倚重「技術分析」的觀點。

技術分析的基本邏輯是「突破某一關鍵點，買進」與「跌破某一關鍵點，賣出」，而所謂某一關鍵點，可以是Ｋ棒、可以是均線、可以是型態（詳見圖２）。

整體而言，雖然「突破買」或「跌破賣」，具備效率操作的好處（漲快一點、跌也會快一點），以及避免因人性過度主觀，而忽略客觀條件可能已改變的風險。但是，「突破買」或「跌破賣」的操作，就很有可能掉入追高殺低的陷阱。

當股價強勢上漲，只看技術面易做出不理性預測

舉例來說，某一位在市場極具人氣的技術分析名師，在 2021 年 1 月 22 日

圖2 技術面突破關鍵點時應買進
—— 技術分析的基本邏輯

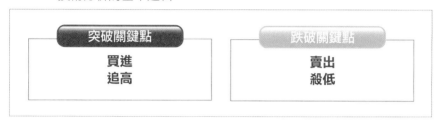

突破關鍵點	跌破關鍵點
買進 追高	賣出 殺低

註：關鍵點有可能是 K 棒、可能是均線、可能是型態　　資料來源：《投資家日報》

台積電（2330）的股價位於 649 元時，高調表示台積電 2021 年股價會站上 1,000 元。或許這位老師從技術分析的觀點，看到台積電股價當時呈現均線多頭排列，股價站上所有均線之上，甚至沿著 5 日均線走揚，具備強勢飆股的條件，因此做出此一結論。

但我第一時間的感覺，就是這位老師似乎有一點「語不驚人死不休」的企圖，明顯想要透過「極度誇張」的言論，來吸引一般投資人的目光，因此才會口出這類禁不起專業客觀驗證的論點。

觀察台積電後來在 2021 年 3 月時的股價走勢，不僅跌破月線（20 日線），甚至跌破 M 頭型態的頸線 587 元（編按：由多翻空時若形成 M 字型態稱為

M 頭，頸線為 M 頭兩個高峰間的低點連線，詳見圖 3），這位 2 個月前還信誓旦旦認為台積電 2021 年股價會站上 1,000 元的技術分析名師，立刻改口：「要小心風險。」

明明指的是同一家公司，當時公司的營運狀況也沒有出現重大的改變，但這位在市場極具人氣的名師，說法竟可以在短時間內出現 180 度的大轉度；似乎也再度呼應了美國投資大師巴菲特在 2023 年的股東會中所闡述的內容——價值投資的機會是來自於其他人做蠢事，總有人會試著顯示自己比別人聰明，但這個世界太過短視近利，投資人不該根據情緒做決定。

從上述的例子來看，相信讀者應該就能明白，只用「技術分析」來操作股票，雖然有許多優點，但由於基本邏輯就是看漲說漲、看跌說跌，稍有不慎，自然容易變成「追高殺低」的交易行為。

投資人如果不想繼續「追高殺低」，我認為只有一個方法，就是要聚焦在基本面分析與財報分析的觀點，才能成功掌握「買低賣高」的交易精隨。

舉例來說，2021 年 1 月，雖然台積電上演了小飛象行情，當時市場便存在許多「錦上添花」的言論，認為台積電 2021 年就會漲到 800 元、甚至漲到 1,000 元，但我依然相信「財報分析」所呈現的內容，並對台積電的觀點始終

圖3 台積電2021年3月股價跌破技術面重要關卡
——台積電（2330）日線圖

註：資料時間為 2020.06.01～2021.05.31　　資料來源：XQ 全球贏家

如一，回顧 2021 年 1 月 15 日，我在《投資家日報》當中明確提出：

「由於台積電明確表示 2021 年的營收成長目標為 16%，因此在 2020 年營收已達 1 兆 3,400 億元的基礎下，可推算 2021 年營收可來到 1 兆 5,500 億元。若以 39% 的稅後淨利率計算，稅後淨利為 6,062 億元，並得出每股盈餘（EPS，詳見股市小百科）為 23.37 元＝ 6,062 億元／ 259 億 3,000 萬股。以 2021 年 EPS 獲利預估為 23.3 元，乘上 27 倍本益比後得出 629 元（詳

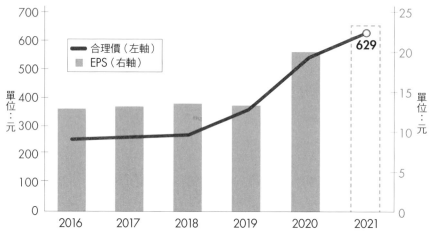

圖4 **用台積電預估EPS推算2021年合理價為629元**

——孫慶龍於2021年年初時估算台積電（2330）合理價

註：合理價＝EPS×本益比，2016年～2018年採取之本益比為20倍、2019年～2021年採取之本益比為27倍；
2021年EPS為預估值　　資料來源：《投資家日報》

見圖4）。」

　　欣慰的是，台積電2021年EPS最後落在23.01元，與2021年1月15
日時我所推算的預估值23.3元，僅差0.29元。

　　而2021年全年的股價走勢（詳見圖5），確實也反映在上述所推論的合理
範圍內，從未出現當時市場所言會「漲到800元」、甚至「漲到1,000元」

圖5 台積電2021年股價很少突破合理價位629元
—— 台積電（2330）日線圖

註：資料時間為 2020.09.01 ～ 2021.12.30　　資料來源：XQ 全球贏家

的過度樂觀發展。

📖 股市小百科　**快速搞懂EPS怎麼來**

EPS的中文是每股稅後盈餘（常簡稱每股盈餘），是將公司綜合損益表上的稅後淨利，除以公司的發行股數。有了EPS數字，再乘上合理的本益比，就能夠推論一檔股票合理的股價。

損益表的主要脈絡，其實就是從「營收」到「EPS」的過程，因為公司透過銷售獲得的營收，要扣掉所有成本及費用、稅金……等金額後，才是真正賺到的錢。要看懂損益表的結構其實不難，一定要掌握的關鍵字和概念如下：

關鍵1》營收

「營收」是公司銷售產品或服務所得到的收入，例如飲料店每天賣出500杯飲料，1杯單價30元，1天的營收就是1萬5,000元。因此決定營收高低的關鍵，就在於「產品單價」與「產品數量」；舉例來說，飲料店想要提升營收，就要想辦法1天賣出更多杯飲料，或是調漲飲料售價。

再回到股市的例子，當電視面板、太陽能矽晶圓、航空運價等商品報價的走揚，基本上都能對相關公司的營收，產生提升的效果。

關鍵2》毛利

「營收」減去「成本」便可得到「毛利」，毛利占營收的比重就是所謂的「毛利率」。影響毛利率的2大因素：一是「固定成本」、二是「變動成本」。以航空公司為例，飛機就是固定成本，燃料就是變動成本，兩者的差異，就是前者即使在飛機不飛的情況下，依舊要認列成本（折舊），但後者則無需認列。

換言之，對於許多固定成本非常高的公司而言，例如飯店、面板、晶圓代工等，產能利用率的高低，將決定毛利率的高低。

如果公司想要用其他方式降低成本、提高毛利率，常見的方法還有取得低價的原料、縮短學習曲線（提升良率）……等。

關鍵3》營業利益

將「毛利」減去管理、行銷、研發等「費用」，就是代表本業獲利的「營業利益」。同樣的，營業利益占營收的比重，就是「營業利益率」。

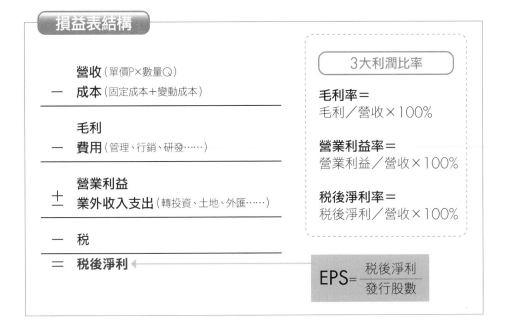

對於許多軟體、遊戲公司、或經營品牌的公司而言，「毛利率」乍看很高；但要能進一步判斷公司的本業獲利能力，就要看加計廣告等費用之後的「營業利益率」。

關鍵4》稅後淨利

此外，公司在經營的過程中，會有其他本業之外的收益或損失，以及要繳的稅金；例如轉投資收益或損失、處分土地資產、匯兌收益或損失、營業所得稅……等，這些與本業沒有直接相關的收入與支出，會認列在「業外收入與支出」以及「所得稅」項目。

因此，將「營業利益」加計上述的損益後，最後才會得出一家公司的「稅後淨利」。稅後淨利除以公司的「發行股數」就是EPS。

營運若無劇變
股價多在一定區間波動

一般而言，財報分析計算 1 檔股票「企業價值」的方式有 2 大類：1. 內在價值法（Intrinsic value approach）、2. 財務比率法（Ratio-based approach）。

內在價值法的分析邏輯以「現金流量折現」為基礎，優點是容易理解，但缺點則是需要投入大量的時間與精力，才能建立一個合理的評價基礎，美國投資大師巴菲特（Warren Buffett）是使用這個方法的佼佼者。

相較之下，「財務比率法」最大優點就是計算過程簡單，而相關財務比率資訊又隨手可得，因此也是目前市場常見的股價評價方法。主要可分為 5 大類：包括本益比、股價淨值比、股價盈餘成長比、現金報酬率、股價營收比；其中，前 3 種是我最常用的評價模式，也將是接下來本書介紹的重點。

在開始介紹上述財報分析計算合理企業價值前，讀者必須先認識一個概念，

為了易於理解，以下會用一個生活化的案例來說明：

回顧我高中時期至今的體重變化，大致可區分為 60 公斤、65 公斤、70 公斤與 75 公斤等 4 個等級。在高中時期，由於每天上學要騎腳踏車來回共 40 公里，體重可保持在 60 公斤的水準。上了大學之後，由於參與了許多社團活動，又身處在美食天堂台南，在每天晚上都吃消夜的情況下，體重開始扶搖直上到 70 公斤。

畢業後入伍當兵時期，因為每天訓練體能，體重又下降到 60 公斤。退伍後進入忙碌的金融業，長時間缺乏運動，體重又再度上揚到 70 公斤。此外，我曾有一段時間到英國留學，經常攝取高熱量食物，以及愛上了當地的黑啤酒，體重還攀升到 75 公斤的歷史高峰；直到回國前一趟環遊世界 120 天的壯遊旅程，體重又下降到 65 公斤。

我會不惜公開自己的體重變化，主要是想說明，當一個人的體重已邁入成年時，在沒有生病，或是刻意增重及減重的情況下，大致都會循著一定的區間波動（詳見圖 1）。

即使因為環境或生活習慣改變而出現起伏，仍會在一定的區間內變化，例如會有體重的正常標準、地板、天花板。只要環境或生活習慣再改變，就會出現

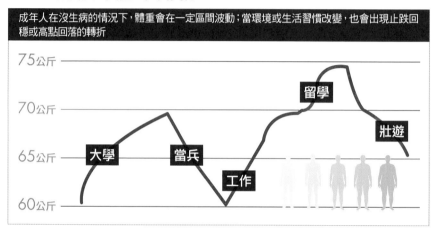

圖1 成年人體重會在一定區間波動
──孫慶龍歷史體重區間變化

成年人在沒生病的情況下，體重會在一定區間波動；當環境或生活習慣改變，也會出現止跌回穩或高點回落的轉折

75公斤

70公斤

65公斤

60公斤

大學　　當兵　　工作　　留學　　壯遊

止跌回穩，或從高點回落的轉折變化。

便宜價、合理價及昂貴價會隨時變動

　　相同的狀況，也可套用在個股的價格變化。基本上，只要 1 家公司沒有出現「結構性的改變」，儘管營運的高低起伏會受到當下景氣、產業供需或市場氛圍影響，導致股價時而上漲時而下跌，但仍然會有一定的天花板、地板或正常的水準。聰明的投資人，便可依循此波動區間，來決定進場或出場的時機，甚

表1 2019年3月於邦特116元時停利，含息報酬59萬元
——孫慶龍現股買賣邦特（4107）對帳單

成交日期	買賣別	股數（股）	成交價（元）	成交價金（元）	手續費（元）	賣出交易稅（元）	淨收付（元）
2017.11.17	普通買進	5,000	92.7	463,500	396	0	463,896
2017.11.17	普通買進	2,000	92.7	185,400	158	0	185,558
2017.11.17	普通買進	3,000	92.7	278,100	237	0	278,337
2018.02.07	普通買進	5,000	90.5	452,500	386	0	452,886
2018.02.09	普通買進	5,000	80.8	404,000	345	0	404,345
小計							**1,785,022**
2019.03.26	普通賣出	20,000	116.0	2,320,000	3,306	6,960	**2,309,734**

註：以上為實際對帳單紀錄，已計入買賣手續費及賣出證交稅

> 獲利金額：52萬4,712元
> 股息金額：7萬元
> 總報酬金額：59萬4,712元
> 總報酬率：33.3%

至用來判斷是否該加碼或減碼。

　　以我實際操作過的生技股邦特（4107）為範例說明，2019 年 3 月下旬，我之所以會選擇在 116 元的價格賣出 20 張持股，實現 59 萬元的投資獲利（詳見表 1），其參考的依據，就是上述的概念。

　　追蹤當時邦特的股價與本益比走勢圖，可以明顯觀察到股價在 3 個本益比區

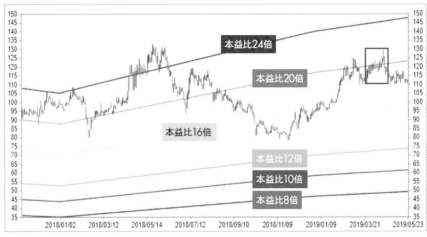

圖2 邦特股價2019年3月下旬位於20倍本益比位置
——邦特股價與本益比河流圖

本益比24倍
本益比20倍
本益比16倍
本益比12倍
本益比10倍
本益比8倍

2018/01/02 2018/03/12 2018/05/14 2018/07/12 2018/09/10 2018/11/09 2019/01/09 2019/03/21 2019/05/23

註：資料時間為 2017.11.09 ～ 2019.05.23　　資料來源：Goodinfo! 台灣股市資訊網

間波動，由高至低分別為 24 倍（圖 2 紅色曲線）、20 倍（圖 2 橘色曲線）、16 倍（圖 2 黃色曲線），換言之，當股價愈靠近 16 倍本益比時，就愈接近便宜的價位；愈靠近 20 倍本益比，就愈接近合理的價位；愈靠近 24 倍本益比，就愈接近昂貴的價位。

以 2018 年邦特繳出 5.84 元每股盈餘（EPS）計算，乘上 16 倍本益比所得的價格 93.44 元，就是當時的便宜價；乘上 20 倍本益比所得的價格

116.8 元，就是當時的合理價。而 2019 年 3 月下旬，邦特的股價正位於 116 元、20 倍本益比的位置（詳見圖 2），也是我選擇賣出持股、獲利了結的價格。

最後補充一點，上述便宜價、合理價及昂貴價，並不是一個固定的價格，而是一個會變動的價位，會隨著公司每季所公布的 EPS，而出現增減的變化；因此投資人必須得每季更新追蹤，以符合公司營運與市況的變化。

估價方式1》本益比
滾動式評價能反映市況起伏

　　一般常見計算合理企業價值的方式，就是透過每股盈餘（EPS）乘上本益比（詳見圖1），「EPS」是1家公司的稅後淨利除以發行股數，「本益比」（PER）是代表投資人回收的時間與年數。

　　舉例來說，假設1家公司每年可賺2元的EPS，此時若該公司的股價是30元，代表投資人買進這家公司的股票，在假設EPS獲利不變的情況下，需要15年的時間才能回本，因為每年賺2元，15年後便可累積到30元。

　　一般而言，本益比愈高，代表回收投資成本的年數愈長，投資人的潛在報酬率愈低；反之，本益比愈低，代表回收投資成本的年數愈短，投資人的潛在報酬率則愈高。

　　換言之，對於一位聰明的投資人而言，若要遵守「買低賣高」的投資紀律，就邏輯上，應該就是選擇1檔股票的股價處在「較低」的本益比時買進，處在

圖1 EPS乘上本益比是常見估價方式
——常見本益比估價法

股價　=　EPS　×　本益比

註：EPS 為每股稅後淨利，計算方式為稅後淨利／發行股數

「較高」的本益比時賣出。

營運穩定企業可參考歷史本益比》以鴻海為例

至於如何判斷一檔股票「較低的本益比」？還是「較高的本益比」？通常我習慣參考資本市場給予這檔股票的評價狀況。

以鴻海（2317）的股價經驗來看（自 2011 年到 2023 年），11 倍的本益比可視為「較低的本益比」；13 倍的本益比可視為「合理的本益比」；而15 倍的本益比便可視為「較高的本益比」（詳見圖 2）。

不過，要再次提醒，上述的 11 倍、13 倍與 15 倍的本益比，是根據鴻海目前的營運狀況，資本市場給予的波動範圍。然而，過去不代表未來，倘若有一

圖2 **市場多給予鴻海11～15倍本益比**
——當前鴻海（2317）不同本益比所代表的市場意義

較高（昂貴）	合理	較低（便宜）
15倍 本益比	**13倍** 本益比	**11倍** 本益比

天鴻海出現了結構性的改變，那上述的波動範圍也會被打破。

舉例來說，2018 年之前的台積電（2330），市場給予的合理本益比是 20 倍。但 2019 年到 2021 年之間，台積電的合理本益比就跳升到 27 倍，原因就在於台積電出現了結構性的改變。

營運出現結構性改變，市場會調高本益比

為何台積電在 2019 年到 2021 年期間的本益比可以拉升到 27 倍，我認為關鍵的原因，就在於台積電的核心技術超越了原本穩坐半導體龍頭的英特爾（Intel）。

整體而言，2016 年以前的台積電，技術能力是明顯落後給英特爾，當時英

圖3 台積電2019年量產7奈米晶片，正式超車英特爾
——台積電（2330）與英特爾的製程競賽

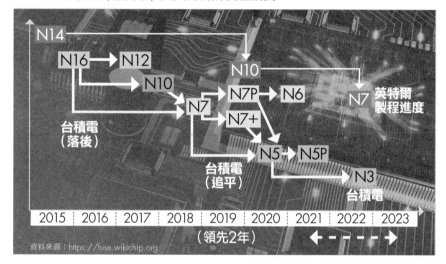

資料來源：https://fuse.wikichip.org

特爾已經具備量產 14 奈米的能力，但台積電只能做到 16 奈米。不過，3 年過後也就是 2019 年，台積電就成功以量產 7 奈米，追上了英特爾的 10 奈米（詳見圖 3）。

　　時序進入到 2020 年以後，台積電不僅成功超車英特爾，更將領先優勢擴大到 2 年的時間；而技術能力的提升，也讓法人願意調高台積電的合理本益比，從原本的 20 倍，提升到 27 倍。

不過進入到 2022 年 3 月以後，隨著美國聯準會（Fed）啟動史無前例的「暴力升息」，不僅台積電的合理本益比被市場快速下調到 16 倍以下，合理的企業價值也跟著向下調整（編按：關於聯準會暴力升息對本益比的調整，詳見6-5）。

滾動式本益比應用方式》以台積電為例

然而，上述台積電的競爭力變化，或是聯準會暴力升息所帶來的總經轉變，甚至許多產業所出現的結構性變化，對於一般投資人來說，其實很難察覺，或許可以透過「滾動式」本益比的概念，來解決。

所謂「滾動式」本益比，就是採用滾動性的方式，透過每天統計過去 60 日、120 日或 240 日的平均本益比，來作為企業評價的依據，最大好處就是能即時反映目前市況的起伏（詳見圖 4）。

由於是採用過去 60 日、120 日或 240 日的平均值，因此當市場開始上調「本益比」時，就會直接反映在合理本益比的上升上，而不至於被限制在過去的經驗中。

舉例來說，2021 年台積電的 EPS 落在 23.01 元，若投資人還是局限在過

圖4 滾動式本益比能反映總經的變化
——滾動式本益比編製方式與優點

企業價值	滾動式本益比	優點
1.財務比率法 2.本益比	近60日、近120日、近240日平均值	能反映公司營運狀況，或是總經大盤出現結構性的變化

資料來源：《投資家日報》

去的合理本益比 20 倍，那麼所計算出來的台積電合理股價就會只落在 460.2 元（＝ 23.01 元 ×20 倍），明顯低估了台積電 2021 年時的市況發展，因為當時的市場已經把台積電合理的本益比上調到 27 倍。

時序進入到 2022 年 3 月以後，隨著聯準會啟動升息循環，開始對資本市場產生下調本益比的影響；此時投資人若還局限過去幾年台積電 27 倍的合理本益比，顯然又會明顯高估了台積電 2022 年以後的市況發展。

然而，若投資人採用滾動式本益比，似乎就可以解決上述的問題。舉例來說，台積電 2022 年 6 月初時的本益比為 27.02 倍，而以 2022 年 8 月 1 日為例，

滾動式本益比如下：

◆近 240 日平均本益比：25.48 倍。
◆近 120 日平均本益比：23.02 倍。
◆近 60 日平均本益比：19.99 倍。

　換言之，若以當時台積電 2021 年第 2 季～ 2022 年第 1 季這 4 季累積 EPS 為 25.44 元計算，若局限於 27 倍的本益比，當時會算出合理企業價值為 686 元（＝ 25.44 元 ×27 倍）。然而，若採用滾動式本益比計算，會得到如下的結果：

◆以近 240 日平均本益比計算合理企業價值：648 元（＝ EPS 25.44 元 ×25.48 倍）。
◆以近 120 日平均本益比計算合理企業價值：585 元（＝ EPS 25.44 元 ×23.02 倍）。
◆以近 60 日平均本益比計算合理企業價值：508 元（＝ EPS 25.44 元 ×19.99 倍）。

　若以 2022 年 8 月 1 日台積電收盤價 504 元來看（詳見圖 5），採用近 60 日平均本益比算出的合理企業價值 508 元，似乎更符合市況的發展。

圖5 台積電2022年8月1日收盤價504元
——台積電（2330）日線圖

2022.08.01最高價508元，最低價500元，收盤價504元。採用近60日平均本益比算出的合理企業價值為508元

註：資料時間為 2022.01.03 ～ 2022.08.31　　資料來源：XQ 全球贏家

　　從上述的內容可得出一個結論，若 1 家公司營運出現結構性的轉變，或當時的總體經濟出現劇烈的變化，採用滾動式本益比，來計算合理企業價值，更能反映市況的發展。

孫慶龍獨創「企業價值評價模型」

　　此外，我還參考了「黃金切割率」與「布林通道」（詳見股市小百科①、②）

📖 股市小百科① **黃金切割率**

1820年，斷臂維納斯風華絕代地現身在希臘愛琴海上的一個小島上，為了她，英法不惜一戰；為了她，多少法國人，在獲得此像時，激動流下興奮的眼淚，而為了她，羅浮宮量身打造一間展覽室，蘊藏女神之美。

這一尊完美的塑像，其實蘊藏了「黃金分割」的美學概念，而黃金分割比率的由來，則是中世紀希臘數學家所發現一種存在於自然萬界中，卻難以「合理解釋」的數據。

黃金切割率的概念，不僅運用在美學藝術上，近代也運用在股票投資中技術分析的一種觀點，用來判斷當股價出現漲勢或跌勢時，可能出現的回檔或反彈的幅度為何。

簡單來說，股價跌深後的反彈，若漲不過0.382（「股價低點＋（此波跌幅×0.382）」，再破底的機會就會非常大，如果反彈的幅度越過0.618，就會有扭轉空頭趨勢的條件；反之，股價漲多後的回檔，不跌破0.382（「股價高點－（此波漲幅×0.382）」，再創新高的機率就會非常大，如果回檔幅度超過0.618，就有扭轉多頭趨勢的條件。

黃金切割率應用於投資思維

0.382	0.618
回檔不破，多頭未漲完 反彈不過，空頭未跌完	回檔超過，由多轉空 反彈越過，由空轉多

的概念，獨創發想了「企業價值評價模型」，就是以近 60 日平均本益比、近 120 日平均本益比或近 240 日平均本益比為基準，分別乘上 0.618、0.8、1、1.2、1.382 得出特價、便宜價、合理價、昂貴價、瘋狂價的區間。同樣以 2022 年 8 月 1 日的台積電為例，近 4 季 EPS 為 25.44 元，近 60 日平均

📖股市小百科② **布林通道**

布林通道是一個從統計學的常態分布機率，所衍生出來的一種技術分析指標，其認為在一段期間內的股價分布，99.74%機率會落在±3個標準差內、95.44%機率會落在±2個標準差內、68.26%機率會落在±1個標準差內。

至於±3個標準差（σ）計算方式是移動平均±標準差×3，±2σ計算方式是移動平均±標準差×2，±1σ計算方式是移動平均±標準差×1。

常態分布的機率

±1σ	68.26%
±2σ	95.44%
±3σ	99.74%

註：標準差（σ）的計算方式：

$$\sigma = \sqrt{\frac{1}{n}\sum_{i=1}^{n}(x_i - \bar{x})^2}$$

n＝數據的數量
Xi＝各數據的數值
x̄＝數據的平均值

本益比為 19.99 倍，可藉此得出（詳見表 1）：

◆特價：314.28 元＝ 25.44 元 ×19.99 倍 ×0.618。

◆便宜價：406.84 元＝ 25.44 元 ×19.99 倍 ×0.8。

◆合理價：508.55 元＝ 25.44 元 ×19.99 倍 ×1。

◆昂貴價：610.25 元＝ 25.44 元 ×19.99 倍 ×1.2。

◆瘋狂價：702.81 元＝ 25.44 元 ×19.99 倍 ×1.382。

總結來説，本益比是台股投資人非常熟悉與常用的評價方式，但我認為，由於影響本益比的因素還包括 EPS 與本益比的倍數，因此投資人如果要選用「本益比」來評價 1 家公司合理的企業價值，就應該要完整認識本益比的以下 6 種組合，如此才能有效且精準地套用在個股的企業價值的評估上，分別為：

表1 **以近60日平均本益比算出台積電合理價508.55元**
——孫慶龍獨創企業價值評價模型

0.618× 平均本益比	0.8× 平均本益比	近60日 平均本益比	1.2× 平均本益比	1.382× 平均本益比
12.35倍	15.99倍	19.99倍	23.99倍	27.63倍
特　價	**便宜價**	**合理價**	**昂貴價**	**瘋狂價**
314.28元	406.84元	**508.55元**	610.25元	702.81元

註：以 2022.08.01 台積電股價為例

1. 近 4 季 EPS× 固定式本益比。

2. 近 4 季 EPS× 滾動式本益比。

3. 近 4 季 EPS× 預估本益比。

4. 預估 EPS× 固定式本益比。

5. 預估 EPS× 滾動式本益比。

6. 預估 EPS× 預估本益比。

6-5

升息環境下
須適當調降本益比倍數

長期以來，華爾街有一句名言：「別跟聯準會（Fed）作對，因為你永遠贏不了（You can not fight the Fed.）。」

回顧過去 15 年來，聯準會透過「印鈔票救經濟」的量化寬鬆貨幣政策（Quantitative Easing，QE），先是從 2008 年開始相繼祭出 QE1、QE2 與 QE3，將聯準會的資產負債表從 9,000 億美元大幅拉升到 4 兆 5,000 億美元（詳見圖 1）。

2015 年雖然開始縮表，逐步降低至 3 兆 7,000 億美元，但由於 2020 年新冠肺炎疫情大爆發，迫使聯準會祭出史無前例的 QE 無上限，甚至將基準利率降到 0% 到 0.25%。

其暴力救市的結果，雖然成功扭轉經濟衰退的趨勢，但也讓資產負債表一路飆升到 2022 年高點 8 兆 9,600 億美元，埋下日後通膨怪獸強勢來襲的危機。

美國升息循環對資本市場造成2大影響

　　時序進入到 2022 年 3 月，隨著疫情逐漸過去，加上美國通膨日益嚴重，也迫使聯準會啟動升息循環。

　　整體而言，美國聯準會啟動「升息循環」對資本市場的影響，主要有 2 項：1.資金的多寡、2.股票估值的改變。

1.資金的多寡

　　聯準會的升息，一方面會導致借貸利息成本上升，另一方面在無風險存款利息也上升的狀況下，市場資金自然容易出現「減少向銀行借錢」與「將錢存在銀行」的變化，進而影響到風險資產股票的資金動能。

2.股票估值的改變

　　前面提過，利用財報分析計算企業價值的方法分為「內在價值法」及「財務比率法」。而「升息」的影響，就內在價值法而言，對 1 檔股票會造成股價估值的改變；就財務比率法而言，則會影響到倍數的調整。

　　舉例來說，因為升息，將導致 1 檔股票的「合理本益比」從 27 倍，往下調整到例如 18 倍；同理可證，「降息」則會導致 1 檔股票的「合理本益比」從

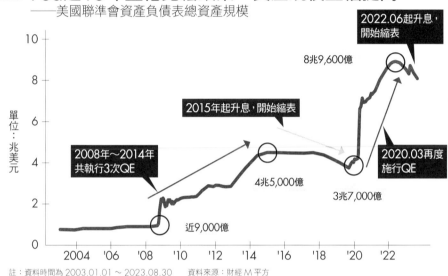

圖1 Fed近15年量化寬鬆政策，資產規模巨幅提高
——美國聯準會資產負債表總資產規模

2022.06起升息，開始縮表

8兆9,600億

2015年起升息，開始縮表

2008年～2014年共執行3次QE

4兆5,000億

3兆7,000億

2020.03再度施行QE

近9,000億

單位：兆美元

註：資料時間為 2003.01.01～2023.08.30　　資料來源：財經 M 平方

18 倍，往上調到例如 27 倍。

此外，內在價值法的基本邏輯，就是計算 1 家公司未來 20 年能夠賺進多少錢？然後再給予適當的折現率之後，推算出目前價值多少錢（詳見圖 2）？

內在價值法的概念，也可用在評估個人的身價。舉例來說，A 先生考上公務員之後，身價可達到 3,000 萬元，計算方式就是將公務員在職期間與退休後

的每月所得加總起來，便可得到此一數字，簡單試算方式如下：

A 先生平均每月可領到反映通膨之後的 5 萬元，在職 35 年＋退休 15 年，便可算出公務員一輩子可領到的所得總和為 3,000 萬元＝5 萬元×600 個月。公務員是鐵飯碗，加上薪水都會隨著物價通膨調升，因此可用上述公式粗略計算。不過民間企業的經營就複雜多了，因此評估上，除了只採用 20 年期間外，還會加上一個不確定的「風險」因素，來評量未來 20 年獲利的總和。

舉例來說，假設 1 家公司每年可賺 10 元，在完全不考慮不確定風險下，20 年就可合計賺到 200 元，因此目前這家公司的企業價值就是 200 元；然而實務上，企業經營是有風險的，因此現在可年賺 10 元，不代表未來每年都可年賺 10 元，所以必須得考量不確定風險後，折現出合理的價值。

所謂不確定的風險，包括經營企業的風險貼水（指無風險利率之外，投資人要求的報酬率），與目前市場的無風險利率，兩者相加之後就是「折現率」；再將未來獲利總和除以「折現率」，就能推算出目前的企業價值。

舉例來說，甲公司每年可賺 10 元，1 年後，若以 5.25% 折現率計算（編按：包括 5% 風險貼水＋0.25% 的無風險利率），那筆 10 元的獲利只值 9.5 元；2 年後的 10 元獲利，只值 9.05 元；3 年後的 10 元獲利，只值 8.58 元……

圖2 給予適當折現率，再推算公司目前價值

——內在價值法基本邏輯

$$\boxed{\text{股票價值}} \quad = \quad \boxed{\text{未來獲利總和}} \quad / \quad \boxed{\text{折現率}}$$

資料來源：《投資家日報》

算法如下：

- ◆ 1 年後的 10 元現值＝ 10/（1 ＋ 5.25%）^1 ＝ 9.5 元。
- ◆ 2 年後的 10 元現值＝ 10/（1 ＋ 5.25%）^2 ＝ 9.05 元。
- ◆ 3 年後的 10 元現值＝ 10/（1 ＋ 5.25%）^3 ＝ 8.58 元。

以此類推，20 年之後的 10 元，價值將只剩下 3.59 元＝ 10/（1 ＋ 5.25%）^20；最後加總 20 年期間折現過後的價值，便可得出 122.02 元是目前這家每年可賺 10 元企業的合理價值（詳見表 1 第 1 欄）。

升息使無風險利率提高，導致企業價值縮水

然而，升息將導致無風險利率上升，而企業的合理價值也會跟著調整。同樣

以上述的 A 公司舉例說明，在不同升息情境之下，使用內在價值法估算其企業價值的變動如下（詳見表 1）：

1.累積升息18碼到4.75%

假設聯準會累積升息 18 碼到 4.75%，同樣一家企業且維持同樣的條件下，合理的企業價值就會下降到 86.61 元，相較於原本 0.25% 利率水準的企業價值 122.02 元，須向下修正 29%。

2.累積升息20碼到5.25%

假設聯準會累積升息 20 碼到 5.25%，同樣的條件與同樣企業，合理的企業價值就會下降到 83.7 元，相較於原本 0.25% 利率水準的企業價值 122.02 元，須向下修正 31.4%。

3.累積升息21碼到5.5%

假設聯準會累積升息 21 碼到 5.5%（此為 2023 年 7 月底實際情況），同樣的條件與同樣企業，合理的企業價值就會下降到 82.31 元，相較於原本 0.25% 利率水準的企業價值 122.02 元，須向下修正 32.5%。

4.累積升息22碼到5.75%

假設聯準會累積升息 22 碼到 5.75%，同樣的條件與同樣企業，合理的企業

表1 利率升至5.5%，企業價值須向下修正32.5%
——試算升息後對股價估值的影響

假設1家企業每年每股盈餘（EPS）10元，在不同無風險利率下的企業價值變化				
美國基準利率（%）	0.25	4.75 （升息18碼）	5.25 （升息20碼）	5.50 （升息21碼）	5.75 （升息22碼）
折現率（%）	5.25	9.75	10.25	10.50	10.75
年度EPS（元）	10.00	10.00	10.00	10.00	10.00
1	9.50	9.11	9.07	9.05	9.03
2	9.03	8.30	8.23	8.19	8.15
3	8.58	7.56	7.46	7.41	7.36
4	8.15	6.89	6.77	6.71	6.65
5	7.74	6.28	6.14	6.07	6.00
6	7.36	5.72	5.57	5.49	5.42
7	6.99	5.21	5.05	4.97	4.89
8	6.64	4.75	4.58	4.50	4.42
9	6.31	4.33	4.16	4.07	3.99
10	5.99	3.94	3.77	3.68	3.60
11	5.70	3.59	3.42	3.33	3.25
12	5.41	3.27	3.10	3.02	2.94
13	5.14	2.98	2.81	2.73	2.65
14	4.89	2.72	2.55	2.47	2.39
15	4.64	2.48	2.31	2.24	2.16
16	4.41	2.26	2.10	2.02	1.95
17	4.19	2.06	1.90	1.83	1.76
18	3.98	1.87	1.73	1.66	1.59
19	3.78	1.71	1.57	1.50	1.44
20	3.59	1.56	1.42	1.36	1.30
企業價值（元）	122.02	86.61	83.70	82.31	80.95
修正幅度（%）	0.00	29.00	31.40	32.50	33.70

註：假設風險貼水為 5%，折現率即為「5%＋累積升息幅度」　　資料來源：《投資家日報》

價值就會下降到 80.95 元，相較於原本 0.25% 利率水準的企業價值 122.02 元，須向下修正 33.7%。

　　看到這裡，投資人應該能了解到，在遇到利率環境大幅變動時，就得調整企業估價條件。舉例來說，回顧《投資家日報》2022 以來對於聯準會的利率動向反應（詳見圖 3）。2022 年年初時，由於沒有考慮到聯準會會開啟史無前例的「暴力升息」，因此在企業價值的評估上，確實出現了許多「落漆」的結果。不過，隨著 2022 年 5 月 5 日，我開始加入「升息 12 碼」、同年 6 月開始加入「升息 15 碼」、8 月 15 日開始加入經濟衰退的影響，9 月開始加入「升息 18 碼」、9 月 22 日開始加入「升息 21 碼」的影響評估之後，從目前的結果論來看，一方面不僅具備了「領先市場」、「超前部署」的參考價值，另一方面也彌補了 2022 年年初時在企業評價上的「落漆」。

　　2023 年，在企業評價的分析上，4 月 27 日調整到「升息 20 碼」的影響，6 月 16 日開始加入「升息 22 碼」的影響，將足以因應 2023 年下半年的市場變化，更可持續適用到 2024 年的金融局勢。

估價範例》台積電

　　以台積電（2330）這檔我原本就擁有的持股為例，2022 年 3 月之後因為

圖3 隨市場環境變化，即時調整企業估價條件
——調整企業估價條件參考時程

2022
◆年初未考慮到Fed會暴力升息
◆5月5日開始加入**升息12碼**影響

◆6月開始加入**升息15碼**影響
◆8月15日開始加入**經濟衰退影響**

◆9月開始加入**升息18碼**影響
◆9月22日開始加入**升息21碼**影響

2023
◆4月27日調整成**升息20碼**影響
◆6月16日開始加入**升息22碼**影響

資料來源：《投資家日報》

美國連續升息，加上俄烏戰爭的影響，全球資本市場都遇到不小的壓力。以下分享我在 2022 年 9 月底時曾於《投資家日報》發表的台積電估價過程，以及後來我是如何藉由當時的估價結果，進而在同年 10 月時抓到了相當理想的加碼時機。

由於截至 2022 年 9 月 30 日為止，全體法人對於台積電 2022 年的 EPS

預估，平均值落在 36.54 元（編按：隔年可知 2022 年實際 EPS 為 39.2 元）；由於面臨聯準會連續升息壓力，以及市場對於經濟衰退的擔憂，因此我將法人預估的 EPS 平均值又打了 8 折，採用 29.23 元（＝ 36.54×0.8）這個保守的數字來為台積電估價。

有了保守預估的 EPS 29.23 元數字後，接下來就可以透過市場願意給予的本益比倍數，推算出企業價值的目標。

需要留意的是，由於聯準會是從 2022 年 3 月啟動升息循環，因此我把本益比的參考區間，往前涵蓋到 2022 年 2 月之前。此外，在擷取最高與最低本益比的倍數時，除了要將「極端值」剔除之外，參考的數值可有 2 種選擇：1. 選用最大公約數的平均值、2. 直接套用最高與最低值。

根據上述的原則，並選用最大公約數的平均值，例如 2020 年 1 月以來，台積電的最高本益比約落在 30 倍、最低本益比落在 19 倍（詳見表 2）。

因此一方面可得出本益比的倍數區間為 2.2 倍＝（30 － 19）/5，另一方面可區分出代表不同本益比倍數的意義，分別為：特價的 19 倍、便宜的 21.2 倍、合理（下緣）的 23.4 倍、合理（上緣）的 25.6 倍、昂貴的 27.8 倍、瘋狂的 30 倍。

表2 台積電期間最高本益比約30倍
—— 台積電（2330）每月本益比

年月	本益比（倍）	年月	本益比（倍）	年月	本益比（倍）
2020.01	25.20	2020.10	24.63	2021.07	27.82
2020.02	24.88	2020.11	25.37	2021.08	28.73
2020.03	20.57	2020.12	27.98	2021.09	27.14
2020.04	22.86	❷ 2021.01	31.20	2021.10	27.61
❶ 2020.05	18.89	2021.02	30.35	2021.11	26.97
2020.06	20.25	2021.03	29.39	2021.12	27.83
2020.07	27.52	2021.04	30.05	2022.01	28.78
2020.08	24.32	2021.05	28.63	2022.02	26.25
2020.09	24.69	2021.06	28.54	① 期間最低本益比約19倍 ② 期間最高本益比約30倍	

註：1. 本益比計算方式：月收盤價/EPS　　資料來源：Histock 嗨投資網站

假設升息18碼至4.75%，本益比須下修29%

經過計算，假設聯準會升息循環為18碼，將會對本益比的倍數產生下修29%的影響；換言之，台積電的企業價值區間，分別為（詳見表3）：

1. 特價的394.3元＝29.23元×19倍本益比×（1－0.29）。

2. 便宜的440元＝29.23元×21.2倍本益比×（1－0.29）。

3. 合理（下緣）的485.6元＝29.23元×23.4倍本益比×（1－0.29）。

4. 合理（上緣）的531.3元＝29.23元×25.6倍本益比×（1－0.29）。

5. 昂貴的576.9元＝29.23元×27.8倍本益比×（1－0.29）。

表3 升息至4.75%時本益比下修29%的台積電估價
——台積電（2330）不同升息情境的企業價值區間

條件：採2022年EPS保守預估值29.23元計算，若聯準會升息18碼至4.75%時，本益比下修29%			
	項目	特價	便宜	合理（下緣）
2022年預估值	預估本益比（倍）	19.0	21.2	23.4
	對應股價（元）	394.3	440.0	485.6
	項目	合理（上緣）	昂貴	瘋狂
	預估本益比（倍）	25.6	27.8	30.0
	對應股價（元）	531.3	576.9	622.6

註：資料日期為 2022.09.30；2022 年（F）預估 EPS 為 29.23 元，為當時全體法人預估平均值 36.54 元再打 8 折
資料來源：《投資家日報》

6. 瘋狂的 622.6 元＝ 29.23 元 ×30 倍本益比 ×（1 － 0.29）。

假設升息21碼至5.5%，本益比須下修32.5%

再假設聯準會這一波升息循環將達 21 碼的情境下，預估將會對本益比的倍數，產生下修 32.5% 的影響，換言之，台積電的企業價值區間，分別為（詳見表 4）：

1. 特價的 374.9 元＝ 29.23 元 × 19 倍本益比 ×（1 － 0.325）。
2. 便宜的 418.3 元＝ 29.23 元 × 21.2 倍本益比 ×（1 － 0.325）。
3. 合理（下緣）的 461.7 元＝ 29.23 元 × 23.4 倍本益比 ×（1 －

表4 升息至5.5%時本益比下修32.5%的台積電估價
——台積電（2330）不同升息情境的企業價值區間

條件：採2022年EPS保守預估值29.23元計算，若聯準會升息21碼至5.5%時，本益比下修32.5%				
	項目	特價	便宜	合理（下緣）
2022年 預估值	預估本益比（倍）	19.0	21.2	23.4
	對應股價（元）	374.9	418.3	461.7
	項目	合理（上緣）	昂貴	瘋狂
	預估本益比（倍）	25.6	27.8	30.0
	對應股價（元）	505.1	548.5	591.9

註：資料日期為 2022.09.30；2022 年（F）預估 EPS 為 29.23 元，為當時全體法人預估平均值 36.54 元再打 8 折
資料來源：《投資家日報》

0.325）。

4. 合理（上緣）的 505.1 元 = 29.23 元 × 25.6 倍本益比 ×（1 − 0.325）。

5. 昂貴的 548.5 元 = 29.23 元 × 27.8 倍本益比 ×（1 − 0.325）。

6. 瘋狂的 591.9 元 = 29.23 元 × 30 倍本益比 ×（1 − 0.325）。

2022年10月台積電股價跌至「特價」區間

有了關於台積電 2022 年第 4 季「企業價值」的定見之後，接下來就是要耐心等待好價格的出現。幸運的是，沒有等待很久，1 個月後市場便出現了「好價格」的時機。

2022 年 10 月，台股從年初高點 1 萬 8,619 點暴跌 32% 到 1 萬 2,629 點；而在美股費城半導體指數 5 天上漲 8.83% 的同時，原本與費城半導體指數高度相關的台積電也一反常態，繼續破底，最低崩跌到 370 元（詳見圖 4）。

當時台積電的弱勢表現，多多少少也與台灣的地緣關係有關，就外資的立場，台灣恐怕深陷戰爭風險，為了降低風險，也難怪會持續賣超台積電了。

不過，一旦真正發生戰爭，台灣投資人其實也無處可去，還不如趁著外資恐懼的時刻，把握低檔進場的機會。就這樣秉持著跟台積電「同島一命」的信念，我利用了 2022 年台股陷入「獵殺紅色 10 月」的恐怖氛圍中，分別在升息 18 碼下的特價 391 元，與升息 21 碼下的特價 374 元，持續加碼台積電的持股，從目前的結果論來看，可以說是再次展現了「危機入市」、「當別人恐懼，我貪婪」所帶來的超額利潤。

別人恐懼我貪婪，趁台積電「特價」低檔加碼

圖 5 是我實際買進台積電的對帳單，在面對行情劇烈波段時，該有的操作紀律，其內容參考如下：

1. 種類：普通買進。
2. 股票名稱：台積電。

圖4 台積電2022年10月26日最低跌至370元
—— 台積電（2330）日線圖

註：資料時間為 2022.07 ～ 2022.10　　資料來源：XQ 全球贏家

3. 加碼時機①：506 元→跌到升息 12 碼下的便宜價。

4. 加碼時機②：471.5 元→跌到升息 15 碼下的便宜價。

5. 加碼時機③：441.5 元→跌到升息 12 碼下的特價。

6. 加碼時機④：391 元→跌到升息 18 碼下的特價。

7. 加碼時機⑤：374 元→跌到升息 21 碼下的特價。

8. 總持股數：9,000 股。

9. 總持有成本：440 萬 9,000 元，每股約 490 元。

圖5 ## 2022年10月趁機於台積電特價時加碼持股
——孫慶龍實際交易台積電（2330）對帳單

成交日期	種類	代號	商品名稱	數量	成交價	成交價金	手續費
2022/03/16	普通買進	2330	台積電	1,000	555.00	555,000	474
2022/04/06	普通買進	2330	台積電	1,000	579.00	579,000	495
2022/04/11	普通買進	2330	台積電	1,000	561.00	561,000	479
2022/04/27	普通買進	2330	台積電	1,000	530.00	530,000	453
2022/05/10	普通買進	2330	台積電	1,000	506.00	506,000	432
2022/07/01	普通買進	2330	台積電	1,000	471.50	471,500	403
2022/07/04	普通買進	2330	台積電	1,000	441.50	441,500	377
2022/10/20	普通買進	2330	台積電	1,000	391.00	391,000	334
2022/10/25	普通買進	2330	台積電	1,000	374.00	374,000	319
台幣小計				9,000	0.00	4,409,000	3,766

10. 截至 2023 年 6 月 15 日，累積現金股利共 10 萬 7,250 元＝（5,000 股 ×13.75）＋（2,000 股 ×11 元）＋（2,000 股 ×8.25 元）。

上述台積電的範本，單純只是舉例說明，投資人可依照風險承受度，與對投資標的的了解，選擇符合投資邏輯的潛力好股；此外，再次強調我的操作習慣，通常在選定 1 檔值得投資的標的時，除了考量這家公司未來營運的成長性之外，「耐心等到股價來到便宜的好價格」也是重要的操作原則。

📱股市小百科　**固定式本益比倍數資訊**

◆證交所

交易資訊➡盤後資訊➡個股日本益比、殖利率股價淨值比（依代碼查詢）：www.twse.com.tw/zh/trading/historical/bwibbu-day.html。

以台積電（2330）2023年5月查詢結果為例

112年05月 台積電 個股日本益比、殖利率及股價淨值比(以個股月查詢)					
日期 ⬍	殖利率(%) ⬍	股利年度 ⬍	本益比 ⬍	股價淨值比 ⬍	財報年/季 ⬍
112年05月10日	2.19	111	12.83	4.43	111/4
112年05月11日	2.20	111	12.73	4.39	111/4
112年05月12日	2.22	111	12.60	4.18	112/1
112年05月15日	2.22	111	12.59	4.17	112/1
112年05月16日	2.18	111	12.83	4.25	112/1
112年05月17日	2.12	111	13.19	4.37	112/1

◆HiStock嗨投資網站

企業價值➡本益比：histock.tw/stock/financial.aspx?no=2330&t=6

◆飆股基因App

財務➡本益比。

　　目前市場中關於本益比或股價淨值比的數據來源，主要都是參考台灣證券交易所（簡稱證交所）的統計，舉例來說，台積電以 2023 年第 1 季的財報計算，5 月 12 日本益比在 12.6 倍、股價淨值比在 4.18 倍；5 月 19 日本益比

在 13.52 倍、股價淨值比在 4.48 倍。

　　換言之，投資人若要尋找過去一段期間台積電最高的本益比，與最低的本益比，可以直接到證交所的網站查詢；此外，目前坊間也有各種網站或 App，例如嗨投資 Histock，或是飆股基因 App 等，也都有提供相同的數據內容（詳見股市小百科）。

6-6

創造高報酬
耐心等待是最佳做法

有了關於「企業價值」的定見之後，接下來在面對行情的劇烈波動時，投資人要保有「耐心」，是非常重要的一件事，因為「報酬，是靠耐心等待出來的」，而所謂的耐心，又可分為 2 個層面：

層面1》等好公司跌到好價格

關於「好價格」的部分，有 3 點必須先要認識：

①要考慮聯準會升息對本益比修正的影響

美國聯準會（Fed）升息，會使得無風險利率提高，進而導致「企業價值」下調；從 2022 年開始的升息循環，截至 2023 年 7 月底已經累積升息 21 碼，使美國的基準利率來到 5.5%，因此在這個時間點，若我們對於 1 家公司給予 5% 的風險貼水，加上 5.5% 的基準利率，那麼本益比的倍數就要向下修正 32.5%（詳見 6-5 表 1）。

②要考慮經濟衰退對EPS下調的影響

2022 年 8 月時，我就曾公開指出，關於庫存風暴，主要會發生到電子產業上，不過每家公司受影響程度不一，因此很難有一個像「聯準會升息多少嗎？就會對本益比修正多少？」的統一標準，只能針對個別公司去評斷。

至於採用打 8 折來預估未來每股盈餘（EPS），雖然乍看之下，不夠精確、甚至有些籠統，但由於符合我所主張「寧願對得迷迷糊糊，也不要錯得清清楚楚」的分析原則，因此，這個標準將會套用在未來對於日報追蹤企業的評價分析上。

③要考慮手中是否持有股票

我長期以來的操作節奏是「事先做好資金配置，便宜價時建立部位、特價再加碼持股」。例如面對升息的情境，在計算出便宜價後，還沒有買進的空手投資人，就可以在股價跌到便宜價時把握機會建立持股；對於已經持有這一檔股票的投資人而言，則可以耐心等到特價，再來思考逢低加碼的時機，這是投資布局的重要原則（詳見圖 1）。

以台積電（2330）為例，身為地表最強的半導體公司，隨著半導體應用愈來愈廣泛，投資人長期持有所創造的複利效果，絕對不容小覷。其中 AI 聊天機器人的廣泛應用，更帶來未來無限的想像。

圖1 空手者等便宜價、持股者等特價再加碼
──空手者vs.持股者

空手者	持股者
耐心等到**便宜價** 開始布局	耐心等到**特價** 逢低加碼

　　AI 聊天機器人 ChatGPT 雖然 2023 年年底才橫空出世，但發展的速度，確實像火箭升空般的快速，不僅只花 2 個月的時間，就創下全球用戶突破 1 億的紀錄，超越抖音（TikTok）的 9 個月達 1 億用戶。

　　騰訊的微信（Wechat）用 433 天達 1 億用戶；Instagram 用 2.5 年達 1 億用戶；Facebook 用 4.5 年達 1 億用戶；影音平台 Netflix 投入線上影音串流後，甚至花了 10 年的時間才達到 1 億用戶數。

　　ChatGPT 除了用戶數像火箭升空般的快速之外，版本推進的速度也是令人嘖嘖稱奇。ChatGPT 第 3 代才對外問世 3 個多月時間，第 4 代版本迅速在 2023 斤 3 月 14 日對外發表，不僅運算能力大幅上升，各項領域的準確度，也呈現大幅上升的趨勢（詳見圖 2）。

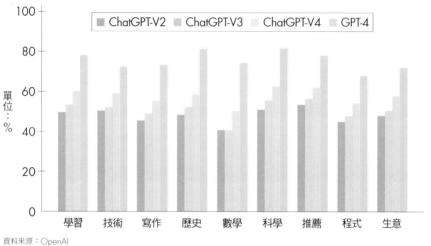

圖2 新版本ChatGPT準確度愈來愈高
——4個ChatGPT版本在各領域的準確度

ChatGPT-V2　ChatGPT-V3　ChatGPT-V4　GPT-4

單位：%

學習　技術　寫作　歷史　數學　科學　推薦　程式　生意

資料來源：OpenAI

　　根據官方的研究報告顯示，若用 GPT-4 來參加美國律師的資格考，成績已經贏過 90% 的人類考生，遠遠超過前一代只贏 10% 考生的水準能力。相較於第 3 代在許多領域回答問題的準確率不到 60%，第 4 代的準確率持續上升，其中關於歷史的問題，關於科學的問題，準確率已經可以達到 80% 以上。

　　再者，值得留意的是，不管是通過各大考試的能力，還是準確回答各項領域問題的能力，一定會持續地大幅上升，因為未來 AI 的運算能力，預估將以每 6

圖3 AI效應將可望推動全球GDP成長
——AI運算能力與效應

AI	GDP
◆運算能力 ◆每6～10個月就成長1倍	◆因AI成長15兆7,000億美元 ◆生產力提升＋消費效應

資料來源：《時代雜誌》與PwC

到 10 個月，就翻 1 倍的速度成長。

　　根據美國《時代雜誌》（Time）〈封面故事〉「人工智慧軍備競賽正改變一切」的內文指出，未來 AI 的運算能力，將會以每 6 個月到 10 個月的時間就成長一倍，而這樣子的高速成長，不僅將帶給全球半導體產業強勁走揚的驅動力，更會對全球 GDP 產生大幅提升的效益。

　　根據全球 4 大專業諮詢機構之一的資誠聯合會計師事務所（PwC）的預估，到 2030 年全球的 GDP 將會因為人工智慧（AI）的導入，提升高達 15 兆 7,000億美元的產值，總產值甚至超過中國加上印度 GDP 的總和，其中，6 兆 6,000億美元來自生產力的提升，而 9 兆 1,000 億美元來自消費市場的效應（詳見圖 3）。

層面2》公司前景佳，買進後等待複利發威

　　AI 如火箭升空般的發展，不僅讓台積電今年才要開始進入大量生產的 3 奈米晶片，有了很好的出海口，更奠定未來營運持續走升的基礎。

　　一般而言，愈先進製程的晶片，雖然代表愈高效能的運算能力，但也同步代表愈昂貴的成本，與愈昂貴的售價。換言之，除非品牌手機本身的銷售量夠大，可以攤銷平均成本；或是品牌的忠誠度夠高，能讓消費者願意買單，否則將愈來愈難說服一般手機品牌要一味跟進採用最先進製程的晶片。此外，智慧型手機需不需要這麼高階製程的晶片？也是一大問號。

　　在成本與市場需求的雙重考量下，目前全球只剩下蘋果公司有能力可以不斷跟進並採用台積電最新進的製程；一方面包下台積電 5 奈米約 50% 產能，另一方面也願意跟進台積電的 3 奈米製程。

　　不過，值得留意的是，蘋果公司採用的時間，也從原本預估 2022 年的 iPhone14，再往後延宕。

　　根據統計，台積電不同製程的代工價格，16 奈米的價格為 2,990 美元、10 奈米上升到 5,992 美元、7 奈米上升到 9,346 美元、5 奈米上升到 1 萬

表1 台積電3奈米代工價格為3萬美元

——台積電不同製程的代工價格

製程	代工價格（美元）	單顆晶片價（美元）	單位電晶體（美元）
16奈米	2,990	5.98	331
10奈米	5,992	11.98	274
7奈米	9,346	18.69	233
5奈米	16,900	33.80	238
3奈米	30,000	60.00	N/A

註：假設 1 片 12 吋晶圓可切 500 顆手機晶片　　資料來源：《投資家日報》

6,900 美元、3 奈米將再跳升到 3 萬美元（詳見表 1）。

此外，在假設 1 片 12 吋晶圓可切出 500 顆手機晶片的基礎下，16 奈米的單顆晶片成本為 5.98 美元、10 奈米上升到 11.98 美元、7 奈米上升到 18.69 美元、5 奈米上升到 33.8 美元、3 奈米將再上升到 60 美元。

再者，愈先進的製程，代表在同一個單位（編按：手機晶片大小約 1.5 公分 ×1.5 公分）可塞進愈多的電晶體，單位的電晶體成本也可因此下降，例如 16 奈米為 331 美元、10 奈米下降至 274 美元、7 奈米再下降至 233 美元。不過隨著先進製程發展到 5 奈米以下，由於必須得採用貴桑桑的紫外光（EUV）曝光技術設備，因此單位電晶體的成本不降反升，5 奈米上升到 238 美元。

上述手機品牌廠是否會跟進台積電 3 奈米製程的擔憂？隨著 AI 聊天機器人的問世，也讓原本的擔憂煙消雲散，因為台積電 3 奈米產品，不僅有了非常好的出海口，更有機會出現「台積電能開出多少產能，就會被客戶搶光」的局面。

6-7

估價方式2》股價淨值比
行情偏空時適用

　　財務比率法中的「股價淨值比」（PBR）與「本益比」（PER），是目前市場最常見評價企業價值的方法。而比起「每股盈餘」（EPS），其實「每股淨值」比較不容易被上市櫃公司老闆操控，以及不容易起伏太大等優勢，因此在財報上的信賴度較高，更可用於所有公司的評價上。

　　利用股價淨值比估算合理股價的算法為：「每股淨值」乘上「股價淨值比倍數」（詳見圖1）。

　　相較於本益比無法適用在營運出現虧損的公司，股價淨值比的一大優勢，就是對於營運出現虧損的公司，仍然具備評價企業價值的條件。

　　不過值得注意的是，通常股價淨值比的評價結果會相對保守；而本益比的評價結果，則會相對積極。換言之，反映在使用時機上，行情偏多時我會習慣參考本益比，行情偏空時則會借重股價淨值比（詳見圖2）。

圖1 用每股淨值乘上股價淨值比倍數算目標價
——每股淨值法估價方式

目標價 ＝ 每股淨值 ✕ 股價淨值比倍數

近1季或未來某1季　固定式／滾動式、便宜／合理／昂貴

　　再者，影響股價淨值比的因素包括每股淨值與淨值比的倍數，前者會有要參考「過去」或「未來」數值的選擇，而後者則需考量便宜、合理、昂貴倍數的區間範圍，其中倍數的區間又可分為固定式與滾動式 2 種。

股價淨值比有4種計算組合

　　整體而言，投資人如果要選用「股價淨值比」來評價 1 家公司合理的企業價值，就應該要完整認識股價淨值比的 4 種組合，如此才能有效且精準地套用在個股的企業價值的評估上，分別為：

　　1. 近 1 季每股淨值 ✕ 固定式股價淨值比。
　　2. 近 1 季每股淨值 ✕ 滾動式股價淨值比。

圖2 股價淨值比起伏不易過大，信賴度高
—— 股價淨值比估價特點

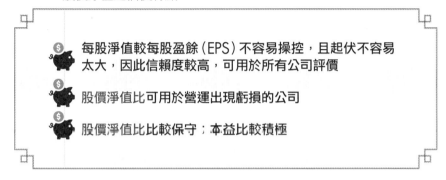

- 每股淨值較每股盈餘（EPS）不容易操控，且起伏不容易太大，因此信賴度較高，可用於所有公司評價
- 股價淨值比可用於營運出現虧損的公司
- 股價淨值比比較保守；本益比較積極

3. 預估未來某 1 季每股淨值 × 固定式股價淨值比。

4. 預估未來某 1 季每股淨值 × 滾動式股價淨值比。

關於「預估每股淨值」的方式，主要是建立在「預估 EPS」的基礎上。其計算的方式，就是將「每股淨值」，加上「預估 EPS」並扣掉「每股現金股利」之後，再除以「1＋股票股利」，以考量對於發行股數膨脹的影響（詳見圖3）。

估價範例》大成鋼

在擷取最高與最低股價淨值比的倍數時，除了要將「極端值」剔除之外，參

圖3 用預估EPS與股利算出預估每股淨值
——預估每股淨值算式

$$\text{預估每股淨值} = \frac{\text{每股淨值} + \text{預估EPS} - \text{每股現金股利}}{(1 + \text{股票股利})}$$

考的數值可以有這 2 種選擇,分別是:1. 選用最大公約數的平均值、2. 直接套用最高與最低值。

以 2021 年《投資家日報》非常成功的 1 檔案例——大成鋼(2027)來加以說明。當時根據上述原則,可以選用直接套用欲計算期間的最高值與最低值(詳見表 1):

1. 計算期間:2018 年 6 月～ 2021 年 5 月。
2. 最高股價淨值比:2018 年 9 月時的 3.21 倍。
3. 最低股價淨值比:2020 年 9 月時的 1.04 倍。

以最高的 3.21 倍和最低的 1.04 倍作為股價淨值比的範圍,並從中分割為 6 個區間,每個區間則為 0.434 倍＝(3.21 － 1.04)/5。

表1 大成鋼期間最低股價淨值比為1.04倍
——大成鋼（2027）每月股價淨值比

年月	股價淨值比（倍）	年月	股價淨值比（倍）	年月/	股價淨值比（倍）
2018.06	2.45	2019.06	1.76	2020.06	1.28
2018.07	2.60	2019.07	1.79	2020.07	1.10
2018.08	2.78	2019.08	1.66	2020.08	1.13
❶ 2018.09	3.21	2019.09	1.52	❷ 2020.09	1.04
2018.10	2.60	2019.10	1.44	2020.10	1.16
2018.11	2.12	2019.11	1.29	2020.11	1.57
2018.12	2.09	2019.12	1.42	2020.12	1.75
2019.01	2.18	2020.01	1.34	2021.01	1.41
2019.02	2.18	2020.02	1.37	2021.02	1.75
2019.03	2.26	2020.03	1.22	2021.03	1.74
2019.04	1.77	2020.04	1.21	2021.04	2.67
2019.05	1.71	2020.05	1.27	2021.05	2.39

註：股價淨值比計算方式：月收盤價／EPS　　資料來源：Histock 嗨投資網站

❶ 最高股價淨值比為3.21倍
❷ 最低股價淨值比為1.04倍

接著再將這 6 個區間，區分出不同的意義，分別為：

1. 特價：1.04 倍。

2. 便宜價：1.47 倍。

3. 合理價（下緣）：1.91 倍。

4. 合理價（上緣）：2.34 倍。

表2 依2020年Q3每股淨值計算，大成鋼特價為18.6元

——大成鋼（2027）每股淨值與固定式淨值比情境分析

	項目	特價	便宜	合理（下緣）
2020年Q3每股淨值17.86元	股價淨值比倍數（倍）	**1.04**	1.47	1.91
	對應股價（元）	**18.60**	26.30	34.10
	項目	合理（上緣）	昂貴	瘋狂
	股價淨值比倍數（倍）	2.34	2.78	3.21
	對應股價（元）	41.80	49.60	57.30

資料來源：《投資家日報》

5. 昂貴價：2.78 倍。

6. 瘋狂價：3.21 倍。

有了不同淨值比的倍數之後，便可以乘上 2020 年第 3 季每股淨值 17.86 元（編按：根據 2020 年 11 月 14 日公告之第 3 季財報），得出不同企業價值目標，分別為（詳見表 2）：

1. 特價：18.6 元＝ 17.86 元 ×1.04。

2. 便宜價：26.3 元＝ 17.86 元 ×1.47。

3. 合理價（下緣）：34.1 元＝ 17.86 元 ×1.91。

4. 合理價（上緣）：41.8 元＝ 17.86 元 ×2.34。

表3 依2021年Q1每股淨值計算，大成鋼瘋狂價為61.8元

——大成鋼（2027）每股淨值與固定式淨值比情境分析

2021年Q1 每股淨值 19.26元	項目	特價	便宜	合理（下緣）
	股價淨值比倍數（倍）	1.04	1.47	1.91
	對應股價（元）	20.00	28.40	36.70
	項目	合理（上緣）	昂貴	瘋狂
	股價淨值比倍數（倍）	2.34	2.78	**3.21**
	對應股價（元）	45.10	53.50	**61.80**

資料來源：《投資家日報》

5. 昂貴價：49.6 元＝ 17.86 元 ×2.78。

6. 瘋狂價：57.3 元＝ 17.86 元 ×3.21。

　　時序進入到 2021 年 5 月 15 日之後，由於已公告 2021 年第 1 季每股淨值 19.26 元，因此需重新調整不同企業價值目標，分別為（詳見表 3）：

1. 特價：20 元＝ 19.26 元 ×1.04。

2. 便宜價：28.4 元＝ 19.26 元 ×1.47。

3. 合理價（下緣）：36.7 元＝ 19.26 元 ×1.91。

4. 合理價（上緣）：45.1 元＝ 19.26 元 ×2.34。

5. 昂貴價：53.5 元＝ 19.26 元 ×2.78。

6. 瘋狂價：61.8 元＝ 19.26 元 ×3.21。

平心而論，上述關於大成鋼「企業價值」的評價，展現了幾乎無可挑剔的精準度，透過 2020 年第 3 季財報所計算的特價 18.6 元，與當時的最低點 18.7 元，只差 0.1 元；透過 2021 年第 1 季財報所計算的瘋狂價 61.8 元，與當時的最高點 63.7 元，只差 1.9 元（詳見圖 4）。

關於股價淨值比，讀者還可參考閱讀我的前一本著作《12 招獨門秘技：找出飆股基因》書中的第 9 招「鹹魚大翻身，狂賺 10 倍不是夢」，此高勝率的策略，就是從這個評價模式所衍生出來的。

「每股清算價值投資法」回測平均勝率逾8成

一般而言，市場在評估 1 家公司合理的股價時，會習慣參考「每股淨值」作為判斷的標準，而我也在另一本著作《源源不絕賺好股》一書中的第 264 頁到第 277 頁提出不一樣的檢視標準，並且命名為「每股清算價值」。

由於考量財務報表中，最容易被 CEO 上下其手、操控損益的科目就屬「應收帳款」、「存貨」及「長期投資」，因此我主張在計算 1 家公司「最底線」的價值時，應該採用「近乎苛求」的財務標準——也就是假設一家公司的資產，

圖4 大成鋼2020～2021年股價符合每股淨值比推算價位
——大成鋼（2027）日線圖

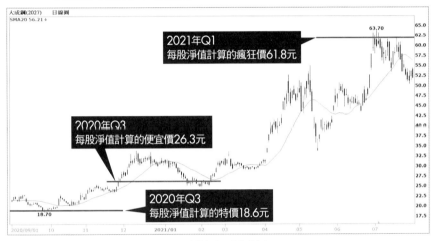

2021年Q1
每股淨值計算的瘋狂價61.8元

2020年Q3
每股淨值計算的便宜價26.3元

2020年Q3
每股淨值計算的特價18.6元

註：資料時間為 2020.09.01 ～ 2021.07.30　　資料來源：XQ 全球贏家

除了要償還所有的負債之外，帳上所有的應收帳款、存貨及長期投資，也都必須假設全都收不回來，全部認列損失，如此所剩下的資產，才能算是「最底線」的淨值（詳見圖 5）。

為了讓「每股清算價值投資法」，有更客觀的數據佐證，我進行了大數據的決策分析，並透過「買進條件為市價小於每股清算價值 30%，賣出條件為市價大於清算價值 30%」（詳見圖 6），進行電腦的歷史回測驗證。

再根據大數據分析（詳見圖7），條件設定為：只要台股 1,700 多家上市櫃公司，符合上述的買進條件（市價小於清算價值 30%），在完全不管任何基本面、產業面、籌碼面、甚至技術面等因素，就直接列入買進名單，並且 Buy & Hold（買進持有）到符合賣出條件（市價大於清算價值 30%）。

回測 2008 年 1 月 1 日到 2023 年 5 日 10 日期間，總共會進場 413 次，平均賺錢勝率為 86.74%；投資組合累積報酬率為 23.77%（大盤同期 88.18%）、年化報酬率為 15.57%（大盤同期 4.2%）。

整體而言，每股清算價值（俗稱：鹹魚翻身）的投資策略，不僅已成功運用

圖6 市價小於清算價值30%時買進
——「每股清算價值投資法」買進、賣出策略

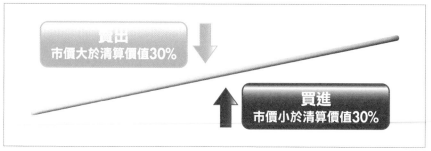

買出
市價大於清算價值30%

買進
市價小於清算價值30%

資料來源：《投資家日報》

在 2011 年以來日報許多追蹤標的成功經驗上，即使套用在台股所有符合資格條件的標的上，一樣可創造通過大數據分析，且結果令人印象深刻的績效表現。

由於平均的賺錢勝率可達到 86.74%，平均每筆的報酬率可達到 97.25%，因此在完全符合股市贏家該有的投資水準下，相信採用此一策略的投資人，將可帶來「買得安心、抱得放心、賺得開心」的整體效益。

值得一提的是，若再比較我在前一本著作《12 招獨門秘技：找出飆股基因》所分享的 2008 年到 2017 年歷史回測結果，兩段期間的平均勝率分別為 86.8%（2008 年到 2017 年）、86.74%（2008 年到 2023 年）；平均

圖7 採每股清算價值法，回測累積報酬率823%
——2008～2023年決策報酬分析報告

投資組合累積報酬率 **大盤累積報酬率**

◆買進策略：市價小於每股清算價值30%
◆賣出策略：市價大於每股清算價值30%

大盤
累積報酬率88.18%
年化報酬率4.2%

投資組合
累積報酬率823.77%
年化報酬率15.57%

單位：%

900
800
700
600
500
400
300
200
100
0
-100

2008.01.02 '10.01.26 '12.02.29 '14.03.28 '16.05.05 '18.06.11 '20.07.22 '22.08.29

○整體統計資訊：
總進場次數：413次　　　平均報酬率：97.25%　　　年化標準差：17.69%
平均持有天數：1,173天　　最佳報酬率：1,386%　　　（大盤同期18.12%）
平均勝率：86.74%　　　　最差報酬率：-96.81%　　　Beta值：0.7932
平均敗率：13.26%　　　　　　　　　　　　　　　　夏普指標：0.8382

註：資料時間為 2008.01.01 ～ 2023.05.10　　資料來源：《投資家日報》

報酬率從 85.28% 上升到 97.25%，兩段期間的投資組合年化報酬率則分別為 12.68% 與 15.57%；可得出 1 個結果——我從 2011 年開始主張的「每股清算價值法」投資策略，可以說一直維持高勝率的統計結果及優於大盤的績效。

6-8

估價方式3》股價盈餘成長比合理判讀成長股價位

一般而言，本益比是目前市場中最常見，用來定義 1 檔股票股價高低的財務準則，但本益比最大的缺點，就是本身並不會透露價格的合理性。換句話說，20 倍的本益比是「高」？還是「低」？很難有一個明確的界定，因為如果用在 5G 概念股、生技族群，或許 20 倍的本益比仍處於低的狀態；但如果套用在食品股、或金融股上，可能就高不可攀了。

當然，上述評價的過程中，還需考慮到整體市場的本益比、主要競爭者的本益比，或者公司歷史的本益比等資訊，才能理出具有參考價值的頭緒。

本益比高於盈餘成長率，代表股價偏高

為了解決合理本益比的難題，「股價盈餘成長比」（Price-to-Earning Growth Ratio，簡稱 PEG，又稱本益成長比）提供了一個思考的方向。美國投資大師彼得·林區（Peter Lynch）在其著作《選股戰略》中指出，如果 1 家公司的股價

盈餘成長比僅有 0.5 倍（成長率是本益比的 2 倍），他會毫不考慮地進場逢低買股票；反之，如果 1 家公司本益比是成長率的 2 倍，那麼他情願帶著家人去拉斯維加斯度假，開心地花掉這筆錢，也不會傻到買進這家公司的股票。

股價盈餘成長比的算法，是將「預估本益比」除以「預估未來 5 年每股盈餘成長率」（詳見圖 1）。舉例來說，假設 1 家公司未來 5 年的盈餘成長率為 30%，那麼合理的股票本益比就是 30 倍，當本益比掉到只剩下 15 倍時，不僅是絕佳的「買點」，更是投資人安心賺大錢的保證，因為買到了 1 檔營運成長，股價又便宜的好標的；本益比若來到 60 倍，就可視為市場過度追捧的超漲股票，隨時有股價泡沫崩跌的風險。

在實務的經驗中，股價盈餘成長比這套評價邏輯，卻會牽涉到一個棘手的難題，就是要如何預估 1 家公司未來 5 年的盈餘成長率？畢竟目前全球產業發展的變化非常快速，許多時候連上市櫃公司的老闆 CEO，甚至精通產業趨勢的分析師，都看不懂、抓不準，一般的外部投資人，又該如何精準預估公司未來 5 年的盈餘成長率？所以這套評價邏輯，從主觀或客觀的條件來看，確實都不容易達成。

幸運的是，在財報分析中有 1 個公式，可以稍微抓出 1 家公司盈餘成長率的輪廓，其計算公式：股東權益報酬率 ×（1 －盈餘配發率）＝盈餘成長率。

圖1 用預估本益比與盈餘成長率算出股價盈餘成長比
——股價盈餘成長比估價方式

範例：預估本益比為15倍，預估未來5年每股盈餘成長率為30%，股價盈餘成長比則為
「15/30」=0.5倍

$$\text{股價盈餘成長比} = \frac{\text{預估本益比}}{\text{預估未來5年每股盈餘成長率}}$$

　　只是有一點比較可惜，台灣企業普遍都很喜歡配發現金股利，因此盈餘配發率動輒 70%、甚至 80%，遠遠高於歐美企業的水準，因此用在台股投資中，確實非常容易出現失準的狀況。

股價盈餘成長比用在台股，1倍為合理價

　　要補充一點，股價盈餘成長比，最早是由英國成長股大師吉姆‧史萊特（Jim Slater）所提出的觀點（可參考他的著作《祖魯法則》），後來再通過彼得‧林區的介紹而使這套評價方式更加廣為人知。

　　吉姆‧史萊特所主張便宜的股價盈餘成長比為 0.75 倍、昂貴的股價盈餘成長比為 1.5 倍，與彼得‧林區所主張的 0.5 倍與 2 倍稍有不同。不過，若要

套用在台股，我也提出了自己的主張（詳見圖2）：

台股的股價盈餘成長比適當倍數：

1. 特價的股價盈餘成長比：0.5 倍。
2. 便宜價的股價盈餘成長比：0.75 倍。
3. 合理價的股價盈餘成長比：1 倍。
4. 昂貴價的股價盈餘成長比：1.25 倍。
5. 瘋狂價的股價盈餘成長比：1.5 倍。

因此，若要將股價盈餘成長比回推適當的股價，算法如下：

股價＝每股盈餘 × 預估盈餘成長率 × 股價盈餘成長比

1. 特價：每股盈餘 × 預估盈餘成長率 ×0.5 倍。
2. 便宜價：每股盈餘 × 預估盈餘成長率 ×0.75 倍。
3. 合理價：每股盈餘 × 預估盈餘成長率 ×1 倍。
4. 昂貴價：每股盈餘 × 預估盈餘成長率 ×1.25 倍。
5. 瘋狂價：每股盈餘 × 預估盈餘成長率 ×1.5 倍。

其中，預估盈餘成長率又該怎麼選用呢？目前市場存在許多版本和依據，主

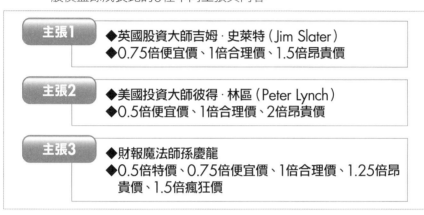

圖2 孫慶龍將股價盈餘成長比評價分為5個區間
——股價盈餘成長比的3種不同主張與內容

主張1	◆英國股資大師吉姆‧史萊特（Jim Slater） ◆0.75倍便宜價、1倍合理價、1.5倍昂貴價
主張2	◆美國投資大師彼得‧林區（Peter Lynch） ◆0.5倍便宜價、1倍合理價、2倍昂貴價
主張3	◆財報魔法師孫慶龍 ◆0.5倍特價、0.75倍便宜價、1倍合理價、1.25倍昂貴價、1.5倍瘋狂價

資料來源：《投資家日報》

要可分為 4 種：

方法 1》參考近 4 季稅後淨利率。

方法 2》參考近 4 季營業利益率。

方法 3》參考近 4 季 ROE（股東權益報酬率）再投資率。

方法 4》參考近 4 季 ROE。

前 2 種方法，是透過推算出未來 12 個月的預估每股盈餘（EPS），以及排

除業外後的每股營業盈餘做基礎，進而劃分出便宜、合理、昂貴的區間；後 2 種方法則是根據近 4 季的 EPS，來劃分出便宜、合理與昂貴的區間。

若採取上述的「方法 4」，以 ROE 作為預估盈餘成長率，那麼估算股價的計算方式則為：

股價＝每股盈餘 × 股東權益報酬率 × 股價盈餘成長比

範例：假設 2022 年時要為台積電（2330）估價，採取上述方法 4，以 2021 年股東權益報酬率 29.73% 作為預估盈餘成長率，並參考 2021 年的每股盈餘 23.01 元，再搭配我所主張便宜價到瘋狂價的股價盈餘成長比區間，即可將台積電的合理股價試算如下（詳見表 1）：

1. 特價：342 元＝ 23.01×29.73×0.5。
2. 便宜價：513 元＝ 23.01×29.73×0.75。
3. 合理價：684 元＝ 23.01×29.73×1。
4. 昂貴價：855 元＝ 23.01×29.73×1.25。
5. 瘋狂價：1,026 元＝ 23.01×29.73×1.5。

值得一提的是，上述以股價盈餘成長比所試算的台積電合理價的 684 元，不僅與台積電 2022 年 1 月所創下的股價波段高點 688 元僅差 4 元（詳見圖

表1 依據2021年EPS、ROE算出2022年合理價684元

——台積電（2330）股價盈餘成長比情境分析

公司（股號）	2021年EPS（元）	2021年ROE（%）	合理（元）
台積電（2330）	23.01	29.73	**684**

特價（元）	便宜（元）	昂貴（元）	瘋狂（元）
342	513	855	1,026

資料來源：《投資家日報》

3），更直接客觀驗證透過股價盈餘成長比，計算合理企業價值的參考性。

此外補充說明，隨著後來 2022 年 3 月美國聯準會（Fed）啟動「升息循環」，股價盈餘成長比的評價模式，也必須跟著向下調整，才能符合後來的市況發展。

「十壘打投資策略」回測平均勝率逾75%

最後，關於股價盈餘成長比，讀者還可參考閱讀我的前一本著作《12 招獨門秘技：找出飆股基因》書中的第 10 招：「效法彼得・林區，棒棒全壘打」，此高勝率的策略，就是從這個評價模式所衍生出來的。

一般而言，「營運正在成長」且「股價又便宜」，幾乎不太容易同時出現，

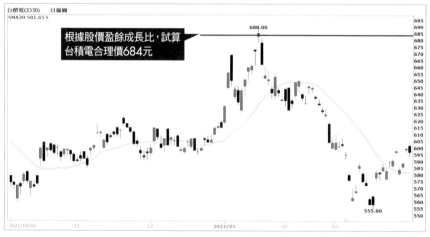

圖3 台積電2022年1月股價最高點688元
——台積電（2330）日線圖

根據股價盈餘成長比，試算
台積電合理價684元

註：資料時間為 2021.10.01～2022.03.31　資料來源：XQ全球贏家

畢竟1家營運正在走揚的公司，自然容易得到資本市場的追捧，進而推升股價的上漲，不過，我主張的這套選股策略，從過去經驗顯示，每每都能領先市場，發現被忽略的遺珠。

　為了讓彼得‧林區「十壘打投資策略」有更客觀的數據佐證，因此我也進行了大數據的決策分析，並透過以下4個條件（詳見圖4），進行電腦的歷史回測驗證：

圖4 利用4條件回測驗證十壘打投資策略
──十壘打投資策略

條件1 近3個月營收年增率皆超過30%

條件2 近4季皆獲利

條件3 買進條件：本益比10倍以下

條件4 賣出條件：本益比15倍以上

1. 近 3 個月營收年增率皆超過 30%。

2. 近 4 季皆獲利。

3. 買進條件：本益比 10 倍以下。

4. 賣出條件：本益比 15 倍以上。

這個大數據的回測，指的是台股 1,700 多家上市櫃公司，只要符合上述 4 個買進條件，在完全不管任何基本面、產業面、籌碼面、甚至技術面等因素，就直接列入買進名單，並且 Buy & Hold（買進持有）到符合賣出條件；從 2010 年 1 月 1 日到 2021 年 7 月 2 日期間的歷史回測（詳見圖 5），共會進場 367 次，平均勝率 77.7%，平均報酬率 56.31%；累積報酬率達

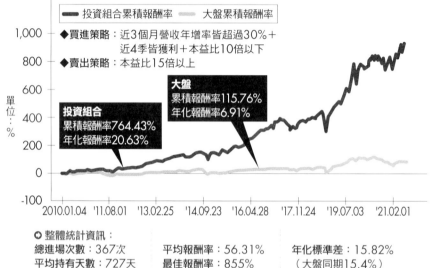

圖5 採十壘打投資策略，回測累積報酬率764%
──2010～2021年決策報酬分析報告

投資組合累積報酬率　　大盤累積報酬率

◆**買進策略**：近3個月營收年增率皆超過30%＋
近4季皆獲利＋本益比10倍以下
◆**賣出策略**：本益比15倍以上

大盤
累積報酬率115.76%
年化報酬率6.91%

投資組合
累積報酬率764.43%
年化報酬率20.63%

單位：%

1,000
800
600
400
200
0
-100
2010.01.04　'11.08.01　'13.02.25　'14.09.23　'16.04.28　'17.11.24　'19.07.03　'21.02.01

● 整體統計資訊：

總進場次數：367次	平均報酬率：56.31%	年化標準差：15.82%
平均持有天數：727天	最佳報酬率：855%	（大盤同期15.4%）
平均勝率：77.7%	最差報酬率：-63.67%	Beta值：0.85
平均敗率：22.3%		夏普指標：1.26

註：資料時間為 2010.01.01～2021.07.02　　資料來源：《投資家日報》

達 764.43%（大盤同期 115.76%），年化報酬率則為 20.63%（大盤同期
6.91%）。

2023 年時，我又重新進行一次歷史回測，將統計期間涵蓋到聯準會展開史

圖6 採十壘打投資策略，回測累積報酬率923%
──2010～2023年決策報酬分析報告

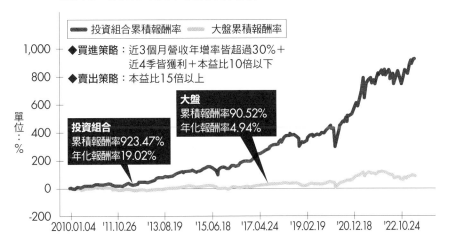

◆ 整體統計資訊：

總進場次數：398次	平均報酬率：57.46%	年化標準差：15.46%
平均持有天數：839.21天	最佳報酬率：855.59%	（大盤同期15.68%）
平均勝率：76.81%	最差報酬率：-63.67%	Beta值：0.8108
平均敗率：23.19%		夏普指標：1.1866

註：資料時間為 2010.01.01 ～ 2023.05.10　　資料來源：《投資家日報》

無前例的暴力升息，導致全球金融市場大動盪的 2022 年。從 2010 年 1 月 1 日到 2023 年 5 月 10 日期間的歷史回測結果（詳見圖6），共會進場398次，平均勝率 76.81%，平均報酬率 57.46%；累積報酬率 923.17%（大盤同期 90.52%），年化報酬率 19.02%（大盤同期 4.94%）。值得一提的是，若再

比較我在前一本著作《12 招獨門秘技：找出飆股基因》中所分享的 2010 年到 2017 年歷史回測結果，可得出一個結果：我從 2011 年開始主張的這套十壘打投資策略，可以說是一直維持高勝率的統計結果。

　3 段期間的平均勝率分別 76.91%（2010 年到 2017 年）、77.7%（2010 年到 2021 年）、75.61%（2010 年到 2023 年）；平均報酬率從 44.6% 上升到 56.31%，再上升到 57.46%；3 段期間的投資組合年化報酬率則分別為 19.73%、20.63%，與 19.02%。

　然而，比較美中不足的是，平均持有天數從 605 天上升到 727 天，再上升到 839 天。

　整體而言，由於 3 段期間的統計回測結果，平均賺錢勝率皆可維持在 75% 以上，因此在完全符合股市贏家該有的投資水準下，相信採用此一策略的投資人，將可帶來「買得安心、抱得放心、賺得開心」的整體效益。

6-9

運用財報領先指標推算公司預估EPS

在為企業估價時，「預估 EPS」（每股盈餘）絕對是非常重要的一環，估計得愈接近，在套用本益比或是股價盈餘成長比時，就愈能掌握公司的合理價值。常見的預估方法有 3 種：

1. 從已公布的財報數據：例如每月營收、稅後淨利率……等。

2. 從財報的領先指標：例如合約負債、資本支出、產品報價、新台幣走勢………等。

3. 從法人的報告。

投資人可以透過系統性的學習，了解到預估 EPS 的各種計算方式，不過受限於本書的篇幅，我特別精挑出其中一個財報的領先指標「合約負債」，來做範例說明。

讀者若有興趣想要進一步進修，我當然也很樂意分享，包括不定時的分享在

圖1 合約負債償還方式是提供商品或服務
——合約負債的3大解讀

解讀1
◆客戶預先預付的費用
◆訂金、預收工程款、預收備料款

解讀2
◆認列在流動負債或非流動負債
◆償還方式不是金錢,而是商品或服務

解讀3
◆未來會反映在營收的增減上
◆具備財報領先指標的意義

註:流動的合約負債將反映在 2 季後的營收　　資料來源:《投資家日報》

《投資家日報》中。

合約負債未來會反映在營收的增減上

一般而言,組成營收的 2 大因素分別為「產品單價P」與「產品數量Q」;前者主要到受到產品報價的影響,而後者決定的關鍵除了市場需求與市場供給之外,供應商的產能利用率、未來新增或減少的產能及在手訂單等,也都扮演重要的影響因素。

圖2 用合約負債推估每1元可創造的營收
——合約負債與營收的關係

$$每1元合約負債可創造的營收 = \frac{營收}{合約負債}$$

資料來源：《投資家日報》

其中，資產負債表中的合約負債，主要包括「預收工程款」與「預收備料款」等 2 大科目。

而在會計處理上，雖然客戶因為預付了費用，必須得將合約負債歸類在負債上，但由於償還此負債的方式，並不是透過「金錢貨幣」，而是透過在一段指定期間內，提供「某種商品」或「某種服務」，因此在某種程度上，不僅可視為「在手訂單」的延續，更可看成是「營收」的領先指標，因為將對營收中的Ｑ，產生提升數量的效用（詳見圖1、圖2）。

值得留意的是，相較於 1 家公司開始投入資本支出，到最後能夠開始貢獻營收的時間至少需要 2 年；合約負債反映在未來營收的時間，我認為大約會落在 2 季之後。再者，仍須留意個別公司的不同情況，有些公司會有長期的「非流

417

動合約負債」，反映在未來營收時間，則會落在 1 年之後。

　　然而，每 1 元的合約負債可以貢獻未來多少元的營收？不僅每個產業、每家公司各有不同，即使是同一家公司，也可能因為客觀環境的改變，而出現與過去截然不同的變化。因此，用 1 家公司當季的合約負債，來推估 2 季後的營收數據，對於外部投資人來說，很難做到精準。不過從過去的實務經驗顯示，只要能夠抓到大概的數據與方向，通常就已經可以領先市場，打趴一群「短視近利」的市場投資人。

5步驟用合約負債推估EPS——以辛耘為例

　　要如何用合約負債，來推估未來的營收數據與 EPS ？可遵循以下 5 大步驟：

1. 統計近 N 季合約負債，對後來營收的貢獻。
2. 計算每 1 元的合約負債，相當 2 季後多少的營收。
3. 以最近 2 季的合約負債，推出未來 2 季的營收。
4. 未來營收 × 合適的稅後淨利率，得出當季的近 4 季稅後淨利。
5. 當季的近 4 季稅後淨利 / 發行股數，得出 EPS。

　　以半導體設備廠辛耘（3583）為例，計算如下：

圖3 辛耘2023年Q2合約負債約93億元
——辛耘（3583）資產負債表合約負債項目

辛耘(3583)資產負債表 季表∨						
期別	2023.2Q	2023.1Q	2022.4Q	2022.3Q	2022.2Q	2022.1Q
種類	合併	合併	合併	合併	合併	合併
現金及約當現金	3,878	4,025	4,082	3,415	2,788	2,422
透過損益按公允價值衡量之金融資產－流動	0	0	0	0	0	0
透過其他綜合損益按公允價值衡量之金融資	0	0	0	0	0	0
應收帳款						
應付商業本票／承兌匯票	0	0	0	0	0	0
透過損益按公允價值衡量之金融負債－流動	0	0	0	0	0	0
避險之金融負債－流動	0	0	0	0	0	0
按攤銷後成本衡量之金融負債－流動	0	0	0	0	0	0
合約負債－流動	9,364	8,733	7,719	6,201	4,820	4,129
應付帳款及票據	1,289	1,669	2,157	2,067	1,979	1,469
其他應付款	649	535	348	384	565	451
當期所得稅負債	102	205	177	143	85	169

註：單位為新台幣百萬元　　資料來源：富邦證券網站

步驟1》統計近N季合約負債，對後來營收的貢獻

先找到辛耘的資產負債表「合約負債」項目，以及綜合損益表的「營業收入」項目（皆為單季的季表，詳見圖3、圖4）。一般的看盤軟體、證券公司網站，在個股的基本資訊部分，都可以免費獲得這些數據。

步驟2》計算每1元的合約負債，相當2季後多少的營收

2022 年第 1 季合約負債為 41 億 2,900 萬元，對照 2 季後 2022 年第 3 季營收 14 億 4,100 萬元，相當於每 1 元合約負債創造 0.35 元營收（＝ 14 億 4,100 萬元 / 41 億 2,900 萬元，以下算法相同）。

2022 年第 2 季合約負債為 48 億 2,000 萬元，對照 2 季後 2022 年第 4 季營收 15 億 7,200 萬元，相當於每 1 元合約負債創造了 0.33 元營收。

2022 年第 3 季合約負債為 62 億 100 萬元，對照 2 季後 2023 年第 1 季營收 16 億 1,900 萬元，相當於每 1 元合約負債創造 0.26 元營收。

2022 年第 4 季合約負債為 77 億 1,900 萬元，對照 2 季後 2023 年第 2 季營收 16 億 1,100 萬元，相當於每 1 元合約負債創造 0.21 元營收。

在辛耘這個案例上，為了符合財報分析的穩健與保守原則，因此我傾向只參考 2023 年第 2 季數據，也就是平均每 1 元合約負債，創造 2 季後 0.21 元營收。

步驟3》以最近2季的合約負債，推出未來2季的營收

有了平均每 1 元合約負債可創造的營收數字之後，接下就可以此推論未來 2 季的營收數據，分別如下：

圖4　辛耘2023年Q2營業收入淨額約16億元
——辛耘（3583）綜合損益表營業收入項目

辛耘(3583)綜合損益表 季表 ∨						
期別	2023.2Q	2023.1Q	2022.4Q	2022.3Q	2022.2Q	2022.1Q
種類	合併	合併	合併	合併	合併	合併
營業收入毛額	1,611	1,619	1,572	1,441	1,383	1,254
營業收入淨額	1,611	1,619	1,572	1,441	1,383	1,254
銷貨成本	1,154	1,099	990	904	872	794
營業成本	1,154	1,099	990	904	872	794
營業毛利	457	520	582	537	511	460
聯屬公司已（未）實現銷貨利益	-3	-5	-6	-1	0	0
已實現銷貨毛利	454	515	576	537	511	461

註：單位為新台幣百萬元　　資料來源：富邦證券網站

2023 年第 3 季營收可達 18 億 3,400 萬元，計算方式為 2023 年第 1 季合約負債 87 億 3,300 萬元 ×0.21 元。

2023 年第 4 季營收可達 19 億 6,600 萬元，計算方式為 2023 年第 2 季合約負債 93 億 6,400 萬元 ×0.21 元。

步驟4》未來營收×合適的稅後淨利率，得出當季的近4季稅後淨利

可預估出 2023 年第 1 季～第 4 季營收為 70 億 3,000 萬元，再乘上 9.56%

的稅後淨利率，即可預估 2023 年的稅後淨利有機會達 6 億 7,200 萬元。

2023 年第 1 季～第 4 季近 4 季營收（未來營收）70 億 3,000 萬元＝
19 億 6,600 萬元（2023 年第 4 季預估值）＋
18 億 3,400 萬元（2023 年第 3 季預估值）＋
16 億 1,100 萬元（2023 年第 2 季財報數據）＋
16 億 1,900 萬元（2023 年第 1 季財報數據）

稅後淨利率 9.56%＝（9.58%＋8.99%＋9.12%＋10.56%）/4（此處採取已公布的 2022 年第 3 季至 2023 年第 2 季稅後淨利率平均值）。

步驟5》當季的近4季稅後淨利／發行股數，得出EPS

稅後淨利預估值 6 億 7,200 萬元除以辛耘的發行股數 8,110 萬股，可得出 2023 年第 1 季～第 4 季的預估 EPS 為 8.29 元（詳見表 1）。

20大半導體廠商有半數為辛耘客戶

成立於 1979 年的辛耘，資本額為 8 億 1,100 萬元，雖然早期是以代理 Canon 的設備起家，但 2013 年決定跨入生產製造的領域。經過長達 9 年時間的努力，截至目前為止，已成功發展出 3 大核心業務，包括代理事業、設備生產與晶圓再生。

表1 據合約負債試算，辛耘2023年EPS有機會達8.29元
—— 辛耘（3583）2023年Q4獲利預估試算

近4季營收預估值	近4季稅後淨利預估值	2023年EPS預估值
70億3,000萬元	6億7,200萬元	**8.29元**

註：辛耘股本為 8 億 1,100 萬元，股本除以每股面額 10 元則為發行股數，因此發行股數為 8,110 萬股，稅後淨利率採 9.56% 計算

以 2022 年辛耘的營收 56 億 5,000 萬元為例，代理事業占比約 63%，製造事業（設備生產＋晶圓再生）占比約 37%（詳見圖 5）。下游應用集中在半導體與光電產業，占比達 98%，全球前 20 大半導體廠商，一半是辛耘的客戶，其中台積電（2330）是最大的單一客戶。

占營收比重 63% 的代理事業，主要產品應用包括半導體、化合物半導體（俗稱第三代半導體）、LED、平面顯示器、太陽能／電池，與生物科技的分析儀器，目前代理品牌超過 50 個，包括 Canon、TMC、NOVA……等，而隨著目前全球半導體產業進入快速成長的階段，辛耘代理事業也將呈現水漲船高效應。

研發、擴產、布局新市場，辛耘成長可期

雖然辛耘 2013 年才決定跨入生產製造，但由於每年投入研發費用占營收比重都在 6% 上下，近 5 年分別為 5.7%、6%、6.9%、6.2%、6.2%（詳見圖 6）；就以 2022 年來說，辛耘的營收是 56 億 5,000 萬元，稅後淨利是 5 億 6,900

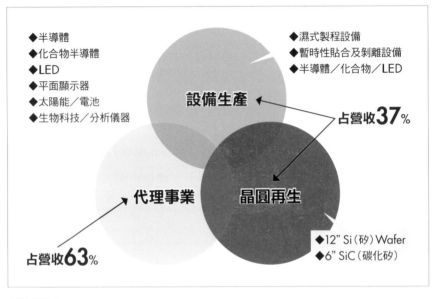

圖5 **辛耘代理事業占營收比重達63%**
——辛耘（3583）3大事業部門、2022年營收占比

◆半導體
◆化合物半導體
◆LED
◆平面顯示器
◆太陽能／電池
◆生物科技／分析儀器

◆濕式製程設備
◆暫時性貼合及剝離設備
◆半導體／化合物／LED

設備生產

占營收37%

代理事業

晶圓再生

◆12" Si（矽）Wafer
◆6" SiC（碳化矽）

占營收63%

資料來源：辛耘

萬元，而研發費用就高達 3 億 2,000 萬元。積極投入研發的成果，也讓辛耘成功晉升為國內少數能夠擁有半導體前段製程設備的白有品牌廠商。

其中，被董事長謝宏亮寄予厚望的就是「濕式製程設備」，目標是 5 年內取得 50% 先進封裝製程的市占率，由於在這個領域的競爭對手是我過去持續

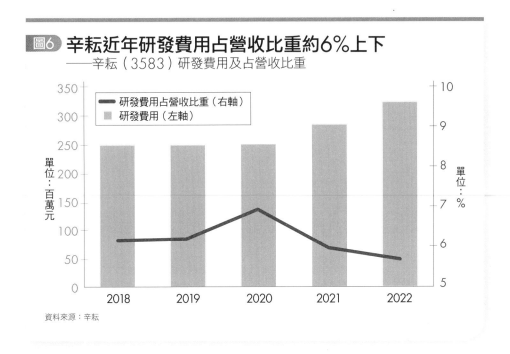

圖6 辛耘近年研發費用占營收比重約6%上下
——辛耘（3583）研發費用及占營收比重

資料來源：辛耘

追蹤的弘塑（3131），股價一路從 2018 年最低點 88.1 元，兩年內大漲 431% 來到最高點 468 元，因此也令人充滿想像。而根據辛耘表示，此產品目前的訂單已經滿到 2023 年年底。

另外，2023 年可以貢獻營收的亮點產品，還有暫時性貼合系統設備（TBDB），在經過多年的研發與客戶的驗證之後，此產品目前也開始進入出貨階段。

圖7 辛耘合約負債金額逐季提高
——辛耘（3583）合約負債及年增率

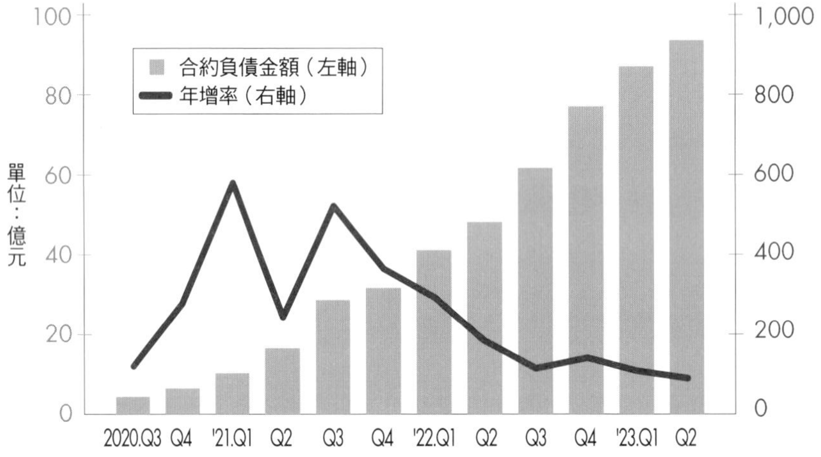

100
80
60
40
20
0
單位：億元
1,000
800
600
400
200
0
單位：%
合約負債金額（左軸）
年增率（右軸）
2020.Q3 Q4 '21.Q1 Q2 Q3 Q4 '22.Q1 Q2 Q3 Q4 '23.Q1 Q2

資料來源：公開資訊觀測站

至於晶圓再生這個核心事業，未來成長力道則是來自於本身產能的擴充。12吋矽晶圓的台灣產能，已從 2020 年的每月 12 萬片，成長到 2021 年的每月 14 萬片，2022 年持續成長到每月 16 萬片。

另外，辛耘近幾年也積極布局中國市場，並在湖北投資建置 1 座 12 吋再生晶圓廠，初期每月產能規畫約 10 萬片，預計 2023 年將可達到每月 20 萬片，而最大的產能規模將可上看到每月 40 萬片。

　　整體而言，由於辛耘 3 大事業部門，受惠市場對於 5G、高速運算、人工智慧（AI）、物聯網（IoT）、AR、車用電子、雲端等需求的持續增長，加上台灣與中國半導體客戶又在不斷擴大產能，因此未來營運的節節高升，若沒有太大的意外，相信也將水到渠成。此外，值得留意的是，Mini LED 與 Micro LED 新應用的起步，不僅將帶動 LED 產業的成長，也可望挹注辛耘的營運。

　　訂單能見度的提升，也直接反映在辛耘合約負債的走揚上，2020 年第 3 季只有 4 億 5,800 萬元，2023 年第 2 季竟來到 93 億 6,400 萬元，不僅連續 8 季創歷史新高，更連續 11 季成長（詳見圖 7）。換言之，從財報的領先指標合約負債不斷節節高升的趨勢來看，辛耘未來的業績展望，確實相當明朗。

國家圖書館出版品預行編目資料

超簡單買低賣高投資術：飆股、存股、ETF一次學會/
孫慶龍著. -- 一版. -- 臺北市：Smart智富文化, 城邦文化
事業股份有限公司, 2023.09
　面；　公分
ISBN 978-626-97439-4-0(平裝)

1.CST: 股票投資 2.CST: 投資技術 3.CST: 投資分析

563.53　　　　　　　　　　　　　　　112014009

Smart 智富
超簡單買低賣高投資術：
飆股、存股、ETF 一次學會

作者	孫慶龍
主編	黃嫈琪

商周集團
執行長　郭奕伶

Smart 智富
社長　林正峰（兼總編輯）
總監　楊巧鈴
編輯　邱慧真、施茵曼、林禹盈、陳婕妤、陳婉庭、
　　　蔣明倫、劉鈺雯
協力編輯　曾品睿
資深主任設計　張麗珍
封面設計　廖洲文
版面構成　林美玲、廖彥嘉

出版　Smart 智富
地址　115 台北市南港區昆陽街 16 號 6 樓
網站　smart.businessweekly.com.tw
客戶服務專線　（02）2510-8888
客戶服務傳真　（02）2503-6989
發行　英屬蓋曼群島商家庭傳媒股份有限公司城邦分公司

製版印刷　科樂印刷事業股份有限公司
初版一刷　2023 年 9 月
初版十一刷　2024 年 7 月
ISBN　978-626-97439-4-0

免費使用飆股基因APP 開通序號
請以硬幣刮除銀漆

序號

開通後**可免費使用14天**

開通教學：
https://www.stockgene.com.tw/promo_code.html